rowohlt

Huberta von Voss

Arme Kinder, reiches Land
Ein Bericht aus Deutschland

Mit einem Vorwort von
Eva Luise Köhler

Rowohlt

1. Auflage Oktober 2008
Copyright © 2008 by Rowohlt Verlag GmbH,
Reinbek bei Hamburg
Satz Joanna MT PostScript (InDesign)
Gesamtherstellung CPI – Clausen & Bosse, Leck
Printed in Germany
ISBN 978 3 498 07064 9

Gewidmet sind diese Geschichten
meinem ältesten Sohn Maximilian.

Das Kind hat das Recht auf Fehler, auf Achtung,
auf Versagen und auf Erziehung.

Janusz Korczak

Inhalt

Mitten unter uns

Von Eva Luise Köhler,
Schirmherrin von UNICEF Deutschland

Arme Kinder in einem reichen Land, so etwas gibt es doch nicht. Wenn man die internationalen Zahlen sieht und die Schwerpunkte der Arbeit des Kinderhilfswerks der Vereinten Nationen betrachtet, denkt man zunächst nicht an Deutschland.

Die weltweiten Fakten sind erschreckend: Mehr als 70 Millionen Kinder, die rund um den Globus vor allem in Entwicklungsländern arbeiten, sind nicht einmal zehn Jahre alt. Mehr als 100 Millionen Kinder leben auf den Straßen der Großstädte unserer Welt, schlagen sich mühsam durch, werden tagtäglich Opfer von Gewalt. Millionen Kinder sterben jedes Jahr aufgrund von Mangelernährung, fehlendem Impfschutz und verheerenden hygienischen Bedingungen. An der Schwelle zum 21. Jahrhundert steht das Kinderhilfswerk der Vereinten Nationen vor riesigen Herausforderungen.

Das sind die globalen Daten. Wie es scheint, finden diese Zahlen keine Anwendung auf Deutschland. Trotzdem gibt es Gründe, sich um Kinder in unserem Land zu sorgen. Armut hat viele Gesichter, nicht immer lässt sie sich nur an der materiellen Situation festmachen – das zeigt dieses Buch. Einfühlsam und ohne Voyeurismus erzählt es Geschichten, die viele von uns nicht hören, weil unsere Kinder nicht in denselben Vierteln groß werden, weil unsere Kinder auf bessere Schulen und in andere Kindertagesstätten gehen und wir jene Kinder, von denen hier die Rede ist, weder in der Musikschule noch in den Sportvereinen antreffen. Kinder, die mitten unter uns in Armut aufwachsen, spüren sehr deutlich, dass sie nicht dazugehören.

Umso wichtiger sind jene Einrichtungen, in denen ihnen soziale Teilhabe ermöglicht wird. Und dennoch: Viele Kinder, von denen hier berichtet wird, müssen trotz des Engagements von Lehrern, Erziehern, Ehrenamtlichen und Sozialarbeitern damit fertig werden, dass ihre Umwelt ihr manchmal im Wortsinne «ver-rücktes» Verhalten nicht versteht und sie in dem Moment aufgibt, wenn sie unsere Hilfe am dringendsten brauchen. Diese Erfahrung blieb auch dem in Deutschland geborenen neunjährigen Hassan nicht erspart, der seiner allein erziehenden Mutter die Diagnose des Arztes übersetzen musste, dass sie bald an einer tödlichen Krankheit sterben werde, und der – völlig überfordert von der auf ihm lastenden Verantwortung – danach nur noch randalierte. «Nicht mehr beschulbar», attestierte ein Heimerzieher dem hochaggressiven Jungen. Heute lebt Hassan in einer Familienwohngemeinschaft des Evangelischen Johannisstifts am Stadtrand Berlins, hat sich nach einer Odyssee durch neun Schulen seelisch stabilisiert und gute Noten.

Auch von ihnen erzählt dieses Buch – von den Menschen, die solche Kinder nicht aufgeben. Die sich mit aller Kraft für sie einsetzen. Und die uns beispielhaft zeigen, dass es viele Wege gibt, Kindern in Not zu helfen. Aber auch sie brauchen Fürsprecher, denn allzu schnell kann so manche Streichung in der Jugendhilfe ihre Arbeit und damit die Zukunftschancen ihrer Schützlinge zunichte machen. Wenn Kinder zerstören, stehlen oder auch sich völlig in sich zurückziehen, dann liegt der Grund dafür nicht selten auch in einem eklatanten Mangel an Zuwendung und Aufmerksamkeit.

Was in Kindern seelisch vorgeht, die ohne die schützende Wärme intakter Familienverhältnisse aufwachsen, wo die Wurzeln ihrer Gewaltbereitschaft oder moralischen Empfin-

14

dungslosigkeit liegen mögen – das sind die Fragen, denen Huberta von Voss in diesem Buch nachgeht. Sie hat mit vielen solcher Kinder gesprochen, die nie Kinder sein durften, deren Alltag oft von finanziellen Schulden, von körperlicher Gewalt, von Vernachlässigung und Verwahrlosung geprägt ist. Dabei wird klar, dass Armut und Deprivation in den allermeisten Fällen eine Hypothek der Vergangenheit sind: Die Unfähigkeit der Eltern, ihre Kinder zu erziehen, ihnen Werte zu vermitteln, Nähe zuzulassen und Grenzen zu ziehen, liegt in deren eigener Kindheit begründet. Auch deshalb müssen wir uns mit dem Problem der Kinderarmut auseinandersetzen, denn die Kinder von heute sind die Eltern von morgen.

Alle Studien zeigen, dass Kinder, die keine Geborgenheit und Stabilität erfahren und deren körperliche und seelische Integrität immer wieder verletzt wird, sich nicht gesund entwickeln. Nicht immer wird es gelingen, ihnen rechtzeitig zu helfen. Aber es bleibt unsere Aufgabe, die ersten Schritte zu gehen und über weitere nachzudenken. Dabei ändert manche Hilfsaktion zwar nicht das ganze Leben, ermöglicht den Kindern aber ein Aufatmen. Wie bei den gemeinsamen Geburtstagsfeiern, die das Kinderhilfswerk Arche in Hamburg-Jenfeld einmal im Monat veranstaltet, weil den Kindern zu Hause oft niemand gratuliert.

Aber wird die Kinderarmut auch jenseits von Statistiken und Medienereignissen gehört und gesehen? Noch viel zu selten hat sie ein Alltagsgesicht für uns, einen Namen, den wir kennen, eine Adresse, die wir besuchen. Was bedeutet es für Kinder in unserem Land, inmitten von Wohlstand in Armut aufzuwachsen? Es ist das Verdienst dieses Buches, dieses Problem anschaulich zu machen, den Kindern und ihren Familien eine Stimme und ein Gesicht zu geben, von ihren Träumen und Sorgen zu berichten und von ihren Hoffnungen.

Zu den Eltern, die Hoffnung haben, gehört auch der Vater von Pascal. Was sein größter Wunsch sei, lautet die Frage. «Dass Pascal aus der Armut rauskommt», antwortet sein Vater. Martin Zimmer weiß, dass er aufgrund eines bösartigen Tumors nicht mehr lange leben wird. Er wird seinem Sohn Pascal und vier weiteren Kindern außer enormen Schulden nichts Materielles hinterlassen. Es liegt auch an uns, ob der Fünfjährige eine faire Chance auf ein Leben mit guter Bildung, Gesundheit und sozialer Teilhabe bekommt, ob er seine Talente entwickeln und in unsere Gesellschaft einbringen kann.

Gestohlene Kindheit

Kinderarmut hat viele Gesichter. Die meisten haben Ringe unter den Augen, auch schon mit drei Jahren. Kinderarmut hat ebenso viele Stimmen. Ein paar Dutzend von ihnen habe ich im Laufe eines Jahres in zahlreichen Städten und Dörfern Deutschlands zugehört, um herauszufinden, was es für Mädchen und Jungen bedeutet, arm in einem reichen Land zu sein. Manche Stimmen waren scheu, manche klangen tapfer, andere waren wie eine Tonspur, auf der sich zu viele Gefühle gleichzeitig Gehör verschaffen mussten. So wie die von Ricco, 14, mit dem Bubengesicht auf einem massigen Körper. Ricco schiebt seinen enormen Bauch wie eine Baggerschaufel vor sich her: Mir kann keener! Das Gegenteil ist wahr. Fünf Jahre ist es her, dass er seinen arbeitslosen, alkoholkranken Vater nach der Schule tot auf der Couch fand. Seither packt seine depressive Mutter das gemeinsame Leben immer wieder in einen Koffer und zieht ruhelos mit ihren Kindern um. Es scheint, als wolle Ricco durch sein Körpergewicht verhindern, dass er wie eine Spielfigur herumgeschoben wird. Wie oft kann man eine junge Pflanze umtopfen, bis sie eingeht? Ricco hatte sich auf unser Gespräch gefreut. Als es dann so weit war, verließ ihn der Mut. «Fick dich», sagte er einfach. Noch hat seine Wut ein Kindergesicht.

Dieses Buch sollte eine Momentaufnahme werden, ein Deutschlandbild auf Kinderaugenhöhe, das jenseits von Zahlen, Studien und Statistiken den Raum ausleuchtet, in dem Kinder leben, deren Eltern resigniert haben und in Hartz IV verharren, als sei dies eine Strafe, die sie absitzen müssen. Ich wollte zeigen, was mit Kindern passiert, die nicht Kind sein dürfen, weil die Probleme ihrer Eltern alles überlagern. Kinder, die keine Wurzeln entwickeln können, die zu wenig Licht abbekommen und deren Potenzial verkümmert, bevor es sich entfalten kann. Es wurde ein Buch über eine große Leerstelle, die Kindheit heißt, über einen Kreislauf, ein Generationenerbe an fehlender Sorglosigkeit, Wärme und Familiensinn, über die Unfähigkeit von Eltern, den eigenen Kindern Nähe, Selbstvertrauen und Geborgenheit zu geben, weil sie solche Erfahrungen selbst nie gemacht haben. Und doch gibt es etliche unter ihnen, die die Hoffnung nicht aufgeben, dass ihre Kinder aus der Armut herauskommen.

Die weite Strecke zum Kinderhilfswerk ARCHE, wo ich einige der in diesem Buch versammelten Geschichten recherchiert habe, wurde mir im Laufe der Monate vertraut. Oft war ich froh, die Stunde Fahrzeit nach Berlin-Hellersdorf zu haben, bevor die Zeit mit meinen eigenen damals noch drei Kindern und ihren mal größeren, mal kleineren Freuden und Sorgen begann. Nicht immer reichten sechzig Minuten aus, um Abstand zu gewinnen. Es gab einige Geschichten, die mich im Schlaf verfolgten, wie die von der sechsjährigen Katja, die mit käsebleichem Gesicht mit anderen Kindern vor einem Brettspiel saß. Als ihr ein Fünfjähriger den Würfel wegnahm, reagierte das Mädchen auffallend aggressiv, drohte dem kleineren Tischnachbar mit der Faust und ließ sie dann plötzlich wieder sinken, so als wüsste es, dass es gar keine Reserven zum Zuschlagen hat. Kurz danach, nachmittags um fünf Uhr, brach das zierliche Mädchen fast zusammen. «Ich hab solche Ohrenschmerzen», schluchzte Katja. Seit Tagen schon quälte sie eine Entzündung, der Eiter lief bereits aus den Ohren. Zum Arzt war niemand mit ihr gegangen. Jetzt, am frühen Freitagabend, waren die Praxen bereits geschlossen. Die Mutter wurde angerufen, um sie wenigstens abzuholen. Zum Trost stellte ihr eine Erzieherin ein kleines Stück Hefezopf hin, das die Kleine jedoch weinend wegschob. «Ich will einfach was

Richtiges essen», weinte Katja erschöpft. Es war so eine Traurigkeit in ihrer Stimme. Es stellte sich heraus, dass sie an dem Tag noch nichts gegessen hatte, auch nicht in der Kantine der Einrichtung, in der die Töpfe bereits leer waren, als sie dort allein am frühen Nachmittag ankam. An der nächsten Tankstelle ergatterte ich für sie das letzte belegte Brötchen. Katja hatte das Brötchen noch nicht zur Hälfte verspeist, als ihre nach Alkohol riechende Mutter in den Betreuungsraum kam. «Komm», sagte die Mutter, sonst nichts. Katja klammerte sich an das Brötchen. «Darf ich das noch essen, Mama?» Eine merkwürdige Frage für ein Kind. Wie oft mag Katja schon mit quälendem Hunger in der Schule gesessen und vergeblich versucht haben, sich zu konzentrieren? Was schreiben die Lehrer auf ihr Zeugnis: «Katja ist unkonzentriert und kommt im Unterricht nicht gut mit» oder «Mit einem leeren Magen kann niemand lernen»?

Es gab auch andere Geschichten, die mir lange nicht aus dem Sinn gingen, wie die von der 14-jährigen Anke aus Köln, die nicht Kind sein durfte, weil ihre einsame Mutter in ihr eine Partnerin auf Augenhöhe suchte, mit der sie ihre Sorgen und ihre Pflichten für die anderen fünf Kinder teilen konnte. Anke wollte aber Kind sein. Die Auseinandersetzungen mit ihrer Mutter eskalierten, schließlich kam Anke weg von der Familie in eine gemischte Jugend-Wohngruppe. Doch dort fand der Traum vom Kindsein ein jähes Ende, als sie nachts von zwei gleichaltrigen Mitbewohnern vergewaltigt wurde. Erst hielt der eine sie fest, dann der andere. Der diensthabende Erzieher hatte nichts gehört.

Als Mutter von nun vier Kindern, die in ganz anderen, viel behüteteren Verhältnissen aufwachsen, treibt mich die Frage um, warum wir es nicht schaffen, mehr Kindern in diesem Land gute und gleichberechtigte Startbedingungen ins Leben zu ermöglichen. Den letzten Anstoß zu diesem Buch gab der afrikanische Schulfreund meines Sohnes, Kind eines eingebürgerten Vaters, der zur wachsenden Gruppe der «working poor» gehört. Der Junge hatte miserable Noten, war aber ein blitzgescheiter Schachspieler. Mit den richtigen Mitteln und guter Begleitung hätte er eine Chance gehabt, seine Talente zu entfalten und Teil unserer Gesellschaft zu werden. Sein allein erziehender, oft überforderter Vater verlor jedoch irgendwann die Nerven und den Glauben an eine faire Chance für seinen Sohn und schickte den Jungen mit seiner Schwester in sein krisengeschütteltes Heimatland nach Westafrika zurück.

Ich bin bei meinen Recherchen vielen Kindern und jungen Menschen begegnet, auf deren Wegen sich so viele Probleme auftürmen, dass sie nicht frei und unbeschwert ins Leben gehen können. Kinder, an die niemand wirklich glaubt und die sich deshalb selbst nichts zutrauen. Kinder, die einem wohlhabenden Staat jede Statistik versauen, die bei uns in der Schublade für Schulversager und Schulabbrecher stecken und denen wenig schmeichelhafte Attribute nachgesagt werden: gewalttätig, lernbehindert, instabil. Kandidaten, die man nach gängiger Auffassung der Sozialpädagogen nur mit so genannten niedrigschwelligen Angeboten erreicht, weil sie es nicht gelernt haben, ein Ziel zu verfolgen und alle damit verbundenen Anstrengungen zu meistern, da ihnen meistens die Vorbilder dafür fehlen.

Herausgekommen ist ein Buch über das Fehlen von Träumen, die einen Menschen bei seiner Suche nach dem richtigen Platz im Leben beflügeln. «Hier träumt keiner», meint Tom, 17, aus der Plattenbausiedlung Halle-Silberhöhe. Dreh dich nicht herum, denn der Kindheitsklau geht um, kommentierte eine Freundin von mir, nachdem sie einige Geschichten gelesen hatte.

Es ist aber ebenso ein Buch über viele Projekte, die Mut machen und zeigen, wie diese Kinder aufgefangen werden können, so wie die Schüler der Herbartschule im Essener Norden, die einmal pro Jahr voller Stolz mit einer eigenen Darbietung auf der Bühne der Philharmonie stehen. Die Aufführung hat wenig mit Wunderkindern zu tun, aber viel mit der wunderbaren Fähigkeit von Kindern, für einen Moment glücklich zu sein. Wer über die Arbeit mit Kindern schreibt, die es schwer haben im Leben, muss sehr behutsam sein, mit welchem Maß er misst. Ob das Glas halb voll oder halb leer ist, spielt für jene, die sich unter schwierigen Umständen kümmern, eine große Rolle. Viele von ihnen engagieren sich in bewundernswerter Weise für «ihre» Kinder und opfern einen erheblichen Teil ihrer Freizeit – und ihrer Nerven – für den Versuch, in dem Leben ihrer Schützlinge etwas zum Besseren zu bewirken. Nicht immer gelingt das, und dennoch gibt es Erfolge, die sie zum Weitermachen ermutigen. Aber ich traf auf kaum eine Institution, kaum einen Verein, der nicht massive Personalsorgen hatte und vor leeren Kassen stand. Und alle – von Berlin über Kiel und Halle bis nach Köln – berichteten, dass sich die spezifischen Probleme armer Kinder in den vergangenen Jahren verschärft haben und immer mehr Hilfesuchende vor ihrer Tür stehen.

Ich verbinde mit diesem Buch auch Erinnerungen an kleine Augenblicke, die sich mir tief eingeprägt haben. Wie den Moment, als der in einer Wohngruppe in Berlin lebende Hassan in sein Zimmer hocheilte, um ein Buch zu holen über lauter Kinder, die an ihrem Leben verzweifelt sind und versucht haben, es gewaltsam zu beenden. Hassan selbst gehörte lange zu den vielen Kindern in unserem Land, die als nicht mehr oder kaum noch beschulbar gelten. «Ziemlich traurig», sagte er, als er mir das Buch hinlegte. Dann setzte er sich mir gegenüber und stellte allerhand kluge und ernste Fragen. Ich sah in die Augen des Zwölfjährigen und fand darin nicht das Kind, das er noch ist. Hassan wird – wenn alles gutgeht – trotz seiner schwierigen Lebensgeschichte nicht verzweifeln, weil er das Glück hat, einen Platz in einer guten Einrichtung gefunden zu haben, wo er lernt, seinem Leben einen Sinn zu geben, Wünsche zu kontrollieren und seine Traumata gewaltfrei zu verarbeiten. Viele Städte und Kommunen haben diese kostenintensiven Pflegeplätze trotz großer Nachfrage in den vergangenen Jahren sukzessive abgebaut. Oft werden von den Jugendämtern noch nicht einmal die Mittel ausgeschöpft, die dafür in den Haushaltsplänen eingestellt sind, stehen doch billigere Alternativen – Pflegefamilien und Familienhelfer – zur Verfügung. Aber wenn Familiensysteme krank sind, dürfen Sparzwänge keine Rolle spielen. Am Ende muss der Staat doch zahlen, wenn das Kind in den Brunnen gefallen ist. Besser wäre, wir würden umdenken: weg vom Wundenflicken hin zu mehr Prävention und zu einer Mentalität, nach der das Wohl der Kinder in unserem Land absolute Priorität hat.

«Was haben Sie denn mit dem gemacht?», fragte mich ein Betreuer nach einem Interview mit einem Insassen in der Jugendanstalt Hameln. «So gelöst habe ich den noch nie erlebt.»

«Zugehört.»

Hunger und Hartz IV

Was macht dich traurig?
So einiges.

Hast du ein Vorbild?
Ja, meine Mama.

Was vermisst du in deinem Leben?
Meinen Vater.

Marga, 14, als Kind einer polnischen Mutter und eines iranischen Vaters in Hamburg geboren, hat eine Schwester. Ihre Eltern sind arbeitslos und leben getrennt.

Laufen Ihre Kinder im Winter draußen mit Sandalen herum? Tragen sie Unterwäsche? Will Ihr Sohn eine Schultüte zur Einschulung? Würde Ihre Tochter gern mit auf Klassenfahrt gehen? Packen Sie ein Pausenbrot in die Schultasche?

Den Menschen, die in diesem Buch zu Wort kommen, habe ich andere Fragen gestellt. Der Alltag der Armut tut weh, den rund 2,6 Millionen Kindern in Deutschland, denen je nach Alter zwischen 208 und 278 Euro Sozialgeld zugestanden wird – und meistens auch ihren Eltern. Sein Kind am Schuljahresanfang nicht mit dem nötigen Material versorgen zu können, weil das Geld nicht reicht, oder einen hungrigen Teenager mit 3,42 Euro Regelsatz pro Tag satt zu bekommen, bedeutet Verzicht auf viele Dinge, die für die Mehrheit von uns selbstverständlich sind. Und es bedeutet Erklärungsnot.

Die Kinder, die jeden Tag in Berlin-Hellersdorf in das Kinder- und Jugendhilfswerk Arche kommen, gehören zu jenen, die mittags ihre erste richtige Mahlzeit einnehmen, denen im Sportunterricht die Turnschuhe fehlen und die im Winter keine Jacke haben, die sie wärmt. In «Land unter» erzähle ich, wie aus einer Suppenküche in Berlin eine Arche wurde, die die Kinder und ihre Eltern auffängt, so gut es geht. Überall in Deutschland schießen Projekte dieser Art aus dem Boden, und längst sind ihre Zielgruppe nicht mehr die Obdachlosen, sondern ganze Familien, die in der Schuldenfalle sitzen, nur geringe Aufstiegsperspektiven haben und von den Folgen der Armut erdrückt werden.

Hier und in anderen Brennpunkten unseres Landes leben Kinder, die nicht nur physisch Hunger verspüren. Sie haben Hunger nach Leben – nach allem, was Kindheit ausmacht und die Träume von Zukunft begründet. «Mülltonnenfresser» zeigt, wie diese Hoffnungen verletzt werden. Es erzählt die Geschichte einer 12-Jährigen, die vor der St.-Theodor-Gemeinde im Kölner Stadtteil Höhenberg in der Warteschlange für die wöchentliche Lebensmittelausgabe steht und dabei von dem Nachbarsjungen entdeckt wird, der hämisch «Mülltonnenfresser» herüberruft. Hätte Franz Meurer, der Pastor im Blaumann, die Beleidigung gehört, hätte sich der Junge bestimmt nicht nur eine Strafpredigt anhören müssen, wahrscheinlich hätte ihn der kölsche Gottesmann zum praktischen Dienst am Nächsten verdonnert.

Denn auch davon handelt dieses Buch: Wie engagierte Bürger unseres Landes Familien helfen, deren Kinder ohne Unterstützung keine Chance haben. Doch was in der Domstadt gut funktioniert, weil genügend Einwohner über die entsprechenden Mittel verfügen, lässt sich in wirtschaftlich schwachen Regionen nur schwer bewerkstelligen. Auch im brandenburgischen Milmersdorf, einer 1600-Einwohner-Gemeinde außerhalb von Templin, haben die Kinder und Jugendlichen Träume – und verharren doch in der Lethargie. Von Optimismus ist nichts zu spüren. «Kinder nicht erwünscht» berichtet von einer Großfamilie, die nicht daran glaubt, dass sich für sie im Leben noch einmal etwas ändern wird. Einziger Lichtblick in dem Dorf ist das «Haus der Hilfe», in dem der Verein «Rettender Engel» versucht, kleine Wunder zu bewirken. Nicht immer kommt rechtzeitig ein Engel vorbei.

Bei Irina und ihren beiden Kindern ist ebenfalls noch nie einer gewesen. Seit drei Monaten hat die allein erziehende Mutter aus Berlin-Marzahn mit Sohn und Tochter kein eigenes Dach über dem Kopf. Seit noch viel längerer Zeit auch kein Hartz IV, weil sie den entsprechenden Antrag nicht gestellt hat. Als sie monatelang keine Rechnungen bezahlte, wurde der Strom abgestellt. Nachdem auch die letzte Frist zur Bezahlung der Mietschulden abgelaufen war, kam die Zwangsräumung. Dann hieß es auch für die Kinder «Abschied vom Kuscheltier» zu nehmen. «Die Kinder haben geweint, aber dann habe ich ihnen erklärt, was passiert, wenn man keine Rechnungen bezahlt. Dass man dann die Wohnung verliert. Ich hab ihnen gesagt: Ihr könnt jetzt nicht alle Kuscheltiere mitnehmen. Das Wichtigste ist, dass wir drei zusammen bleiben», erzählt die 34-Jährige.

Sich bloß nicht gehen zu lassen, ist die Maxime von Martin Zimmer, einem allein erziehenden Vater, der seit Jahren unter Knochenkrebs leidet, hoch verschuldet und arbeitsunfähig ist. Sein Sohn Pascal gehört zu den 35 bis 40 Prozent der Kinder aus Ein-Eltern-Familien, die laut einem UNICEF-Bericht zur Lage der Kinder in Deutschland (2008) unter uns in relativer Armut leben. Sein schlimmster Feind, so erzählt Martin Zimmer, sei die Einsamkeit. Vielleicht muss auch deshalb bei ihm alles am rechten Platz sein und eine penible Ordnung haben, selbst die letzten Dinge. «Wenn Papa morgens tot ist, dann rufst du dort an», hat Martin Zimmer seinem fünfjährigen Sohn eingeschärft und ihm eine Telefonnummer gegeben. Die Geschichte handelt «Vom Versuch, die Würde zu behalten».

Land unter
Wie aus einer Suppenküche eine Arche wurde

Berlin. Schön, denke ich, als ich im Stadtplan auf der Suche nach dem schnellsten Weg in den äußersten Osten Berlins die Landsberger Allee suche – schön, sie fängt am Prenzlauer Berg an. Das klingt wenigstens vertraut. Hier, am Prenzlberg, wohnen die Kreativen und viele von denen, die vor oder hinter den Kulissen die amtlichen und die unausgesprochenen Gesetze der Berliner Republik schreiben. Leute, von denen man eine Telefonnummer hat oder gern hätte. Auch Angela Merkel wohnte hier zu DDR-Zeiten. Das größte Teilstück der 14 Kilometer langen Trasse, die die neue Mitte unseres Landes mit dem Rand der Gesellschaft verbindet, kenne ich nicht. Weil es Stadtteile gibt, in denen man keine Freunde hat, keine Konzerte besucht, kein Restaurant frequentiert, in denen keine Spezialklinik liegt und auch kein schöner Park zum Spaziergang lockt.

Fast idyllisch windet sich die einspurige Landsberger Allee kurz nach ihrem Beginn die Anhöhe am alten Friedrichshainer Volkspark hoch. Es ist ein bisschen heruntergekommen hier, ein bisschen verwunschen und sehr «hip», *vintage* würde man es wohl in der Modewelt nennen. Hier wohnt, wer in Berlin mitspielen will. Die bürgerlichen Parteien wissen das und haben die Straßenränder zugepflastert mit Plakaten. Es ist Sommer 2006. Bald ist Abgeordnetenhauswahl in Berlin. Der Spitzenkandidat der FDP strahlt die Autofahrer an jeder zweiten Biegung von riesigen blau-gelben Stellwänden an. Die Grünen plakatieren nur wenig. Sie wissen, dass sie hier, wo an jeder zweiten Ecke ein Biomarkt ist, ohnehin gut abschneiden.

Doch schon hinter der Anhöhe öffnet sich die Landsberger Allee wie ein Trichter und spuckt mich abrupt in jenem Teil des Ostens aus, in den man nicht hinzieht, sondern schaut, dass

26

man von dort wegkommt. Hier holt einen die DDR-Vergangenheit ein. Wie ein Industrieförderband katapultiert die frühere Leninallee die Autofahrer in Richtung Marzahn-Hellersdorf. Aus der verträumten Allee ist eine fünfspurige Schnellstraße geworden. Endlose Kilometer von Plattenbauten erstrecken sich zu beiden Seiten – die einzige Abwechslung in dieser eintönigen Hochhauswelt sind die Gebrauchtwagenhändler und Billig-Baumärkte. Einige der Plattenbauten wurden nach der Wende bunten Legoklötzchen nachgestaltet. Die Maskerade der Fassaden ist ungefähr so überzeugend, wie falsche Wimpern es bei einer Sechzigjährigen sind. «Heimat» raunt die NPD an jeder zweiten Laterne, was sich nach deutscher Eiche anhört und in dieser Betonwüste merkwürdig ausnimmt. Die Wahlkampfhelfer der PDS haben ihre Plakate stets oben drübergeklebt. Diese Koalition gibt es wohl nur hier, wo Westler nicht wohnen wollen und Ausländer keine Mietverträge bekommen, es sei denn, sie sind Russlanddeutsche. Die PDS setzt bei ihrer Kampagne auf den Zeitgeist: «Sinnvoll» werde es mit ihr zugehen, verspricht sie, und «prickelnd» noch dazu. PDS-NPD-PDS-NPD liest man rhythmisch, während das Auto in Marzahn über die Betonplatten hüpft. Vom Kandidaten der C-Partei hat sich auf zehn Kilometern nur ein einziges Plakat hierher verirrt.

Hellersdorf ist ein Name, der sich nett anhört. «Helle» sagen die Menschen hier. Helle ist die Endstation der Landsberger Allee. Danach kommt nur noch der Autobahnring um die Stadt. In Helle kann man am Wochenende einen Spaziergang von den Plattenbauten zu einem riesigen Parkplatz jenseits der Ausfallstraße machen und im «Teppichland» bunte Auslegeware betrachten oder im «Kaufland» shoppen gehen. Vorausgesetzt, man bezieht nicht Hartz IV, hat keine Schulden, nicht viele Kinder und Aussicht auf einen Job oder eine Lehrstelle. Vorausgesetzt, man ist also nicht ein ziemlich typischer Hellersdorfer.

Von den knapp 75 000 Bewohnern war 1991 jeder dritte unter 18 Jahren alt. Heute beträgt ihr Anteil an der Bevölkerung nur noch 15,6 Prozent. Wer jung ist und eine Chance woanders bekommt, der geht. Doch 71 Prozent der Jugendlichen verlassen hier die Schule ohne Abitur – im wohlhabenden Süden der Hauptstadt schafft jeder zweite die allgemeine Hochschulreife. Leicht ist es also nicht, aus den endlosen Plattenbausilos am Ostrand der Stadt wegzukommen, und dazubleiben ist wenig verlockend. Ein Fünftel aller Menschen ist arbeitslos, jede dritte Mutter allein erziehend. Helle ist ein Ort, an dem sehr viele Menschen in «relativer Armut» leben. Ein Begriff, der zum Standardvokabular westlicher Industriestaaten gehört, die sich damit von dem Armutsmaß der Dritten Welt abgrenzen. Ein Begriff mit Helle-Qualitäten. Er hört sich beschwichtigend an, er kommt einem nicht zu nahe. Man kann damit leben. Nur für die Menschen, die davon betroffen sind, ist Armut nicht relativ. Eine allein erziehende Mutter von mehreren Kindern, die mit der Hälfte des monatlichen Durchschnittseinkommens über die Runden kommen muss und kaum ihre Schulden bedienen kann, guckt morgens nicht, irgendwo in einer der Tausenden Plattenbauwohnungen, in den leeren Kühlschrank und sagt: «Halb so schlimm, Kinder, also in Indien, da sind die Menschen noch ärmer.» Armut in Deutschland heißt nicht nur Verzicht inmitten von Wohlstand, sondern heißt Mangel am Notwendigsten. In Berlin betrifft dies nach offiziellen statistischen Angaben jedes dritte Kind. Der Berliner Landesverband des Deutschen Kinderschutzbundes nimmt an, dass die Dunkelziffer noch weitaus höher ist, weil weder die 15- bis 18-Jährigen in dieser Zahl enthalten sind noch all jene, die mit ihrem Gehalt knapp über der Armutsgrenze von 60 Prozent des durchschnittlichen Nettoeinkommens liegen.

«Das Jammern über ‹Armut in Deutschland› muss endlich aufhören», schaltete sich Altbundeskanzler Helmut Schmidt im Dezember 2006 entnervt in die Debatte ein, ob man «Unterschicht» noch sagen darf oder lieber von «Prekariat» sprechen sollte. So als werde das Problem kleiner, wenn man nur weniger darüber klagte oder einen anderen Namen dafür fände. Unterschichten, das neue Tabuwort, gebe es überall auf der Welt – so der Altbundeskanzler – und unserer deutschen gehe es heute doch viel besser als all jenen Menschen, die in seiner Jugend zu kämpfen gehabt hätten.

Aber anders als zu Zeiten des jungen Helmut Schmidt, in den Jahren des deutschen Wirtschaftswunders, kämpfen heute viele Eltern nicht mehr um den sozialen Aufstieg, weil sie – und auch schon ihre Kinder – gar nicht mehr daran glauben, aus der Armut je wieder herauszukommen. Eine Untersuchung von UNICEF zur Situation der Kinder in Industriestaaten ergab, dass erschreckend viele Jugendliche düster in die Zukunft blicken. Mehr als 30 Prozent der 15-Jährigen rechnen damit, dass sie später nur einer gering qualifizierten Arbeit nachgehen werden – und die Mehrheit dieser jungen Pessimisten wird man hier, in Vierteln wie Hellersdorf, und nicht auf den Schulhöfen der Gymnasien finden, wo man mit 16 Jahren ins Ausland zum Schüleraustausch geht, in den Ferien Sprachkurse absolviert und die ersten Berufserfahrungen bei Praktika sammelt, die oft die Eltern organisiert haben. Doch wen ruft man an, wenn man seit Jahren arbeitslos ist? Wie bringt man die eigenen Kinder gut unter, wenn man selbst schon als hoffnungsloser Fall gilt und sich auch so fühlt? Die Mütter und Väter, die sich nach dem Krieg das letzte Hemd abgespart haben, damit ihre Kinder es einmal besser haben, sind fast eine ausgestorbene Gattung. Heute wachsen die Kinder in Problemvierteln vielfach mit Eltern auf, die in der «relativen Armut» resignieren und vor lauter eigenen Problemen und Ansprüchen nicht mehr die Bedürfnisse ihrer Kinder erkennen.

Kinder in «relativer Armut» sind Kinder, die mit leerem

Magen und ohne Pausenbrot in den Kindergarten oder die Schule geschickt werden; die keine Spielsachen haben, die sie motorisch oder sensorisch fördern; denen nicht vorgelesen wird, weil die «Bildungsferne» ihrer Elternhäuser bedeutet, dass selbst der Gang zur Stadtbibliothek gescheut wird. Es sind Kinder, in deren Wohnung Tag und Nacht der Fernseher läuft und ihnen eine Welt zeigt, in der sie nie wohnen werden; es sind Kinder, mit denen niemand die Hausaufgaben erledigt; denen Ruhe fehlt; deren Eltern vergessen haben, dass Kinder Vorbilder brauchen, an denen sie sich orientieren können; Kinder, die nicht damit rechnen können, dass ihnen jemand das Selbstvertrauen stärkt, wenn sie Niederlagen einstecken müssen; die zur Härte erzogen werden und später nicht mehr weich sein können. Kinder, die mit abgetragener Kleidung vorliebnehmen müssen, die in verwahrlosten Wohnungen hausen, in denen regelmäßig der Strom und das Gas abgedreht werden, weil ihre Eltern die Schulden nicht mehr bedienen können. Kinder, die im Wortsinne unbehaust sind und infolgedessen «multipel deprivieren» – wie Experten es nennen, wenn Kinder sich weder emotional noch physisch gut entwickeln, häufig unter Sprachstörungen leiden, verhaltensauffällig sind und keine guten Leistungen in der Schule erbringen. Es sind Kinder, denen die Welt offenstehen sollte, die aber in Wahrheit draußen vor der Tür stehen und dort auch bleiben werden.

Diese symbolische Tür haben Pfarrer Bernd Siggelkow und seine Frau Karin vor mehr als zehn Jahren geöffnet, als sie 1995 von einer Pfarrstelle im beschaulichen Schwarzwald aufbrachen und im Osten Berlins mit ihren eigenen sechs Kindern ein neues Leben begannen, um fremden Kindern nicht nur den Glauben an Gott, sondern auch an sich selbst zu vermitteln. Aus der Initiative im eigenen Wohnzimmer, die Siggelkow damals noch mit einem Halbtagsjob im Hotel mitfinanzierte, ist eines der erfolgreichsten Kinderhilfswerke Deutschlands geworden. Das zur evangelischen Freikirche gehörende Kinder- und Jugendwerk «Arche» ist heute nicht die einzige Suppenküche, die Kindern mehr als eine Mahlzeit anbietet. Überall in Deutschland, oft in den Räumen der evangelischen und katholischen Amtskirchen, sind Initiativen entstanden, die die Botschaft praktisch umzusetzen versuchen, dass der Mensch nicht nur vom Brot allein lebt. Ihre Resonanz zeigt, wie wenig haltbar die landläufige Meinung ist, dass in Deutschland niemand hungern muss. Allein der Verein Deutsche Tafel unterhält 600 Anlaufstellen, und immer mehr Familien überwinden ihre Scham und stellen sich mit ihren Kindern zur Essenausgabe an.

Nicht nur in Berlin-Hellersdorf findet sich eine solche Arche, weitere Standorte hat sie in Hamburg-Jenfeld und München-Moosach. Was die Hellersdorfer Arche neben ihrem umfassenden Konzept aus materieller Versorgung und pädagogischer Förderung aber von vielen anderen Hilfseinrichtungen unterscheidet, ist die Höhe der eingeworbenen Spenden. So kann das bereits sehr viel länger in Hamburg-Jenfeld aktive Kinderzentrum «Kaffeekanne» nur davon träumen, dass Firmen wie Unilever sie gleich mit einem Zuschuss von 180 000 Euro unterstützen oder sogenannte «Arche-Botschafter» wie der Extrainer von Hertha BSC Falko Götz ihnen Türen zu Spendern öffnen.

Manch einen irritiert die rege Publicity-Tätigkeit Siggelkows und seines Partners Pfarrer Kai-Uwe Lindloff – vor allem Lokalpolitiker, die fürchten, ihr Sprengel werde in der Öffentlichkeit heruntergeredet und stigmatisiert. Und tatsächlich gibt es Tage, da fühlt man sich in der Arche wie im Zoo, wenn Filmteams ihre Kameras rücksichtslos auf ohnehin gereizte Kinder halten oder Journalisten auf der Suche nach geeigneten Interviewpartnern durch die Gänge schwirren: «Guten Tag, ich suche eine Familie mit ganz vielen Kindern, einer Plattenbauwohnung und massiven Problemen. Wie viele haben sie denn?» – «Ich habe einen Sohn, der bei mir lebt», sagt der Vater von Pascal, der auf Krücken vor der Boulevardjournalistin steht. «Und drei, die bei der Mutter wohnen, aber ich kann ihnen gern erzählen, wie beschissen es mir geht!» – «Vielen Dank, läuft leider nicht. Wir brauchen auch Fotos», sagt die Frau, zeigt auf ihren mitleidsvoll blickenden Fotografen und düst weiter.

Im Wettbewerb um mediale Aufmerksamkeit, Spendengelder und die Reputation von Stadtvierteln wird zuweilen auch zu unsauberen Mitteln gegriffen. Besonders verletzend dürfte die von einem PDS-Mann gesäte Rufmord-Behauptung gewesen sein, Siggelkow halte nicht den «gebührenden körperlichen Abstand» zu seinen Schützlingen. Ja, wer mit Bernd Siggelkow im Büro sitzt, erlebt immer wieder, wie große und kleine Kinder hereinstürmen, auf den Schoß von «Bernd» springen, als sei er wochenlang nicht da gewesen, und sofort losplappern, als sei niemand anderes im Raum. Weil sie wissen, dass sie für Bernd Siggelkow und seine Mitarbeiter wichtig sind und im Zentrum stehen, weil ihnen hier zugehört wird und weil sie hier überhaupt einmal eine Umarmung bekommen. Weil Berührung zu zeigen, zu fühlen und anzunehmen hier wieder zu einem natürlichen Teil der Kindheit und Jugend werden. «Es ist Montag», sagt der Arche-Gründer vielsagend. Montag in sozialen Konflikträumen ist der Tag nach 48 Stunden Dauerstress am Wochenende, für viele Kinder gleichbedeutend mit familiärem Streit, leerem Magen und Marathonfernsehen. Nicht nur Bernd Siggelkow, sondern auch seine zahlreichen Mitarbeiter legen immer wieder ihr Tagwerk beiseite, um einem Kind oder Jugendlichen zuzuhören, auf die Schulter zu klopfen, körperliche Zuwendung zu zeigen. Sie sind im wahrsten Sinne für die Kinder greifbar. Auch Eltern kommen, die Rat oder Trost suchen und sich hier für ihre Hilflosigkeit nicht schämen müssen.

32

Besonders bei den kleinen Kindern ist die Sehnsucht nach Nähe spürbar. Wer sich oben im Kleinkindbereich hinsetzt, hat sofort ein Kind auf dem Schoß – und manchmal gleich mehrere, die sich gegenseitig von diesem begehrten Platz zu vertreiben suchen. So wie die dreijährige Nadine, deren völlig überforderte allein erziehende Mutter die Kleine vom Bezirks-Kindergarten schnurstracks in die überfüllte Arche-Kantine und von dort in den Kleinkind-Hort bringt, ohne ihr einen Moment der Ruhe zu zweit zu gönnen. Nadine kuschelt sich sofort in meine Arme, um ein bisschen zu schlafen, und blinzelt immer wieder heimlich nach oben, um sich zu vergewissern, ob ich auch nach zehn Minuten noch da bin. Oder wie der fünfjährige Gregor, dessen Sprachentwicklung völlig zurückgeblieben ist, aber der nach drei Wochen immer noch die Seite kennt, an der ich aufgehört habe, ihm aus seinem Lieblingsbuch «Aladin» vorzulesen. Oder wie Janine, auch fünf Jahre alt, die mich bei einem Ausflug zum Kinderbauernhof «Pinke Panke» den ganzen Nachmittag von Tiergatter zu Tiergatter zieht und keinen Moment meine Hand – die Hand einer Fremden – mehr loslässt, mich aber schon eine Woche später nicht mehr wiedererkennt.

Jeden Tag stehen bis zu 350 Kinder in der Kantine in Hellersdorf an, um sich eine kostenlose Mahlzeit zu holen. Und es werden immer mehr. Für manche von ihnen ist es die erste Mahlzeit des Tages und manchmal auch die letzte. Aber die Kinder der Arche haben nicht nur Hunger auf eine Mahlzeit jenseits der Dönerbude, die zu Hause häufig die Küche ersetzt, sondern sie sind auch hungrig nach Aufmerksamkeit, Vertrauen, Förderung, Spiel, nach gemeinsamer Zeit und Zuneigung.

So ist aus der Suppenküche eine tatsächliche Arche geworden, die die Kinder aufsammelt, wenn Land unter ist in ihrem unruhigen Leben. Wenn die Wohnung zwangsgeräumt wird, weil die Miete seit Monaten aussteht. Wenn sie Opfer von Gewalt werden – in der Familie, auf dem Schulhof oder im Kiez – und selbst nur noch brüllen, weil sie glauben, dass ihnen sonst niemand zuhören würde und es die Lautstärke ist, die sie von den Erwachsenen gewohnt sind. Wenn sie sitzenbleiben, von der Schule fliegen, wenn sie Angst haben. Die Kinder der Arche und in den Suppenküchen unseres Landes haben keine roten Bäckchen, sondern Ringe unter den Augen am Montag, am Dienstag, am Mittwoch und an jedem anderen Tag der Woche. Die ehemalige Grundschule an der Tangermünder Straße, inmitten von Plattenbauten gelegen, verströmt in den Gängen und zahlreichen Funktionsräumen keine Geborgenheit, hat nichts Gemütliches, und auch der weißgetünchte Speiseraum im Keller, der von Neonleuchten erhellt wird, lädt nicht wirklich zum Verweilen ein. Und dennoch kommen jeden Tag immer mehr Kinder, oft bringen die älteren Geschwister die jüngeren mit, bis draußen die frühe Nacht hereinbricht und die Kinderschar in die Dunkelheit entschwindet. Väter, die ihre Kinder holen, sieht man hier kaum. Meistens sind es die Mütter, die kommen. Oft noch nicht mal die. Manche Kinder, selbst ganz kleine, müssen allein nach Hause finden.

Es ist Donnerstagabend, kurz vor 18 Uhr, Anfang Dezember. Draußen ist es kalt geworden, es nieselt. Im Computerraum flirren die Bildschirme, der Hausaufgabenraum ist leer, im Jugendcafé gibt es Streit um eine randalierende 16-Jährige, die Hausverbot hat, aber nicht gehen will. Von jeder denkbaren Schule ist sie bereits geflogen wegen ihrer hohen Aggressivität. «Die gilt als nicht mehr beschulbar», sagt eine Erzieherin. Seit zwanzig Minuten wartet man auf die Polizei, die sich Zeit lässt zu kommen, weil solche Notrufe hier zum Alltag auf den Wachen gehören.

An einem frühen Abend im vergangenen Winter, kurz bevor die Arche schließt und ich schon auf dem Weg nach draußen bin, irrt die achtjährige Diandra durch die Gänge des großen

Gebäudes. Das schmale Mädchen mit den langen blonden Haaren scheint völlig aufgelöst, schreit fast panisch nach seiner Mutter. «Meine Mama, wo ist meine Mama? Meine Mama ist weg!», weint es völlig aufgelöst. Ganz ruhig, sagen ihm die Erwachsenen, deine Mama wird schon auftauchen.

Diandras Mama ist eine nette Frau Mitte 30, zwei Kinder, allein erziehend, hoch verschuldet, arbeitslos, ohne Ausbildung, gerade zwangsgeräumt, also ohne eigene Wohnung, einsam, mit lichtem Haar. Eine von vielen. Nach ein paar Minuten kommt sie mit dem Sohn an der Hand Diandra aus einem gegenüberliegenden Gang entgegen und hält zwei Blätterteigrollen auf einem Papiertaschentuch in der anderen Hand. Sie hat noch schnell ein Abendessen für die drei in der Kantine ergattert. «Hör auf zu weinen», sagt sie streng, aber liebevoll zu ihrer verheulten Tochter. «Es ist erst Viertel vor sechs. Erst wenn ich nach sechs komme, hast du das Recht zu weinen!» Diandra schmiegt sich erleichtert an ihre Mutter. Eine Zeitrechnung für Gefühle.

«Mülltonnenfresser»
Beim Handwerker Gottes

Köln. Ein Dienstagmorgen um halb acht, vielleicht regnet es, oder der Herbstwind fegt die Blätter vom Spielplatz über den Kirchhof. Noch ist die Glastür im unteren Geschoss der sandfarbenen Rundkirche geschlossen, und sie wird sich auch erst in einigen Stunden öffnen. Und doch laufen schon die ersten Menschen die Burgstraße in Köln-Höhenberg hoch in Richtung Sankt-Theodor-Kirche, darunter viele Frauen, manche haben ihre Kinder dabei. Der Platz in der Warteschlange entscheidet darüber, ob man bei der Lebensmittelausgabe zum Zuge kommt. Bis zur Öffnung haben sich zwischen 600 und 800 Menschen angestellt, Rentner, Alleinstehende, Mütter, Väter und Kinder. Die meisten von ihnen werden nach stundenlangem Warten zufrieden mit einem Brot und einer Tüte Lebensmitteln abziehen. Wenn es zu viele sind, gehen die Letzten leer aus.

In der Warteschlange steht auch Marion. Ihre Mutter hat heute die Zwölfjährige geschickt, weil sie selbst gerade zu krank ist, um stundenlang anzustehen. Auf dem Spielplatz toben die Kinder aus der Siedlung. Der türkische Nachbarsjunge entdeckt Marion und brüllt: «Mülltonnenfresser, Mülltonnenfresser», sodass es jeder hören kann. Marion schert schweigend aus der Schlange aus und scheuert ihm eine. Dann läuft sie weinend heim.

«Das hat ihr richtig wehgetan», sagt Rita Hausmann ein paar Monate später. Auch ihr, der 36-jährigen Mutter von vier Kindern, hat dieser Vorfall wehgetan, aber das würde sie nicht so sagen, eher schon würde sie mit ihrem kölschen Humor einen Witz reißen und rau auflachen, als sei das Leben nur ein schlechter Scherz. «Ich bin so was von hart geworden! Wenn ich meine Kinder nicht hätte, würde ich Schluss machen», meint sie. Dreimal hat sie es schon versucht, mit 16, 18 und 20 Jahren. Da lebte die Tochter einer Alkoholikerin noch im Heim mit ihren drei Geschwistern. Sie war sechs Jahre alt, als die Leute vom Jugendamt sie und ihre Geschwister bei der Oma abholten. «Wir haben uns unterm Tisch versteckt und die Tischdecke ganz tief runtergezogen, aber sie haben uns gefunden. Als Erstes haben sie meine ältere Schwester Hanna mitgenommen. Ich weiß noch, wie ich am Fensterbrett stand und ‹Hanna, Hanna› in den Hof hinuntergerufen habe. Sie sind in ein Auto gestiegen und weggefahren.» Rita Hausmann nimmt nachdenklich einen Löffel von dem Milchschaum des Cappuccinos, den Helga Gau, die gute Seele der Gemeinde, im

Kirchcafé spendiert hat. «Hanna, Hanna», wiederholt sie leise und ahmt ihren Schrei von damals nach. Echo einer Kindheit mit vielen Abschieden.

Mit 21 Jahren wurde Rita Hausmann selber Mutter einer Tochter. Doch nach einem Jahr ging die Beziehung zu dem Kindsvater auseinander, weil auch er soff. Es kamen ein zweiter Mann und noch zwei Kinder, Schulden, eine Trennung und ein neuer Mann, von dem ihr jüngster Sohn stammt. Mit diesem Mann war sie die letzten fünf Jahre zusammen und eigentlich relativ glücklich, einmal abgesehen von den ewigen Streitereien um das zu knappe Geld und die offenen Rechnungen. Auf der Konsole im Eingang ihrer Dreizimmerwohnung steht ein Foto von einem Familienausflug, auf dem alle fröhlich in die Kamera lachen. Das war im Frühling. Jetzt, zwei Monate später, redet das Ehepaar nicht mehr miteinander. Als Rita Hausmann kürzlich in die Klinik zu einer Notoperation musste, hat ihr Mann die Beziehung beendet. Vielleicht wegen einer anderen Frau oder weil sie selbst vor kurzem fremdgegangen war, so genau weiß sie es auch nicht. Seither geht in der kleinen Mietwohnung unweit der Kirche alles drunter und drüber. Die ungewaschene Wäsche stapelt sich im Gang, die Kinder sind durcheinander, die Tochter hat die Versetzung nicht geschafft, der Vierjährige macht wieder ins Bett und will, dass Papa bleibt, und Rita Hausmann hat nach einer massiven Unterleibsoperation nicht die Kraft, den Laden allein zu schmeißen. «Dieses Boot darf nicht untergehen, habe ich meinen Kindern gesagt. Aber die sind selber von der Rolle.»

Rita Hausmann gehört nun als Alleinerziehende zu der größten Sub-Gruppe der Armen: 37 Prozent der Ein-Eltern-Familien leben nach einer Studie (2005) des Frankfurter Instituts für Sozialarbeit und Sozialpädagogik von einem Einkommen unterhalb der Armutsgrenze. Die meisten von ihnen sind Frauen, sodass der Kölner Politikwissenschaftler Christoph Butterwege zu Recht festgestellt hat, dass Kinderarmut in der Regel mit Mütterarmut gleichzusetzen ist. Das Gefühl, den Problemen nicht gewachsen zu sein, stellt sich bei vielen Alleinerziehenden ein und überträgt sich leicht auf die Kinder. «Im Innern ist mein Leben ausgelöscht.» Das ist der Satz, mit dem sie sich vorstellt, und er will so gar nicht passen zu ihrem Alter, ihrer Vitalität, ihrem Humor und zu dem Ort, an dem wir sitzen. Hell ist es hier und schön, in dem Café der Sankt-Theodor-Kirche, die der renommierte Kölner Architekt Paul Böhm erbaut hat, von dem auch das vielbeachtete Potsdamer Hans-Otto-Theater stammt. Durch die Fenster bricht die Sonne und flutet in das Kirchenschiff, das nur durch eine Glaswand abgetrennt ist. Von den Wänden blicken Mario Adorf, Petra Gerster und die junge Angela Merkel, die ganz kindlich ausschaut, in großen Schwarzweißaufnahmen. Eine Fotoausstellung mit Menschen, deren Leben ganz anders als das von Rita Hausmann ist. Die Kaffeemaschine knattert. Frau Gau stellt einen Teller mit aufgeschnittenen Kuchenteilchen vor uns hin. Rita Hausmann blickt auf und lacht sie an. «Das ist meine Frau Gau. Wenn ich die nicht hätte!» Helga Gau kennt viele solche Geschichten. Hier im «Veedel», wo sie geboren wurde, ging es den Leuten noch nie gut.

Doch seit zehn Jahren bewegt sich etwas für die Menschen. Seit Franz Meurer in der Gemeinde von Höhenberg und Vingst Pfarrer wurde, für die sich zwei Jahre lang kein katholischer Geistlicher fand, weil die Mischung aus hoher Arbeitslosigkeit, zerrütteten Familien, Drogen und Gewalt auch Seelsorger abschrecken kann. Anfang vierzig war er damals und nicht bereit, den fatalistischen rheinischen Spruch «Et is, wie et is» zu akzeptieren. Er krempelte die Ärmel hoch, tauschte die Soutane unter der Woche gegen den Blaumann, trieb Spenden ein, pflanzte mit den Kindergartenkindern und Gemeindemitgliedern 18 000 Osterglocken im Viertel, baute im Sommer Zeltlager für die HöVi-Kinder und sorgte im Winter für die Weihnachtsdekoration in den Straßen. «Wo es arm ist, muss es nicht ärmlich sein», lautet seine Devise. Jahr für Jahr überzeugte Meurer mehr der 25 000 Menschen seines Sprengels davon, dass Gemeinschaft möglich ist, jeder Einzelne Hilfe bekommt und mithelfen kann. Heute leitet er die vermutlich einzige Kirche Deutschlands, die im Untergeschoss eine Kleiderkammer, einen Kühlraum, eine Werkstatt, eine riesige Fritteuse, ein Möbellager, einen Fuhrpark mit gespendeten Fahrrädern sowie Duschen und Waschmaschinen für Obdachlose hat. Einen Sockel der Solidarität, auf dem die Kirche ruht, die am Sonntag zur 11-Uhr-Messe bis auf den letzten Platz besetzt ist. Wer im Gemeindehaus ein Familienfest feiern will, Bierbänke oder einen Kleintransporter braucht, kann sie kostenlos ausleihen. Selbst einen Gabelstapler gibt es, man kann auch einen Führerschein dafür machen, um sich als Fahrer für einen entsprechenden Job zu qualifizieren.

Hier zählt nicht, was der Einzelne in den Klingelbeutel hineintun kann, sondern was er bereit ist für die Gemeinde im Rahmen der eigenen Möglichkeiten zu tun. «Bei uns ist alles ‹ömmesöns›, alles gehört allen», sagt der agile Gottesmann vom Rhein. Die Domstadt ist nicht arm an Klerikern, aber arm an solchen, die im Blaumann mitten unter den Menschen sind als die Handwerker Gottes. Das weiß auch das Bistum, das auf seiner Internetseite mit Pastor Meurer wirbt und ihm 2006 die angesehene Kardinal-Frings-Medaille verlieh, obwohl Meurer mitunter radikale sozialpolitische Ideen hat, die manchem zu weit gehen dürften.

Als Rita Hausmann vom Wohnungsamt Köln nach der schuldenbedingten Zwangsräumung ihrer vorherigen Bleibe in ihre neue Wohnung in Höhenberg «zwangseingewiesen» wurde, wie sie es nennt, dachte sie erst, sie sei im falschen Film. «Da hab ich gedacht, das ist der Untergang. Das ist so unerträglich hier. Die Leute sind feindlich, und die Kinder kommen untereinander nicht zurecht.» Objektiv betrachtet, gibt es in Deutschland viele Orte, die auf den ersten Blick trostloser sind. Aber oft entscheidet das Image eines Stadtteils viel eher darüber, ob die Einwohner Vertrauen in die Zukunft haben oder das sichere Gefühl, abgeschrieben zu sein und aus ihrer prekären Lebenssituation mit eigener Kraft nie wieder herauszukommen. Ganz anders ist beispielsweise das Lebensgefühl von Irina und Juri, zwei jungen Russlanddeutschen, die mit ihren Familien in einem Hochhauskomplex in Köln-Chorweiler wohnen und beide optimistisch in die Zukunft blicken. In Chorweiler und an anderen Standorten mit schlechten Sozialdaten trägt die Wohnungsbaugesellschaft Sahle Wohnen GbR dafür Sorge, dass ein lebenswertes Umfeld für die Menschen entsteht. So bietet das unternehmenseigene PAREA-Kinderbildungszentrum allen Kindern des Viertels freien oder äußert günstigen Zugang zu Sprachkursen, Tanz- und Musikunterricht sowie Kunst- und Schachkursen. Unterstützt werden sie dabei finanziell von dem jungen Kölner Unternehmer Michel Aloui. Die von ihm gegründete «brandStiftung» will ein Zeichen gegen das Auseinanderfallen unserer Gesellschaft setzen.

Derweil sind die Sorgen von Rita Hausmann handfester Natur. «In unserer Wohnung ist alles aus Spendenmöbeln zusammengewürfelt. Die Kinder fühlen sich nicht wohl. Ich würde ja gern Ordnung halten, aber dazu braucht man Schränke», sagt sie und weist auf ihre Küche, in der sich Töpfe, Geschirr und Utensilien auf der kleinen Spüle stapeln. «Ich bin nur froh, wenn ich die Augen abends zumache», seufzt sie müde. Aber dann kommt schon wieder der nächste Morgen, und es kommen die Kinder mit ihren Wünschen. Vor allem die Töchter leiden in der Schule unter den Hänseleien. Manchmal spart Rita Hausmann monatelang auf einen Markenartikel hin, damit man ihre Töchter einfach nur in Ruhe lässt. «Damit die ja nach oben kommen», sagt sie, so als entscheide ein Nike-Sweatshirt den weiteren Lebensweg eines Menschen.

Pastor Meurer gibt allen im Viertel die Gewissheit, dass der Wert eines Menschen woanders, jenseits des Materiellen, liegt. Dass der Mensch im Sinne des Sozialethikers Oskar von Nell-Breuning einen Anspruch auf Würde hat, die auch durch Arbeit entsteht und wächst. Er holt die Leute heraus aus ihrer Lethargie und macht die, die nur noch ans Nehmen gewöhnt sind, zu jenen, die etwas zu geben haben. Gerade hat er den Eingangssegen gesprochen, da legt er auch schon los. «Du bist willkommen. Deine Sehnsucht nach Liebe hat hier ihren Platz», ruft er den Kindern im Gottesdienst zu, die zahlreich erschienen sind, um sich zur Erstkommunion anzumelden. Vor wenigen Minuten noch hatte er eine alte Lederjacke und einen bunten Fahrradhelm an, eilte geschäftig mit einer ausgebeulten Stofftüte in der Hand in die Kirche. Jetzt steht er im maigrünen Ornat vor der Gemeinde am Altarpult, auf einer Ebene mit den Gläubigen, wendet sich in seiner Predigt den Menschen zu, spricht sie mit ihrem Namen an und lässt keinen Zweifel daran, dass der gelebte Glaube keine einfache Sache ist. Plötzlich greift er nach unten und holt eine Kiste mit bunten Bauklötzen hervor und beginnt, einen Turm und ein Haus damit zu bauen. «Seht ihr, Kinder, Bauen macht Lärm, auch hier in der Kirche. Im Evangelium heißt es, ihr müsst euch Gedanken machen und ordentlich planen. Sonst wird dat nichts. Hier versucht et mal selber.» Meurer kippt die Kiste neben seinen Füßen aus. Schnell hockt eine Gruppe kleiner Kinder neben ihm und türmt geräuschvoll während seiner Predigt Klotz auf Klotz. «Gottes Haus hat offene Türen», spricht er zur Gemeinde, aber was heißt das für die Gläubigen? «Ich bin die Tür für meinen Partner. Ich muss sie aufmachen, nicht er, und sagen: Du bist hier willkommen», mahnt der Gottesmann.

Rita Hausmann wird ihrem Mann, der seit Monaten immer wieder heimkehrt und abhaut, vermutlich bald endgültig die Türe verschließen und weiter versuchen, ihr Leben zu meistern. «Na, heute lachen Sie ja endlich mal wieder!», ruft ihr im Frühsommer bei unserem ersten Treffen aufmunternd eine Kindergärtnerin zu, als Rita ihren kleinen Sohn abholt, der nun bald am therapeutischen Reiten teilnehmen darf. Vielleicht hilft es ihm, sein Gleichgewicht zu finden. Und vielleicht hilft es seiner Mutter, dass es Menschen gibt, die an sie glauben und ihr Respekt entgegenbringen. «Das ist eine prima Frau», meint Pastor Meurer nach der Messe, die Rita Hausmann nur selten besucht. Aber auf Wohlverhalten und die Norm kommt es hier nicht an. «Ultra posse nemo tenetur – Über seine Möglichkeiten hinaus ist niemand verpflichtet», lautet sein Wahlspruch, der vom heiligen Augustinus stammt. Ausschweifungen, ein uneheliches Kind, eine späte Bekehrung – das irdische Leben des spätantiken Kirchenvaters, dessen Schriften das Abendland prägten, war nicht ohne Versuchungen und Verfehlungen. Augustinus kannte die Grenzen, die Menschen gesetzt sind, und forderte sie auf, diese zu überwinden. Sein Diktum, dass der Mensch jenseits der eigenen Grenzen nicht verpflichtet ist zu handeln, beinhaltet jedoch die Aufforderung, dies innerhalb der eigenen Grenzen zu tun.

«Die Rita Hausmann kämpft für sich und ihre Kinder. Es ist doch enorm, was die Frau auf die Reihe kriegt», meint der katholische Seelsorger anerkennend. Dann entschuldigt er sich und eilt mit einer Familie in die Sakristei, um eine weitere Anmeldung zur Erstkommunion aufzunehmen.

42

Kinder nicht erwünscht

Der Rettende Engel aus der Uckermark

Templin. In Nassenheide auf der Landstraße von Berlin nach Templin ist die Schranke geschlossen. Die Autos haben ihre Motoren abgestellt. Minutenlang passiert gar nichts. Durch das offene Autofenster streicht der Wind herein, der durch die Gerstenfelder rauscht. Die letzten Mohnblumen wiegen ihre leuchtenden Köpfe in der schwülen Sommerluft. Ein Unwetter zieht heran und taucht die Landschaft in ein unwirkliches Licht. Der rote Regionalexpress durchschneidet die Stille. Mit drei Triebwagen kommt der 8-Uhr-Zug aus, um die wenigen Pendler aus der brandenburgischen Uckermark in die Hauptstadt zu bringen. Jenseits der Schranke wartet das Wirtshaus «Zum schmalen Taler» auf Gäste, die deutsche Küche mögen.

Dass es im größten Landkreis Deutschlands eine extrem hohe Arbeitslosigkeit gibt, ist nichts Neues. Nach Spitzenwerten von bis zu 27 Prozent hat sie sich nun auf 20 Prozent eingependelt. Hier ging es den Leuten wirtschaftlich noch nie gut. Man hat sich eingerichtet in der Bescheidenheit zwischen idyllischen Badeseen und dem Biosphärenreservat Schorfheide-Chorin. Nur die Kleinstadt Templin, «die Perle der Uckermark», hat zumindest äußerlich die Kurve gekriegt und setzt alles auf die Karte Tourismus. Der historische Stadtkern ist weitgehend saniert, eine Naturtherme zieht Kurgäste an, und auch sonst ist von Kartbahnen bis zur Westernstadt «El Dorado» für Freizeitvergnügungen gesorgt. Und jetzt soll auch noch das ehrwürdige Joachimsthaler Gymnasium, wo einst Achim von Arnim und Ernst von Harnack die Schulbank drückten, als internationale Eliteschule wiedereröffnet werden. Mehr als 16 Millionen Euro will ein Berliner Investor für die Sanierung ausgeben, damit auch begabte – und betuchte

– Schüler aus Asien und Amerika die Reise nach Brandenburg antreten.

In Milmersdorf, einer 1600-Einwohner-Gemeinde außerhalb von Templin, ist von Aufbruch nichts zu spüren. Hier leben die meisten Menschen von Hartz IV. Für sie sind weder die kostspieligen Freizeitangebote noch die Eliteschule gedacht. Wenn das «Haus der Hilfe» an der Dorfstraße nicht wäre, kämen viele Menschen hier und in anderen Marktflecken der Uckermark gar nicht über die Runden. In dem notdürftig in Eigenarbeit instandgesetzten Haus sitzt der Verein «Der Rettende Engel». Wer dort hinkommt oder anruft, kann auf unbürokratische Hilfeleistungen jeder Art hoffen.

Gegründet hat den Verein Hans-Jürgen Eggert, der vor 16 Jahren selbst arbeitslos wurde. «Ich weiß, was es heißt, am Abgrund zu leben», sagt der 60-Jährige. Vor 27 Jahren hat er den Alkohol besiegt, den stockenden Fluss seiner Wörter hat er in den Griff bekommen, sich mit der eigenen Einsamkeit abgefunden. Eggert kämpft immer für oder gegen etwas. Nun steht der Kampf gegen die wachsende materielle und seelische Armut in der Region auf seiner Fahne. Der kleine, drahtige Mann, der selbst oft am Rand der Gesellschaft gelebt hat, ist zum Zentrum geworden, weil er für andere Menschen in Not glaubwürdig ist. Das fand auch Regine Hildebrandt, die ihm 1996 für drei Jahre eine ABM-Stelle und einen Kleinlaster besorgte. Eggert, zu DDR-Zeiten Krankenpfleger und Pressefotograf, ist in der Region mittlerweile bekannt wie ein bunter Hund. «Hans kommt» ist in den Dörfern zum geflügelten Wort geworden. Mehr als 30 Arbeitslose hat er mobilisiert, die ihm helfen, gespendete Möbel, Brennholz und Essen zu verteilen. Doch in einer Region, in der viele zu wenig haben, fließen auch die Spenden nur spärlich. «Besonders kinderreiche Familien und Alleinerziehende sind auf uns angewiesen. Wir sind in der ganzen Uckermark unterwegs», sagt Eggert. «Vorausgesetzt, wir haben Geld für Sprit.» Denn für den müssen die Arbeitslosen selbst sorgen. «Ich muss jeden Tag betteln gehen», sagt Eggert. «Wenn ich nicht so ein Stehvermögen hätte, wären wir längst am Ende.»

Gerade ist der Tank mal wieder leer und der Motor vom rostigen Laster zu heiß geworden, sodass die heutige Fahrt ausfallen muss. Dafür steht ein Besuch der Familie Berger auf dem Programm, die mit ihren sechs Kindern in der Plattenbausiedlung am Ortsrand wohnt. Eine Lebensmittelspende soll übergeben werden. Auf der rostigen Wäschestange zwischen den Wohnblöcken trocknet ein blaues Badehandtuch mit Delphinen. Für die Kinder der Wohnanlage steht eine einzelne Kletterstange bereit, von der die Farbe abblättert. Toben auf der Rasenfläche ist unerwünscht. Besonders die Rentner verteidigen die gähnende Stille des Dorfes. Die Wohnungsbaugesellschaft reicht die Beschwerden an die Eltern weiter. Regelmäßig liegen Ermahnungen im Briefkasten der Bergers, die hier mit acht Personen auf 106 Quadratmetern wohnen. «Ich kann die Kinder nicht den ganzen Tag einsperren», sagt Karin, die 37-jährige Mutter. «Sollen sie doch meckern. Das sind schließlich Kinder.»

Davon gibt es immer weniger im Ort. Zwei der vierstöckigen Häuser stehen schon leer, weil so viele Anwohner weggezogen sind, jetzt sollen sie abgerissen werden. Wer kann, packt seine Habseligkeiten. Die Chance, eine Arbeit oder Lehrstelle in der Nähe zu finden, ist gering. An der Ortseinfahrt steht die Volksschule aus DDR-Zeiten. Vor dem gelb gestrichenen Hauptgebäude wellen sich auf dem Schulhof die Betonplatten. Die meisten Parkplätze dürften die Phantasie mehr anregen als diese leergefegte Fläche ohne Bank und Spielgeräte. Die Klassen hat man mittlerweile zusammenlegen müssen, weil die Schülerzahlen zu gering sind. «Die ziehen jeden mit durch, auch die schlechten Schüler, nur um niemanden zu verlieren», ärgert sich Karin Berger. Ihre 14-jährige Tochter Jacqueline, die mit ihrer zwei Jahre jüngeren Schwester in dieselbe Klasse geht, bräuchte dringend sonderpädagogische Unterstützung. Doch dafür fehlen die Lehrer. Bereits in der dritten Klasse haben die Bergers einen Platz in der Förderschule beantragt. Der Antrag wurde abgelehnt. Mittlerweile ist Jacqueline aufgrund ihrer Überforderung so frustriert, dass sie gar nichts mehr für die Schule tun will. «Was soll aus dem Mädchen mal werden?», fragen sich die Eltern ratlos.

Der große Vorzug des Ortes liegt darin, dass die Wege kurz sind. Von der Plattenbausiedlung können die Kinder allein ums Eck in die Schule laufen, und bis zum Supermarkt Nahkauf sind es nur wenige Minuten. «Die kurzen Wege fand ich früher praktisch», sagt Karin, die Anfang der 1990er Jahre mit ihrem Exmann von Potsdam zuzog, heute zehrt die Eintönigkeit des Ortes an ihren Nerven. Damals hatte die junge Mutter noch drei Kinder. Nach dem vierten Kind ging die Ehe auseinander. Eine weitere Tochter kam zur Welt von einem anderen Vater. Beide Männer sind mittlerweile verstorben und hinterließen ihr einen Schuldenberg. Dann traf sie Dieter, der gerade arbeitslos geworden war. Von ihm stammt ihr jüngstes Kind, ein mittlerweile siebenjähriger Sohn.

Auch Dieter brachte Schulden mit in die Ehe. «Meine Ex-Olle hat alles Mögliche auf meinen Namen bestellt, was ich heute noch abzahlen muss. Aber in ein paar Jahren haben wir es geschafft», sagt der muskulöse 40-Jährige. «Alles unter Kontrolle.» Zweihundert Euro für den Schuldendienst gehen jeden Monat vom schmalen Familieneinkommen ab. Die Gemeinde hat ihnen ein Stück Land im Gegenzug für Abrissarbeiten zur Verfügung gestellt, auf dem sie Schweine für den eigenen Verzehr züchten. Karin ist froh, wenn sie die Familienkasse mit regelmäßigen Besuchen in der Kleiderkammer entlasten kann. Zweimal im Monat geht sie beim Roten Kreuz in Templin auf die Suche nach Brauchbarem. Doch während in der Hauptstadt die Kleiderkammern überquellen, ist hier noch viel Platz in den Regalen. In Regionen, in denen die meisten nicht üppig leben und die wenigen Firmen von allen möglichen Seiten angezapft werden, fallen auch die Spenden eher bescheiden aus. Spendenwellen aus betuchten Vororten, wie sie die rührige Arche in Berlin, Hamburg und München regelmäßig erreichen, schwappen nur selten in die Provinz. Selbst die Kleiderkammer der Berliner Obdachlosenhilfe mob – obdachlose machen mobil e.V./strassenfeger, für deren Klientel sich schwerer werben lässt als für bedürftige Kinder, hat ein breites Angebot vorzuweisen. Aber wer nimmt ein paar Stunden Fahrzeit in Kauf, wenn man abgelegte Kleidung und gebrauchte Spielsachen schon im nächsten Stadtteil loswerden kann?

Auch die Möbel in der engen Wohnung kommen vom «Rettenden Engel». Gerade haben die Bergers den großen Esstisch gegen einen kleineren ausgetauscht, weil man kaum um die Ecke kam. Jetzt kann man nur noch in Schichten essen. Nur die vielen bunten Porzellanfiguren, die die Regalbretter an den Wänden über den Aquarien zieren, haben sie selber angeschafft.

Ihre Notlage hat sich herumgesprochen. Soziale Kontakte zu Nachbarn haben sie keine, obwohl hier eigentlich alle im selben Boot sitzen. Nach Angaben des Bremer Instituts für Arbeitsmarktforschung liegt in zehn Landkreisen Ostdeutschlands der Anteil der von Sozialgeld lebenden Kinder über 40 Prozent. Und trotzdem führt Armut nicht zu Solidarität, sondern zur Isolation. «Hier in der Siedlung sind wir nur die Asozialen, die ‹Asis›, weil wir arbeitslos sind und so viele Kinder haben», sagt die gelernte Krankenschwester. «Kiek dir die an, sagen die Leute. Die ist zu faul zum Arbeiten. Mit Hartz IV und vielen Kindern ist man hier der letzte Dreck.»

Die Isolation und die Sorgen haben tiefe Ränder unter ihre blauen Augen gelegt. Vielleicht ist es auch die Gewissheit, dass sich für die Familie nichts ändern wird, solange sie in Milmersdorf bleibt. Doch weggehen kommt für Dieter nicht in Frage. Einmal, da sei er in Wuppertal bei seinem früheren Chef gewesen und hätte einen Umzug erwogen. Doch ein Vermieter dort habe ihm gesagt, er nähme lieber eine Familie mit Hunden als mit sechs Kindern. «Da würden wir nie akzeptiert werden», meint Dieter. Lieber findet er sich mit einem Leben von Stütze in seinem Heimatdorf ab, als sich anderswo demütigen zu lassen. «Mit Arbeit ist hier jar nüscht», meint Dieter. Früher hat der kräftige 40-Jährige auf dem Bau gearbeitet. Heute würde er am liebsten die Mauer wieder hochziehen. «In der DDR war's besser. Da haben die Kinder noch Disziplin gelernt. Schaun Se sich doch unsere Jugendlichen jetzt mal an im Dorf, wat soll aus denen denn mal werden?» Auf diese Frage haben die meisten hier keine Antwort. Vorausgesetzt, sie stellen sie überhaupt. «Vielen Eltern bei uns sind doch ihre Kinder völlig egal», meinen die Bergers. Gemeinsame Mahlzeiten und Sorge um die Schulprobleme der Kinder seien eher die Ausnahme. «Die wundern sich über uns», meint Dieter.

Neben ihm sitzt Günther. Der blasse 18-Jährige steht kurz vor dem Schulabschluss. Ob er damit rechne, in der Gegend eine Lehrstelle zu bekommen? «Hier ist ja nüscht», nuschelt er leise und steckt sich eine der vielen polnischen Billigzigaretten an. Kettenrauchen ist der Luxus, den sich die Familie noch leistet. Alles würde Günther nehmen, wenn es nur etwas gäbe. «Wie siehst du deine Zukunft?» – «Gar nicht», antwortet er achselzuckend. Den Ort zu verlassen, traut er sich nicht zu und erzählt bewundernd von einem Freund. «Der hat's geschafft. Der ist jetzt in Cottbus.» Wenn Günther «Cottbus» sagt, klingt das wie «Amerika» vor den Wirtschaftswunderjahren. Doch Arbeit hat auch der Freund bisher nicht gefunden.

Die neunjährige Tochter Sandy schnürt unaufhörlich durch die Wohnung und malt Blumenbilder, auf die sie eine große 1+ zeichnet. «Guck mal, Mutti! Hab ich sehr gut gemacht.» Karin legt müde ihr Gesicht mit dem langen Pferdeschwanz auf die Schulter der Kleinen und schließt die Augen. Sandy hat ADHS. «Wir versuchen es noch ohne Medikamente», sagt Karin. Einen Platz für eine Therapie hat sie bisher nicht. Förderung bei Defiziten, Vertrauen in die eigenen Fähigkeiten, Ehrgeiz, Ziele, Erfolgserlebnisse – alles Fehlanzeige vor den Toren der Stadt. «Die Kinder hier im Ort fühlen sich total überflüssig», sagen die Eltern.

Selbst für ein minimales Angebot an sinnvoller Freizeitgestaltung fehlt der Gemeinde das Geld. Das ist für die Sanierung des Jugendheims mit dem sinnfälligen Namen «Bruchbude» ausgegeben worden, in dem sich die Jugendlichen treffen können. «Da läuft nur die Glotze, und es gibt ständig Streit», meint Günther. Schlimm sei die Stimmung im Ort unter den Jugendlichen, von denen viele in der Warteschleife hängen. Langeweile und mangelnde Zukunftschancen entladen sich in Schlägereien und Sachbeschädigungen.

Das bestätigt auch der 19-jährige Mario, der seit dem Morgen im Haus der Hilfe im Sessel hängt, raucht, fernsieht und zwischendurch mal mit anpackt. Sein 18-jähriger Bruder sitzt gerade in U-Haft, gegen Mario selbst laufen noch zwei Verfahren wegen Einbruch und Körperverletzung aus der Zeit, als er 14 war. Seit dem Tod des Stiefvaters und dem Schlaganfall der Mutter, die jetzt in «so einem Obdachlosendings» lebt, geht es bei ihm bergab. «Man wird immer mit reingezogen», meint Mario. Er wirkt mit seinen weichen Gesichtszügen nicht wie ein Schläger, verliert aber dennoch leicht die Beherrschung – «mangelnde Impulskontrolle aufgrund seelischer Deprivationserfahrungen» würde ein Psychologe dazu sagen. Doch auf die Idee, ihn therapeutisch zu behandeln, ist bislang noch niemand gekommen. Wahrscheinlich muss Mario dazu erst in den Knast. Gerade hatte er bei einem Streit einen dieser Ausraster. Seit drei Wochen liegt der andere Junge im Krankenhaus.

Ablenkung durch Sport oder andere Freizeitaktivitäten liegen für viele Eltern in der Uckermark finanziell außer Reichweite. Oft scheitert eine Anmeldung der Kinder aber nicht an den in der Region eher moderaten Vereinsbeiträgen, sondern an dem Gefühl, nicht dazuzugehören oder nicht erwünscht zu sein. «Das ist was für die Leute mit Eigenheim, für die Angeber, die Großkotzigen», meint Mario. Als die Schule Musikunterricht anbieten wollte, winkten die Bergers ab. «So wat Hohet können wir nicht», sagt Dieter. Da bleibt für die Freizeitgestaltung nur die Flucht vor den Bildschirm oder der Blick in den Kühlschrank. Mehr als 100 Kilo wiegt die 12-jährige Tochter Chantal bei einer Größe von 150 Zentimetern bereits. «Ich kann sie nicht zwingen, mit dem Essen aufzuhören. Das muss freiwillig kommen», meint ihre Mutter, die nur die Hälfte davon auf die Waage bringen dürfte. In die Schule mag Chantal schon gar nicht mehr gehen. «Die Kinder werden gehänselt, weil sie nicht mithalten können.»

Der Trend – das zeigt die alljährliche Kids Verbraucheranalyse (KidsVa) – weist in die andere Richtung: «Über 1,5 Milliarden Euro regelmäßige Geldzuwendungen und fast eine weitere Milliarde Euro an Geldgeschenken (Geburtstag, Weihnachten, Ostern) können die 5,76 Millionen Kinder im Jahr ausgeben.» Die Bergers wären schon erleichtert, wenn sie ihren Kindern regelmäßig Taschengeld zahlen könnten.

Bergers sind froh, dass das Jugendamt wenigstens noch die Klassenfahrten übernimmt. Für Wandertage haben sie eine Rücklage gebildet. «Lieber treten wir kürzer. Da achte ich druff, dass die Kinder das nicht spüren», meint Karin Berger. Die fünf bis zehn Euro, die die Kinder statt Geschenken zum Geburtstag bekommen, legen sie als Taschengeld für die Schulausflüge zurück. Schon jetzt wird ihr übel bei dem Gedanken an die Kosten, die zu Schuljahresanfang für Schulmaterial anfallen werden. «Das sind bei vier Schulkindern weit über 100 Euro, die wir nicht übrig haben.»

Mit den Kindern zu verreisen kommt erst recht nicht in

50

Betracht. «Ich kenn noch nicht mal Urlaub», sagt Karin. «24 Stunden derselbe Trott. Freizeit können wir uns nicht leisten.» – «Ins Flugzeug bekommt mich eh keiner. Viel zu gefährlich», lacht Dieter, auf dessen ärmellosem T-Shirt groß Los Angeles steht. «Früher hatten wir Geld und durften nicht reisen, heute dürfen wir reisen und haben kein Geld!» Da müssen auch die Kinder lachen.

Im Haus der Hilfe wartet Hans-Jürgen Eggert an diesem Donnerstagvormittag auf den ersten Anruf beim «Rettenden Engel». Gleich beginnt die telefonische Sprechstunde. «Den Leuten hier geht's immer schlechter», meint er. Man bräuchte viel mehr Spenden, um die Anfragen zu befriedigen. 2000 bis 2800 Menschen zwischen Templin, Prenzlau, Angermünde und Schwedt wenden sich jedes Jahr hilfesuchend an den Verein. Dort, auf dem Schwedter Platz der Befreiung, fand im April 2007 die 130. Montagsdemonstration des «Runden Tisches für soziale Gerechtigkeit» statt. Thema: Kinderarmut. «Im Land Brandenburg lebt jedes fünfte Kind unterhalb der Armutsgrenze. In der Uckermark ist der Anteil der betroffenen Kinder besonders hoch», sprach Karin Hildebrandt, die Kinder- und Jugendbeauftragte der Stadt, ins Megaphon, das sie angesichts der wenigen Zuhörer eigentlich gar nicht gebraucht hätte.

Schlimmer als die materiellen Notlagen seien die seelischen Probleme der Menschen, meint Eggert. Viele zerbrächen an der Mischung aus Hoffnungslosigkeit, Überschuldung, Arbeitslosigkeit und Alkohol. Leidtragende seien vor allem die Kinder. «Wir versuchen, wenigstens die schlimmste Not zu lindern.» Besonders die jungen, allein erziehenden Mütter seien mit ihrer Situation völlig überfordert. Manchmal macht ihn das auch wütend. «Erst wolln se 'n Kind, und dann halten se die Einsamkeit nicht aus und kommen mit ihrem bisschen Geld nicht hin.» Eggert regt diese Unvernunft auf. «Es ist 'ne schwierige Zeit», sagt er dann. Wenigstens hat jetzt die brandenburgische Landesregierung einen neuen Laster genehmigt, für den Ministerpräsident Platzeck sogar persönlich zur Übergabe mit Pressetross anreiste. Wer die Tankfüllungen bezahlt, wenn sich das Blitzlichtgewitter wieder verzogen hat, ist indessen nicht die Sorge der Potsdamer Politiker. Auch für den Gedanken, Herrn Eggert und seinen Mitstreitern für den immensen persönlichen Einsatz eine Aufwandsentschädigung zuzubilligen oder gar ein Gehalt, kann sich dort niemand erwärmen.

Draußen liegt die Dorfstraße ruhig in der Mittagssonne, an der Regenwolken vorbeihuschen. An der asiatischen Imbissbude lehnt das Fahrrad des Besitzers, der auf einem Campingstuhl sitzend auf Kundschaft wartet. Fast idyllisch liegt die «Bruchbude» in einem Seitenweg. Mühe hat man sich gegeben bei der Renovierung des Fachwerkhauses. Der große leere Innenraum wurde mit bunten Keith-Haring-Figuren bemalt und eine Tischtennisplatte angeschafft. Am Abend haben die Jugendlichen die Stühle auf die paar Tische geräumt, von denen die Kanten abplatzen. Ein polnischer Kleinlaster holpert über die Feldsteine. Zwei Männer steigen aus und begutachten die alten Karossen des benachbarten Gebrauchtwagenhändlers. Vielleicht kaufen sie ja die ausrangierte Dönerbude oder den bunten Trabi in deutschen Nationalfarben, dem die IG-Metall ihr Logo auf die Kühlerhaube gespritzt hat. «Go Trabi Go» steht auf der Beifahrertür. Das waren noch fröhliche Zeiten in den Wendetagen.

Am Ortsausgang liegt eine alte Backsteinkirche in einem verwunschenen Garten. Im Schaukasten hängen die Gottesdienstordnung und ein Foto von der letzten Konfirmation am Pfingstsonntag. Zwei Mädchen sind es dieses Mal gewesen, die verlegen in die Kamera lächeln. «Ich bin immer in Stimmung» steht auf dem T-Shirt einer Brünetten aus dem Nachbardorf. Ein Landarbeiter radelt langsam heran und beobachtet misstrauisch die Fremde.

Prachtvolle Alleen säumen die achtzig Kilometer Land-
straße nach Berlin. Durch das dichte Laubdach fallen schwere
Tropfen. Die Fahrt durch den Schatten der Wälder hat etwas
wohltuend Behütetes. Im Radio läuft ein Klavierkonzert von
Franz Xaver Mozart. Zeit seines Lebens blieb Mozarts jüngster
Sohn im Schatten seines Vaters Wolfgang und hat es trotzdem
geschafft, seinen Weg zu gehen. Vielleicht hat ihm die frühe
Förderung dabei geholfen, auf der die Mutter bestanden hatte.
Vielleicht hat er auch zumindest in jungen Jahren einfach nur
an sich selbst geglaubt. «Auf Wiedersehen in der Uckermark»,
scheint ein Schild auf. Und: «Bleiben Sie entspannt.»

Abschied vom Kuscheltier
Wenn ein Kinderzimmer zwangsgeräumt wird

Berlin-Hellersdorf. «Nein, das packst du nicht ein, Gregor»,
sagt sie bestimmt. Gerade hat ihr fünfjähriger Sohn ein graues
Kartenetui angeschleppt, in das er eine bunte Spielzeugfern-
bedienung in Pistolenform gestopft hat.

In der Kantine der Arche in Hellersdorf ist der Spenden-
tisch heute wieder voll beladen. Eine aus der Mode gekom-
mene Louis-Vuitton-Umhängetasche liegt neben einem Wis-
sensbuch über Westafrika, Gesellschaftsspielen, Kassetten und
Videos. Ein kleines Mädchen sichert sich einen ganzen Stapel
pinkfarbener Barbie-Comics. Gregor hat sich in den Kopf gesetzt, auch etwas mitzunehmen, und öffnet bereits den Reißverschluss seines Spiderman-Rucksacks. «Doch», sagt er trotzig und zieht die Augenbrauen zusammen.

Irina, 34, allein erziehend, nimmt den Kampf auf. «Bring es
zurück, und zwar sofort!» Gregor denkt gar nicht daran. Wü-

tend schiebt er sein Mittagessen weg. Keinen Bissen wird er davon nehmen. Dabei ist diese Mahlzeit wichtig. «Der macht mich noch wahnsinnig», stöhnt seine Mutter und fährt sich mit den Händen durch die lichten schwarzen Haare. Ihre Nerven sind dünn im Moment. «Wir haben doch zur Zeit keine Schränke», sagt sie entschuldigend. «Ich weiß gar nicht, wohin mit dem Zeug.»

Seit drei Monaten haben Irina und ihre zwei Kinder kein eigenes Dach über dem Kopf. Seit noch viel längerer Zeit auch kein Hartz IV. Vor sechs Wochen hat sie den entsprechenden Antrag gestellt. Gerade kam die Bescheinigung, dass dieser nun zügig bearbeitet werde. Der Antrag zum Unterhaltsvorschuss liegt seit zwei Monaten auf irgendeiner vermutlich völlig überfüllten Ablage im Bezirks-Jugendamt. Irina hat aufgrund ihrer Nachlässigkeit seit Monaten insgesamt 300 Euro Kindergeld zum Leben, im April 2007 also bei dreißig Tagen zehn Euro pro Tag für drei Menschen, sprich drei Euro pro Person. Wie versorgt man ein Kind mit drei Euro pro Tag mit Essen, Anziehsachen und Schulmaterial? Und wie schafft man das über mehrere Wochen hinweg? Weil sie monatelang keine Rechnungen bezahlte, wurde der Strom abgestellt. «Wissen Sie, man kann auch Nudeln auf einem Stövchen mit vier Teelichtern kochen», sagt sie und lacht fast. Als auch die letzte Frist zur Bezahlung der Mietschulden ablief, kam die Zwangsräumung. «Wir haben ein paar Sachen eingepackt und sind gegangen», erzählt sie. Sie spricht ein klares, schönes Hochdeutsch, kann sich sehr gut ausdrücken und analysieren, wirkt lebensklug. Aber manchmal reichen die richtigen Worte und Gedanken nicht aus, um das Leben in den Griff zu bekommen. Manchmal spielt die Seele nicht mit.

Eine Freundin nahm Irina auf. Ihren Hausstand werden sie und die Kinder nicht wiedersehen. Wer nach drei Monaten nicht die Räumungskosten für die Verwahrung, Entsorgung und Verwertung des Abtransportierten bezahlt, sprich: in einer akuten Notlage nicht Tausende von Euro für Mietrückstände und Zwangsräumung auf den Tisch legt, der sieht sein Hab und Gut nie wieder. Es wird dann entweder vernichtet oder kommt unter den Hammer. Dass das so ist, ist hier und in anderen Brennpunkten Alltagswissen. «Ich bin selbst daran schuld», sagt Irina nachher nüchtern im Gespräch, als die Kinder in den Spielgruppen sind und sich die Eltern ihr Essen holen.

Wenn Irina morgens um 5:45 Uhr in den Spiegel guckt, sieht sie eine Frau, in deren Gesicht die letzten Jahre Spuren hinterlassen haben. Erst kam die Trennung von dem alkohol- und drogensüchtigen Vater ihrer Kinder, als ihre Tochter dreieinhalb Jahre und ihr Sohn 18 Monate alt waren. Bis heute hat ihn der Vater nicht anerkannt. «Am Ende war nur noch Hass», sagt Irina. Dann kam die Zeit der endlosen Behördengänge, der Jobsuche ohne abgeschlossene Berufsausbildung, nur mit erweitertem Hauptschulabschluss und zwei kleinen Kindern im Kreuz. Und irgendwann kam der Punkt, an dem Irina dichtgemacht hat, eine Mauer um sich und die Kinder gezogen hat, vor der Gläubiger, Ämter und die Vergangenheit draußen blieben.

Es ist ein Irrglaube zu denken, dass dort, wo Kinder sind, auch Kindheit ist. Bei Irina hat sich das Gefühl der Geborgenheit und Unbeschwertheit nie richtig eingestellt. Ihre Mutter, 16 Jahre alt bei Irinas Geburt, 18 Jahre alt beim zweiten Kind, konnte nur mit der jüngsten Tochter etwas anfangen. Als die auf die Welt kam, war die junge Mutter immerhin 20 Jahre alt. Irina lief nebenher. Im Umfeld des pädophilen Vaters tummelten sich Gleichgesinnte. Die Mutter schaute weg. Als die Kleine sieben Jahre alt war, schleppte sie ein Bekannter der Eltern auf den Dachboden und missbrauchte sie. Als sie neun Jahre alt war, verging sich der strenggläubige holländische Gastvater an ihr, bei dem sie mit den Schwestern die Sommerferien verbrachte. Die große Wohltätigkeitsorganisation, die die Kinder zur Sommerfrische dorthin schickte, hat es nie erfahren. Ihre Mutter floh regelmäßig vor dem Vater ins Frauenhaus. «Wenn sie sich wieder vertragen hatten, hieß es dann, sei lieb zu Papa. Da wurde man ganz kirre mit der Zeit.» Normalität hieß, keine normalen Bindungen aufzubauen. «Man nimmt gar nichts mehr wichtig, wenn man so aufwächst», sagt sie. Als sie 14 Jahre alt wurde, zog Irina ins Heim. Bloß weg von zu Hause.

Doch das Zuhause holte sie immer wieder ein. Vor allem als der Vater anfing, ihre jüngere Schwester zu missbrauchen. «Als Lisa eine Fehlgeburt hatte, hat er sie einfach in die Badewanne gesetzt. Zum Ausbluten.» Irgendwann flog das Ganze auf. Die Mutter zeigte den Vater an, der zu acht Jahren Gefängnis verurteilt wurde. Die Erinnerung an ihre Eltern gefrieren heute zu zwei Sätzen: «Mein Vater ist ein Kinderficker.» Und: «Diese Frau ist eine einzige Enttäuschung.» Als vor einigen Monaten Irinas Schwester nach 14 Jahren unangemeldet vor der Tür stand, kam alles wieder hoch. «Ich bin damit nicht klargekommen.»

Wie soll man klarkommen mit der eigenen Kindheit, die keine war, und einer anderen Kindheit, die man aus den Händen gab, weil sie einem zu entgleiten drohte? Irina hat zwischen ihrer Jugend und dem Heute einen Schlussstrich gezogen. Dahinter wohnen auf der einen Seite die zwei Schwestern, die um ein heiles Bild der Familie und Selbstachtung ringen; Eltern, die Irina verachtet; und ihr erster Sohn, der heute sechzehn ist. Mehr weiß sie nicht über ihn. Nur dass er ihren Nachnamen noch trägt. Als er drei Jahre alt war, gab sie ihn zu Pflegeeltern und brach nach Konkurrenzproblemen mit der Pflegemutter den Kontakt ab. Ihr Sohn fühlte sich in dem neuen Zuhause wohl. Sie wollte, dass er zur Ruhe kommt. «Das kann ich ihm nicht antun, dass er sich hin und her gerissen fühlt», dachte sie damals. Dreizehn Jahre ist das her. Einmal ist sie an dem Haus vorbeigegangen und hat von weitem über den Gartenzaun geblickt. Er wusste ja nicht mehr, wie sie aussieht.

Die Frau, die auf der anderen Seite des Schlussstriches lebt, hat Schulden und eine Vergangenheit, die als Hypothek eigentlich ausreicht, um einen Menschen zu erdrücken. Und sie hat zwei Kinder, um die sie sich im Rahmen ihrer Möglichkeiten gut kümmert, mit denen sie notfalls bei Kerzenschein Gesellschaftsspiele macht, wenn der Strom mal wieder abgestellt ist. Kinder, für die sie nach Meinung anderer alles tut, wenn es auch nicht immer das Richtige ist. Als sie wochenlang nichts unternahm, um die Räumung ihrer Wohnung zu vermeiden und sich beizeiten um eine neue zu kümmern, bekam sie Druck von den Erzieherinnen des Hortes, in den ihre Kinder nachmittags gehen.

Bei sechs Wohnungsbaugesellschaften hat Irina mittlerweile erfolglos angefragt. Doch wenn die Verwalter ihren negativen Schufa-Eintrag sehen, bekommt sie noch nicht mal einen Platz auf der Warteliste. Eine siebte Wohnungsbaugesellschaft hat ihr immerhin einen Rückruf zugesagt und einen Besichtigungstermin mit dem Hausmeister in Aussicht gestellt. Die Freundin, bei der die drei untergekommen sind, kennt dort jemanden. Als der Anruf kommt, wird Irina mitgeteilt, dass der Hausmeister in Urlaub sei und frühestens in zwei Wochen zurückkäme. Dann sähe man weiter. Irina nickt zufrieden. Immerhin ein Rückruf.

Ein paar Wochen später treffe ich Irina wieder. Die Wohnungsbaugesellschaft hat ihr eine neue Bleibe gegeben. Sie hat die Geschichte, die ich über sie geschrieben habe, gelesen. Irina gehört nicht zu den Müttern, die aus Überforderung ihre Kinder ständig zusammenfalten, im Gegenteil. Vielmehr geht es ihr wohl darum, Traurigkeit zu portionieren, da es daran wohl am wenigsten mangelt. «Wissen Sie, früher sagte man, als Verlierer werde man nicht geboren, zum Verlierer mache man sich selbst. Heute stimmt das nicht mehr. Sehen

Sie sich doch mal um hier! Wer von den Kindern wird denn hier den Sprung nach oben schaffen?»

Vom Versuch, die Würde zu behalten

Berlin-Hellersdorf. Die Weihnachtspost für Pascal und seinen Vater Martin Zimmer bestand aus zwei Briefen: einem Vollstreckungsbescheid vom Gerichtsvollzieher über 63 000 Euro und einer Kündigung der Hausärztin, die nach 13 Jahren das Patientenverhältnis schriftlich beendete, weil die Krankenkasse ihr die vielen Besuche und Behandlungen nicht mehr bezahle. Martin Zimmer, 42, hat seit drei Jahren eine seltene Form von Knochenkrebs. Seit Kurzem weiß er, dass auch in seinem Darm ein bösartiger Tumor sitzt. Es ist − möglicherweise − das letzte Weihnachtsfest für Vater und Sohn.

Aus dem Wohnzimmerfenster im neunten Stock, in der Zossener Straße Berlin-Hellersdorf, hat man einen Panoramablick auf den Osten Berlins. Kilometerweit ergießt sich ein Steinmeer aus Häusern, manche groß, manche klein, eine Lichterflut aus Fenstern, hinter denen festliche Dekorationen funkeln. Das Leben Hunderttausender Menschen liegt in Augenweite. Wenn der fünfjährige Pascal gegen acht Uhr abends schlafen geht, wird der Blick auf all das Leben, das einen umringt, für seinen Vater unerträglich. «Die Einsamkeit ist mein schlimmster Feind.» Martin Zimmer, der lange zu stolz war, Hilfe anzunehmen, weint, als er das sagt. Er weint auch, wenn er davon erzählt, dass Pascal oft in seinem Zimmer sitzt und plötzlich heult, weil seine Mutter nichts mehr mit ihm zu tun haben will, weil er auch eine Mama haben will, weil sie den Kontakt zu seinen drei im selben Haus lebenden Geschwistern unterbindet, weil Papa bald tot sein wird. Was Martin Zimmer

58

nicht erwähnt, ist, dass er seinen Anteil an dem schlechten Verhältnis zu Pascals Mutter trägt und es mit ihr immer wieder vor den Kindern zu lautstarken Auseinandersetzungen kommt.

Aber für Pascal, der mit seinem schwerkranken Vater lebt und – trotz räumlicher Nähe – ohne Mutter auskommen muss, spielt die Frage, wer schuld ist an der gescheiterten Beziehung, ohnehin keine Rolle. Auf dem Wohnzimmertisch liegt ein Zettel mit drei Telefonnummern: von der Polizei, der Feuerwehr und von Andrea, der Betreuerin im Kinderhort der Arche. «Wenn Papa morgens tot ist, dann rufst du dort an», hat Martin Zimmer seinem Sohn eingeschärft. «Er ist schon recht selbständig», sagt er stolz. Dass Pascal trotz dieser Ängste einschlafen kann und ausgeglichen ist, hat mit der starken Liebe zu tun, die sein Vater ihn spüren lässt. Nur die Augenringe in dem blassen Gesicht des höflichen Fünfjährigen verraten die Sorgen, die dieses junge Leben belasten.

Als Pascal geboren wurde, war seine Familie noch halbwegs intakt. Sicher, die 1,5 Millionen Euro Schulden, die sein Vater durch zwei Geschäftspleiten mit in die Ehe gebracht hatte, überschatteten zwar das Zusammenleben mit seiner zweiten Frau. Er sei als Ostler zu unerfahren gewesen und an der schlechten Zahlungsmoral gescheitert, meint Martin Zimmer rückblickend. Dennoch sei, solange er gesund war, genug Geld zum Leben da gewesen. Er heuerte bei ausländischen Firmen an und ging wochenlang in Kanada und Frankreich auf Montage, um Legebatterien für Geflügelfarmen zusammenzuschrauben. Die Firmen zahlten das Gehalt cash aus. Mit dem unversteuerten Bargeld auf der Hand kamen sie gut aus. Martin Zimmer und seine Frau, die wie er aus der früheren DDR stammt, bekamen nach Susanna, die inzwischen acht ist, und nach Pascal noch einen behinderten Sohn. Wenig später folgte noch eine Tochter. Damals wusste das Paar schon von

Martins tödlicher Krankheit. Die schmale Rente reichte hinten und vorn nicht, um die materiellen Bedürfnisse zu befriedigen, an deren Erfüllung man sich gewöhnt hatte. Der Kreislauf von Geldmangel, Krankheit, Kleinkindern, Behinderung und unerfüllbaren Wünschen sprengte schließlich die Familie. Eines Tages schmiss Karin Zimmer ihren Mann und Pascal, das Papakind, raus.

Die Wohnungsbaugesellschaft gab den beiden eine Dreiraumwohnung im gleichen Hochhaus, ein paar Stockwerke höher. «Da saßen wir, ohne Möbel, ohne irgendetwas. Wir mussten ganz von vorne anfangen.» Bei den Banken bekam Martin Zimmer keinen Kredit. Schließlich lieh ihm eine Tante 2000 Euro für die Ausstattung der Wohnung, die er heute noch abbezahlt.

Die Spuren der Leere hat Martin Zimmer gründlich verwischt, so wie man die Spuren eines Verbrechens oder einer quälenden Erinnerung beseitigen würde. Es ist heimelig in seiner Wohnung, kein Regalbrett ohne Porzellanpüppchen, kein Tisch ohne Zierdecke, kein Fenster ohne Vorhang. Nirgendwo liegt etwas unordentlich herum. «Man kann arm sein, aber hygienisch muss es sein», sagt Martin Zimmer überzeugt. Morgens lässt er den Fünfjährigen den kleinen Rollschrank aus dem Badezimmer räumen und die Teppiche zusammenrollen, damit er wischen kann.

«Das Einzige, was mir bleibt, ist, meinem Sohn einige Tugenden beizubringen. Pünktlichkeit und Anstand, deutsche Tugenden», sagt Martin Zimmer. Wir sitzen im Kellergeschoss in der Kantine der Arche, vom oberen Stockwerk dröhnt die Musik der Weihnachtsfeier. Ein Sponsor hat den schmucklosen Raum dekorieren lassen, die Tische sind festlich gedeckt. Ein riesiges Lebkuchenhaus schmückt das überbordende Büffet. Oben tanzen die Kinder. «Wir wollten schon immer hierherkommen, aber es kostete mich viel Überwindung», sagt Martin Zimmer. «Machen wir uns nichts vor, hierherzugehen bedeutet eine Form von Bettelei». Materielle Hilfe anzunehmen fällt ihm nach wie vor schwer. Die Mitarbeiterin der Arche musste einige Überredungskunst aufbringen, um ihm einen kleinen Geldbetrag übergeben zu können. Ihm fehlten die zehn Euro für die Praxisgebühr, und er hatte deswegen kein Rezept mehr für das Morphium, das er braucht.

Vierzig Euro bleiben Martin Zimmer nach Abzug aller Kosten pro Woche für Essen und Trinken. Jeden Cent trägt er in ein Büchlein ein. So hat es ihm die Schuldnerberatung beigebracht. Zehn Euro legt er für seinen «Kulturfonds» zurück, damit er mit Pascal mal in die Schwimmhalle oder in den Tierpark gehen kann. Es tut ihm weh, seinem Sohn, der unter der Einsamkeit ebenso leidet wie sein Vater, nicht mehr bieten zu können. «Ich nehme ihn zum Einkaufen gar nicht mehr mit. Ich kann ihm noch nicht mal mit gutem Gewissen ein Schokoladenei kaufen. Pascal, das geht nicht, sag ich dann. Ohne die Arche wären wir aufgeschmissen.» Wenn Martin Zimmer von seinem Leben spricht, legt er immer wieder die Hände vors Gesicht, ringt um seine Stimme, wischt seine Traurigkeit fort und versucht wieder wie der zu klingen, der er einmal war.

Der wichtigste Beitrag des Kinderhauses zu seinem Leben ist jedoch der soziale Anschluss, den Pascal hier findet. Hier kann er mit Gleichaltrigen toben, und seither läuft seine Sprachentwicklung besser. Die Erzieherinnen haben ihn ins Herz geschlossen. «Guten Tag, Andrea», «Danke, Andrea», «Gern, Andrea», solche kleinen Sätze, die Pascal mit großer Selbstverständlichkeit über die Lippen kommen, sind in der Welt von Hellersdorf selten. Zu einer der Erzieherinnen durfte er auch gehen, als sein Vater für ein paar Tage überraschend in die Klinik musste, weil die Blutwerte so schlecht waren. Pascal wollte mit dem Vater in die Klinik, doch die Krankenkasse weigerte sich, die Zusatzkosten für den Sohn zu übernehmen. «Wenn Andrea nicht gewesen wäre, hätte ich ihn in ein Heim geben müssen. Sie wissen gar nicht, wie dankbar ich bin. So etwas ist ja nicht selbstverständlich.»

Martin Zimmer würde ruhiger in die Zukunft blicken, wenn er wüsste, was mit Pascal passiert, wenn die Krankheit ihn besiegt haben sollte. Das Jugendamt hat ihm bereits eine Liste mit Pflegeeltern gegeben, die er nun abtelefonieren wird, um ein neues Zuhause für seinen Sohn zu suchen. Was sein größter Wunsch für Pascals Zukunft ist, frage ich ihn und hefte meine Augen auf die Schale mit Gebäck, die vor uns steht. Martin Zimmer schweigt, räuspert sich. «Dass er eine gute Ausbildung bekommt, eine Lehre macht, auf eigene Beine kommt», sagt er ernst und legt seine Hände vors Gesicht. «Dass er aus der Armut herauskommt».

Aus dem Treppenhaus schallen die Stimmen der Kinder, die zum Weihnachtsfest in die Kantine flitzen. Martin Zimmer nimmt seine Krücken und sucht Pascal, der selig damit beschäftigt ist, zur gleichen Zeit Cola zu trinken und Schokoladeneis zu essen – man muss nur das Eis durch den Flaschenhals drücken.

Wunsch und Wirklichkeit

Was macht dich traurig?
Nichts mehr!

Juri, lebt als Sohn kasachischer Eltern in Hamburg-Jenfeld und hat zwei Geschwister.

Wer tröstet dich, wenn du Sorgen hast?
Keiner.

Kalle, 15, als Sohn deutscher Eltern in Berlin geboren, hat einen Bruder. Seine Eltern sind getrennt und arbeiten beide. Er lebt zurzeit in der Uckermark in einer Wohngruppe für straffällige Kinder.

Was läuft schief in den Familien, die an der Armutsgrenze leben? Warum landen ihre Kinder mit großer Wahrscheinlichkeit in den sogenannten «Restschulen» unserer Republik? Gibt es unter ihnen nicht genauso viele begabte und ideenreiche Kinder wie in anderen Schichten? Woran liegt es, dass sie meist schon in frühen Jahren den Anschluss an Gleichaltrige verlieren, die unter günstigeren Bedingungen aufwachsen? Armut hat es doch immer gegeben. Was ist heute anders?

Das Grundgesetz schreibt im zweiten Absatz fest, dass «Pflege und Erziehung der Kinder das natürliche Recht der Eltern und die zuvörderst ihnen obliegende Pflicht (sind). Über ihre Bestätigung wacht die staatliche Gemeinschaft.» Doch wie ernst wird in unserer Gesellschaft die Pflicht genommen, Kinder auf dem Weg ins Leben behutsam und verantwortungsvoll zu begleiten, ihrer Kindheit Raum zu geben, sie vor Gewalt zu schützen, ihnen Vorbild und Stütze zu sein? Ist das eine realitätsferne Mittelklasse-Vorstellung?

Wer sich mit dem Familienleben und den Gefühlswelten von Kindern beschäftigt, stößt auf Eltern, die ihren Kindern oft nicht nur materiell, sondern auch emotional wenig bieten. «Wie schön, dass du geboren bist» handelt von Kindern, die lügen müssen, wenn danach gefragt wird, wie sie denn in der Familie ihren Geburtstag begangen hätten – weil die Antwort «gar nicht» eine Blamage gegenüber allen anderen wäre, die von ihren Eltern an diesem besonderen Tag gefeiert und bedacht werden. Was fühlt ein Kind, wenn das einzige Geschenk, das es von anderen erhält, danach von seinen Eltern auf dem Flohmarkt zu Geld gemacht wird? Im Hamburger Stadtteil Jenfeld, am Ortsrand der Hansestadt, wo der Anteil der Sozialwohnungen bei 43 Prozent und der Anteil der Hartz-IV-Empfänger bei 24,3 Prozent liegt, gehört der Geburtstag für viele Kinder nicht gerade zu den Freudentagen im Jahr.

«Willst du mich haben?» erzählt, wie der in Deutschland geborene libanesische Hassan darum ringt, eine Startnummer im Leben zu erobern. Zehn Jahre alt ist er, als er diese Frage einer völlig Fremden stellt, die gekommen ist, um ihn abzuholen aus einem Heim, das ihn nach kurzer Zeit wieder loswerden wollte, weil er als hochgradig kriminell, gewalttätig und fast nicht mehr beschulbar galt. Heute lebt er in einer betreuten Wohngemeinschaft. Der Stempel «nicht mehr beschulbar», der an ihm wie an vielen anderen Kindern haftet, verblasst langsam, weil er das Glück hatte, eine Ersatzfamilie zu finden.

Aus dem Gleichgewicht zu sein, beleidigt und ausgegrenzt zu werden, sind Erfahrungen, die zum Leben armer Kinder gehören wie Geigenstunden und Schwimmunterricht zu dem besser gestellter Altersgenossen. Armut bedeutet vielfach, nicht Kind sein zu dürfen. Und es ist ein einsames Geschäft.

In keinem anderen Land reden laut einer UNICEF-Studie die Eltern so wenig mit ihren Kindern wie in Deutschland. Wo Kinder mit ihren Sorgen allein gelassen werden und kein Ventil finden, wird Kindheit schnell zu einem «Balanceakt». Es sei denn, jemand glaubt daran, dass in jedem Kind Fähigkeiten und Talente stecken. So wie die Leute von «Zirkus Internationale». Dort erleben die Kinder aus der Berliner Migranten-Hochburg Wedding Erwachsene, die mit dem mangelnden Selbstbewusstsein der kleinen Akrobaten umgehen können und ihnen über körperliche Erfahrungen vor allem eins beibringen: Geduld und Durchhaltevermögen.

Um das vielbeschworene «Fordern und Fördern» geht es auch in den nächsten beiden Geschichten: «Schatten einer verlorenen Kindheit» erzählt die Geschichte einer Mutter aus Hohenschönhausen, die für ihre drei Kinder voll und ganz da ist, aber sie nicht fördern kann, weil ihre Vergangenheit ihr das Vertrauen in andere Menschen genommen hat. Was gehört zu einer altersgerechten Erziehung und was nicht? Brauchen wir Elternkurse oder gar -schulen, um das zu vermitteln, was früher im Generationenverbund erlernt wurde? «Zieh dich an!» berichtet von einer 21-jährigen allein erziehenden Mutter aus Hellersdorf, die gerade ihr drittes Kind bekommt. Von dem Vater ihrer ersten beiden Töchter hat sie sich getrennt, weil er gewalttätig war. Von dem anderen will sie nichts mehr hören. Nun versucht sie, nach besten Kräften ihre kleinen Kinder «anständig» zu erziehen, und überfordert sie dabei und auch sich selbst.

«Selbst noch ein Kind!» war Katrina, als ihre Tochter zur Welt kam. Geschockt sei sie gewesen, als der Frauenarzt ihr den Verdacht einer Schwangerschaft bestätigte. Mit 14 Jahren. Geschockt, aber nicht überrascht. Als sie dreizehn war, zog ihr Freund Timo, damals 21 Jahre alt, bei ihr ein. Timo, der Vater ihres Kindes, ist längst zu einer anderen weitergezogen. Von der Sehnsucht nach Liebe und dem langsamen Erwachen handelt diese Geschichte aus einer Einrichtung, die Teenage-mütter betreut.

Auch die Pflege eines Kindes – und damit die angemessene hygienische und gesundheitliche Versorgung – obliegt nach dem Grundgesetz den Eltern. Was aber, wenn Eltern drogenabhängig sind und ein Kind mit angeborenem Klumpfuß ohne Behandlung bleibt? «Ohne jede Schonzeit» berichtet von Berlins letzter Beratungsstelle für Risikokinder, auf der Dr. Thomas Abel seit zwanzig Jahren auf einsamem Posten für diese Kinder kämpft.

Wie schön, dass du geboren bist
Ruths Geburtstag

Hamburg-Jenfeld. Es gibt drei Tage im Leben eines Kindes, die das Jahr strukturieren, die die Zeit bis dahin endlos lang erscheinen lassen, auf die sich die Träume wie Magneten heften, weil hier Wünsche in Erfüllung gehen und weil man mit diesen Tagen eine Stufe höher steigt, vielleicht ein bisschen reicher um ein langersehntes Spielzeug und in jedem Fall ein bisschen älter wird: Weihnachten, der erste Tag der Sommerferien und der Geburtstag. Das Wichtigste an diesen Tagen ist, dass sie einem Kind auf besondere Weise ganz allein zu gehören scheinen, dass das Geheimnis ihrer Bedeutung etwas Intimes ist, weil so viele Gefühle damit verbunden sind.

Geheimnisse sind bekanntlich erst bedeutsam, wenn sich andere dafür interessieren. Was aber wird daraus, wenn Eltern den Geburtstag eines Kindes ganz einfach übergehen, so als sei der Montag einfach ein Montag und der Mittwoch ein x-beliebiger Tag der Woche? Wenn der einzige Erwachsene, der daran denkt, dass man nun endlich sechs oder zehn Jahre alt ist, die Klassenlehrerin ist? Wenn auf die Frage «Wie hast du denn heute morgen gefeiert?» eine Lüge folgen muss, weil die Antwort «Gar nicht» eine Blamage gegenüber den Schulfreunden ist, die einen Geburtstagskuchen mit Kerzen bekommen, die Geschenke auspacken können, die Freunde einladen und sich ein Lieblingsessen wünschen dürfen? Oder wenn das einzige Geschenk, das man von anderen bekommt, vielleicht sogar auf dem Flohmarkt landet, weil die Eltern meinen, dass man es besser zu Geld machen solle? Im Hamburger Stadtteil Jenfeld, am Ortsrand der Hansestadt, wo jeder vierte Erwachsene Hartz-IV-Empfänger ist und jeder Zweite in einer Sozialwohnung lebt, gehört der Geburtstag für viele Kinder nicht gerade zu den Freudentagen im Jahr.

«Armut hat es immer gegeben, aber früher waren die Kinder die Ersten, die satt wurden. Heute stehen sie in der sozialen Hackordnung nicht selten ganz unten», sagt Pastor Thies Hagge. Seit elf Jahren arbeitet der Seelsorger an der Jenfelder Friedenskirchen-Gemeinde. Die Hochhaussiedlung am Brieger Weg, wo im März 2005 die siebenjährige Jessica verhungerte, deren Existenz von den Nachbarn der Familie offenbar unbemerkt blieb, liegt nur einen Steinwurf von seiner Kirche entfernt. «Die Situation hat sich in den letzten Jahren verschlimmert», sagt Hagge, der das Mädchen beerdigt hat. Aus seiner Sicht hat das auf mehr Eigenverantwortung zielende System von Hartz IV die Lage in den Familien zum Negativen verändert. Viele Empfänger seien mit der Aufgabe überfordert, ihr Geld selbständig einzuteilen, vor allem wenn sie schon zur zweiten oder dritten Hilfeempfänger-Generation gehörten. Für die Bedürfnisse der Kinder bliebe da häufig nichts mehr übrig.

Der Mann mit dem Pastorenhemd unter der Jeansjacke, dem die Menschen im Stadtteil im Vorübergehen «Moin, moin» zurufen, erinnert mehr an einen Streetworker als an einen Theologen im herkömmlichen Sinne. Gerade weil er im Alltag präsent ist und vor der Haustür steht, wenn Konflikte in den Familien eskalieren, vertrauen ihm die Menschen, auch jene, die nicht regelmäßig in die Kirche kommen. «Es kommt vor, dass uns Kinder oder Mütter bei Schlägereien in der Familie anrufen. Wir sind dann oft schneller da als die Polizei, die manchmal erst nach anderthalb Stunden auftaucht.»

Für manche der älteren Kinder, die regelmäßig in den Jugendclub kommen, ist die Gemeinde eine Ersatzfamilie geworden. «Es gibt erschreckend viele Jugendliche, die sitzen an Weihnachten in allen drei Gottesdiensten.» Er selbst hat bei sich zu Hause an den vergangenen Weihnachtsfesten jeweils ein Mädchen aufgenommen. «Das eine war 13 Jahre alt, das andere 14 Jahre. Beide sind kurz vorher zu Hause rausgeflogen.» Gerade an Feiertagen, wenn die Erwartung hoch und das Gefühl übermächtig ist, ihr nicht gerecht zu werden, hängt der Haussegen oft schief.

Die jüngeren Kinder in Jenfeld haben seit Januar 2006 neben der Friedensgemeinde eine weitere Anlaufstelle. Auf Initiative von Pastor Hagge eröffnete dort in den Räumen des Gemeindehauses eine eigenständige Dependance des christlichen Kinder- und Jugendhilfswerkes Arche für zunächst 70 bis 80 Kinder. Ab Herbst 2007 steht ein eigenes, größeres Gebäude auf dem Kirchengelände bereit.

Doch auch in anderen Einrichtungen wie der Jenfelder «Kaffeekanne» wird seit Jahren mit viel Engagement versucht, die Kinder des Viertels aufzufangen und sie aus dem grauen Alltag herauszureißen. Ausflüge ins pulsierende Herz der Hansestadt sind für diese Kinder ein Höhepunkt. «Das sind Weltreisen für die. Viele haben noch nie den Michel gesehen, die Alster oder den Jungfernstieg», so Hans Berling, der Leiter der «Kaffeekanne», im Gespräch mit der ZEIT (2006).

In der Arche essen in den Übergangsräumen etwa 60 Kinder kostenlos Mittag, viele von ihnen kommen mit ihren Geschwistern. Auch Jamie (5), Mike (4) und Amanda (3) aus Ghana gehören dazu. Eigentlich dürfte die Dreijährige noch nicht mitkommen, weil es bislang nicht genügend Personal gibt, um die ganz Kleinen entsprechend zu versorgen. Aber ihre Mutter liegt im Krankenhaus. Früher gingen die Geschwister oft allein von dem 200 Meter weit entfernten Hochhaus über die große Verkehrskreuzung zur Arche. Jetzt werden sie meistens gebracht. «Wir mussten darauf dringen, dass die Eltern die Kinder persönlich bringen», sagt Tobias Lucht, der leitende Sozialarbeiter.

Heute ist Mike besonders aufgeregt, weil am Nachmittag die Juni-Geburtsfeier für die Arche-Kinder stattfindet. «Ich hab auch Geburtstag gehabt», erzählt er beim Kartenspielen. Immer wieder rennt er zur Tür, hinter der die Vorbereitungen laufen. Um 16 Uhr stehen die Kinder schubsend, lachend und kreischend den ganzen Gang hinunter. Vierzehn von ihnen sind an diesem Tag die Ehrengäste und dürfen an der großen Tafel am Ende des Raumes Platz nehmen. Der kleine Mike ist nicht dabei. Den Wunsch, einmal so richtig im Mittelpunkt zu stehen, teilt er wohl mit vielen. Wenn die Geburtstagskinder vor den Tellern mit Grabower Schaumküsschen, Waffeln und Marmorkuchen Platz genommen haben, dürfen die anderen Kinder hereinkommen. Im Nu sind alle Tische und Stühle erobert, und auf dem Boden tummeln sich die restlichen Kinder aus Ghana, Afghanistan, der Türkei, Polen, Portugal und anderen Ländern. 75 Prozent der Arche-Kinder in Jenfeld haben ausländische Eltern. Der Großteil der Kinder wurde in Deutschland geboren.

Auch die kleine Ruth mit den langen dunkelbraunen Locken sitzt heute am Ehrentisch. Mit ernstem Blick verfolgt sie das ausgelassene Treiben, als die Musik angeht und lautstark ein Geburtstagssong durch die Boxen wabert: «Den ganzen Tag lang machst du uns Geschenke. Vielen Dank dafür. Das ist lieb von dir.» Dass sich der Dank unausgesprochen an einen christlichen Gott richtet, stört die muslimischen Kinder nicht. Sie wollen, wie alle anderen auch, einfach nur unbefangen Spaß haben.

Ruths Eltern versuchen gerade, nach der Entlassung des Vaters aus dem Gefängnis ihr Leben wieder in den Griff zu bekommen. Für ein Geburtstagsfest in der Familie hat die Energie dieses Jahr nicht gereicht. Als die Kuchen verschlungen sind und Gruppenspiele folgen, sinkt das Mädchen noch weiter in ihrem Stuhl zusammen und zieht die Kapuze tief ins Gesicht. Die anderen Kinder lachen bei den Versuchen, einem Pferd auf einer Tafel mit verschlossenen Augen den Schweif an die richtige Stelle zu malen. Es wird immer heißer in dem kleinen Raum. Ruth zieht den Reißverschluss ihres zu großen grünen Anoraks zu. Gleich kommt der Moment, auf den alle hinfiebern.

Vor Tobias Lucht steht ein großer Sack mit Geschenken. Die Kinder sind so aufgekratzt, dass sich der 28-Jährige nur mühsam Gehör verschaffen kann. Ali, Erkan und Juri werden als Erste nacheinander aufgerufen. Keiner von ihnen hat zu Hause Geburtstag gefeiert. Der neunjährige Erkan hat immerhin eine Europa-Landkarte geschenkt bekommen. Die drei ziehen fröhlich mit einem Fußball ab. Die 13-jährige Mariam mit der Matronenfigur packt ihr Geschenk sofort am Tisch aus. «Zeig mal!», sagt ihre afrikanische Freundin. «Nö», gibt das türkische Mädchen zurück. «Schlampe», sagt die andere leichthin, und es klingt nicht aggressiv, sondern völlig normal. Die siebenjährige Hadi aus Afghanistan, die neben Ruth sitzt, winkt ihrer Mutter zu. Das Mädchen mit dem Samtkleid ist das einzige Kind, dessen Eltern zur Feier gekommen sind. Artig nimmt sie ihr Geschenk entgegen und erzählt, dass sie zum Geburtstag einen Teddybär bekommen habe.

Dann wird Ruth aufgerufen. «Hast du auch zu Hause Geburtstag gefeiert?», fragt Tobias Lucht und lächelt sie aufmunternd an. Sie hebt nur die Schultern. Schweigend nimmt sie ihr Geschenk entgegen. Ein Memoryspiel und eine Kassette mit einer Gutenachtgeschichte. Sie handelt von einem großen Bären, dessen Kind nicht schlafen kann, weil es sich im Dunkeln fürchtet. «Kannst du nicht schlafen, kleiner Bär?», fragt der große Bär geduldig und macht immer mehr Lichter in der Höhle an, bis er endlich versteht, dass der kleine Bär ganz einfach nur im Arm des Vaters einschlafen will.

Draußen weicht das trübe Tageslicht dem aufziehenden Abend. Ein Wolkenbruch hat tiefe Pfützen auf dem Asphalt hinterlassen. Es ist windig, und leichter Regen geht nieder. An der Tür zum Festraum wartet Ruths Mutter mit ihrem älteren Kind. «Komm», sagt sie, und die drei gehen. Die Mutter nimmt ihr wortlos das Spiel aus der Hand. Ruth trottet hinterher, die Kassette fest in der Hand.

Ich folge Ruth und ihrer Mutter, mein Citybus wartet, um mich nach Berlin zurückzuschaukeln. An der Ampel trennen sich unsere Wege. Ich habe noch etwas Zeit und will sie nutzen, um in dem Ein-Euro-Laden im Einkaufszentrum ein Mitbringsel für meine kleinen Jungen zu besorgen. Vor mir gehen ein Mann und eine Frau in den Laden. Beide verströmen den Geruch von Schnaps. «Guck mal, das hier! Wie wär's damit?», sagt die Frau in der abgewetzten Jeansjacke schleppend und zeigt dem Mann eine Tüte mit drei Trillerpfeifen. «Was soll die denn damit?», gibt er zurück und geht leicht wankend den Gang hinunter. Wir treffen uns an der Kasse wieder. Ich habe zwei WM-Maskottchen ausgewählt, die beiden haben ein Malbuch und eine Packung Buntstifte für ihre Tochter gefunden. «Zwei Euro, bitte», sagt die Kassiererin zu dem Paar. Der Mann kramt ein paar Münzen aus seiner Trainingshose, schiebt sie über den Tisch und verstaut die beiden Sachen in seinem Rucksack. Dann gehen sie gut gelaunt die Passage herunter. Ich stelle meinen Korb auf die Theke und blicke den beiden hinterher. «Zwei Euro, bitte», sagt die Kassiererin.

«Willst du mich haben?»
Leben in einer Familienwohngruppe

Berlin-Spandau. Auf den Tag hat er sich lange vorbereitet. Dann klingelt es endlich an der Glastür des Heims. Draußen steht eine Frau, die blonden Haare lose aufgesteckt. Eine Frau, die nicht nach Jugendamt oder Klassenzimmer ausschaut, die Respekt, aber keine Angst einflößt. Neben ihr ein jüngerer, hochgewachsener Mann mit kurzen Haaren und einem offenen Gesicht. Hassan rennt über den Gang auf sie zu. «Sind Sie die Frau, auf die ich schon seit zwei Wochen warte?»

Sie suchen das Geschäftszimmer, klopfen an. Im Büro hängt ein Sozialarbeiter im Bürosessel, weist den Besuchern träge einen Platz zu. Hassan rutscht unruhig auf seinem Stuhl hin und her. «Ich würde gern alle Fragen stellen, die ich mir überlegt habe», sprudelt es aus ihm heraus. «Am Schluss stelle ich dann die wichtigste.» Er will alles ganz genau wissen: Was erwartet ihn, wie sieht der Alltag aus, wie heißen die anderen, darf er fernsehen, wie streng geht es zu? Dann fällt ihm nichts mehr ein. Auch die beiden Besucher haben viele Fragen zu seinem bisherigen Leben und warum er die Schule nicht mehr besucht hat. Er antwortet bereitwillig. «Jetzt stell doch mal die wichtigste Frage», fordert ihn die blonde Frau F. auf und lächelt ihm aufmunternd zu. Hassan druckst herum. Plötzlich wirkt der Junge nicht mehr selbstbewusst, sondern ängstlich, macht den Rücken krumm, vermeidet Augenkontakt. «Du brauchst keine Angst zu haben, dass du die anderen Fragen nicht mehr stellen kannst, wenn du die wichtigste ausgesprochen hast», beruhigt sie ihn. «Gut», sagt Hassan. Pause. Luftholen. «Willst du mich haben?»

Zehn Jahre ist Hassan alt, als er diese Frage einer völlig Fremden stellt, die gekommen ist, um ihn abzuholen aus einem Heim, das ihn nach kurzer Zeit wieder loswerden will, weil er als hochgradig kriminell, gewalttätig und fast nicht mehr beschulbar gilt. Neun Schulen hat Hassan da schon hinter sich und mehrere Umzüge. Gerade hat er eine Lehrerin getreten, die ihn bei einer Prügelei von einem anderen Jungen zu trennen versuchte. Fast ein dummer Zufall, denn eigentlich erscheint er schon seit Wochen gar nicht mehr zum Unterricht. «Glauben Sie ihm kein Wort», sagt der Sozialarbeiter des Heims, nachdem er Hassan vor die Tür geschickt hat, zu Frau F. Doch die gelernte Erzieherin und Kunsttherapeutin und ihr Kollege wollen ihm eine Chance geben. Seit mehr als zwanzig Jahren steuert Frau F. als Ersatzmutter eine Patchworkfamilie eigener Art, in der jedes Kind aus Behördensicht ein Problemfall ist. Der polnische Pädagoge und Schriftsteller Janusz Korczak leitet sie dabei. «Auch das Kind, das ein Vergehen begangen hat, hört nicht auf, ein Kind zu sein», schrieb der Autor von «König Hänschen».

«Hassan hatte sich einfach krankgeschrieben, weil er nicht mehr konnte», sagt sie heute rückblickend. Damals lag seine Mutter im Sterben. Lungenkrebs, es war ein langer Kampf, den die junge Libanesin als Mutter von drei kleinen Kindern an wechselnden Schauplätzen führte. Erst in einer Sozialwohnung in Kreuzberg, dann im Frauenhaus aus Angst vor dem Vater der Kinder, zuletzt in einem tristen Hochhaus im Berliner Norden. Sie war mit großen Hoffnungen nach Deutschland gekommen, hatte ihren entfernten Cousin heiraten wollen, der sich bei einem Heimaturlaub im Bekaa-Tal in sie verliebt und ihr die Ehe versprochen hatte. Doch als sie ankam, stellte sich heraus, dass der Mann bereits mit einer Deutschen verheiratet war, mit der er schon drei Kinder hatte. Hassans Mutter wurde in einer Scheinehe mit einem mittellosen Deutschen verheiratet und lebte fortan von Sozialhilfe. In kurzen Abständen bekam sie drei Kinder von dem libanesischen Mann, der mit seiner deutschen Frau zur selben Zeit zwei weitere Kinder zeugte. Irgendwann endete das Tauziehen im Hass. Hassans Mutter, die kein Deutsch sprach, musste allein zurechtkommen. Wenn sie zum Arzt ging, musste Hassan übersetzen. Er erfuhr als Erster von der fatalen Diagnose, musste sie seiner Mutter mitteilen, übernahm als ältester Bruder die Verantwortung für seine beiden kleinen Schwestern. Auch sein Vater erkrankte schwer, wurde arbeitsunfähig. Jetzt lebten seine beiden Familien von Stütze.

Ein Jahr ist seit dem entscheidenden Vorstellungstermin vergangen. Hassan hat sich in die Familienwohngruppe des Evangelischen Johannesstifts in Berlin-Spandau gut eingefügt, geht wieder regelmäßig und motiviert in die Schule, hat trotz massiver Wissenslücken ordentliche Noten. Die Entscheidung des Jugendamtes, ihn in eine andere Welt mit Struktur, Ruhe und ohne existenzielle Sorgen zu schicken, war richtig. Er darf wieder Kind sein. Alle zwei Wochen besucht er seinen Vater und seine beiden Schwestern, die nun bei der deutschen Ehefrau wohnen, in Neukölln – dort, wo die Polizei im Dauereinsatz gegen Drogendealer und Kriminelle ist. Oft enden die Wochenenden mit Streit und Tränen.

Seine neuen Geschwister in der Familienwohngruppe, die in einem schönen Haus am Waldrand untergebracht ist, haben – so wie er – alle eine Vergangenheit, die Schatten auf ihre Zukunft wirft. Ein Kinderleben, das von materiellen Sorgen und Gewalt im Elternhaus und im Wohngebiet ebenso geprägt wurde wie von Verlust, Existenzängsten, Depressionen, Alkoholismus und zuweilen auch von Angst vor der Abschiebung. «Unsere Werte sind Menschlichkeit, Zugehörigkeit, Wertschätzung, Identitätsfindung, Humor und Lebensfreude», heißt es in der Beschreibung der Familienwohngruppe.

Zugehörigkeit ist nichts Selbstverständliches, das weiß auch Fernando, der 13-jährige Sohn nigerianischer Asylanten. Seit sechs Jahren leben er und seine fünf Geschwister in Deutschland. Als es nach mehrfachen Umzügen im Umfeld eines Asylantenheims in Brandenburg zu rassistischen Übergriffen kam, hatten die Behörden endlich ein Einsehen und genehmigten der Familie eine Wohnung im Westberliner Stadtteil Wedding, wo jeder dritte Einwohner Ausländer ist. Dort zur Ruhe zu kommen ist schwierig. Fernando lernte schnell das Gesetz seiner Straße: Ein Teil gehört den Arabern, ein Teil den Türken, ein anderer ist die «Zone der Zigeuner». Die älteren Jugendlichen benutzen die jüngeren für ihre Straftaten: «Entweder du klaust für uns, oder deiner Familie passiert was», heißt hier die Parole. Als dunkelhäutiger Junge in einem alten Westberliner Stadtteil zu klauen ist kein Kinderspiel. Er ließ sich immer wieder erwischen, weil er hoffte, dass die älteren ihn dann aussortieren würden. Zwischen den Aktendeckeln im Jugendamt steht allerdings eine andere Geschichte geschrieben, die nach jugendlichem Intensivtäter klingt, nach mangelndem Gewissen, nach fehlendem Unrechtsbewusstsein, nach der Unfähigkeit, Regeln zu akzeptieren. Hier gilt Fernando als «tickende Zeitbombe». In seiner richtigen Familie haben sich alle Mühe mit der Integration gegeben, haben Deutsch gelernt, Kurse besucht. Fernando hat sich in gewisser Weise auch integriert – nur entspricht sein Lebensumfeld nicht dem Gesetz und den Erwartungen der deutschen Mehrheitsgesellschaft, wie sich ein Kind zu benehmen habe.

Mit der Ankunft in der Wohngruppe änderte sich nicht nur sein Umfeld, sondern er erlebte Erwachsene mit Erziehungskompetenz. Als er fernab von seinem Kiez in dem ruhiggelegenen Haus ankam, konnte er wochenlang nicht einschlafen und war tagsüber völlig überreizt. «Die vielen Ortswechsel haben ihn im Wortsinne ‹ver-rückt›. Er ist immer noch aus dem Lot, akzeptiert kein Nein, setzt immer wieder rücksichtslos seine Interessen durch», sagt seine Pflegemutter, und man merkt, dass ihr das nicht leicht über die Lippen geht. «Im Moment ist es ganz schön anstrengend mit den Jungs.» Gleich drei von ihnen sind in der Pubertät, testen die Grenzen.

Mein Blick wandert während des Gesprächs zu einem Bild.

Es zeigt eine Frucht, in die Würmer zwei Löcher gefressen haben. «Es ist schön, so zu sein», steht am Bildrand geschrieben. Von den 18 Kindern, die Frau F. im Laufe der Jahre neben ihren eigenen zwei Söhnen großgezogen hat, haben es die meisten geschafft, im Leben zurechtzukommen. Ständig klingelt das Telefon. Einer will vorbeikommen, um Wäsche zu waschen und zu quatschen, eine andere will «ein Enkelkind» vorbeibringen, der Nächste will fragen, wie es so geht. «Ach, geht so. Ja, klar, komm vorbei, ich freu mich», sagt sie. Im Moment hängt der Haussegen eher schief. Gerade haben Hassan und Fernando im Internet eine Reise nach Paris gebucht, und auch sonst stellen die drei jüngeren der sechs Pflegekinder die Nerven ihrer Pflegemutter und des Erziehers, der sich mit ihr die Verantwortung teilt, auf eine harte Probe. Gerade ist der Erzieher mit Christoph bei der Polizei, bei der eine Strafanzeige gegen ihn vorliegt. Als der 13-jährige Halbafrikaner an Ostern mit seinem 15-jährigen Bruder zu Hause bei seiner depressiven deutschen Mutter war, schmiss er mit Freunden Steine aus dem fünften Stock eines Wohnhauses auf die Straße. Zum Glück wurde niemand verletzt.

Es ist Mittagszeit. Hassan liegt müde auf dem Sofa und schaut eine halbe Stunde lang seine Lieblingssendung. Der Raum hat wenig von einem Fernsehzimmer und viel von einem Atelier. Überall hängen die farbenfrohen Öl- und Acrylbilder von Frau F. Sie drücken Lebenskraft und Phantasie aus. Wer will, kann sich jederzeit Malsachen nehmen und sich Rat holen, gezwungen wird niemand. «Malen ist immer etwas Emotionales», sagt sie und erzählt, dass manche Pflegekinder vor allem am Anfang große Schwierigkeiten damit haben. «Ich stelle die Kinder an die Staffelei und lasse sie großflächig mit ihnen unbekannten Materialien arbeiten.» Bei ihrer Pflegetochter Susanne habe das gut funktioniert. Sie kam mit schweren Depressionen in die Gruppe. Jahrelang war sie es gewesen, die immer wieder den Notarzt rufen musste, wenn die Mutter mal wieder Tabletten geschluckt hatte. Als der Vater seine gute Stellung verlor und verwahrloste, brach die sensible Gymnasiastin irgendwann unter der Hilflosigkeit ihrer Eltern zusammen. Das Malen hat ihr geholfen, ihre eigenen Gefühle zu formulieren. Nächstes Jahr macht sie Abitur. Auf dem Bücherregal steht ein kleines Ölbild von ihr, das nach Ludwig Kirchner aussieht. Sie hat es ihrer Pflegemutter geschenkt.

«Darf ich jetzt an den Computer?», fragt Hassan nach der Sendung und geht durch das Esszimmer in den Gang. «Nein, räum bitte erst dein Zimmer auf», ruft ihm seine Pflegemutter nach. «Später», mault er. «Mach es einfach Christoph nach, der hat auch aufgeräumt!», insistiert sie. «Sonst willst du immer, dass ich ihn nicht nachmache», gibt Hassan schlagfertig zurück. Beide müssen lachen.

In der Küche machen sich die Älteren gerade Brote. Susanne verschwindet im bunt ausgemalten Bad. Hassan kommt zurück, schmiegt sich an seine Pflegemutter. Er will wissen, wer ich bin und wovon das Buch handelt. Er habe auch mal ein solches Buch über Kinder mit Problemen gelesen, erzählt er und geht hoch in sein Zimmer, um es mir zu holen. Unterdessen kehrt Christoph zurück. Passend zur Vorladung bei der Polizei hat er sein weißes T-Shirt mit appliziertem Fingerabdruck angezogen. Er gibt seiner Pflegemutter einen Begrüßungskuss. «Und? Wie war's?», fragt sie. In ihrer weichen, rauchigen Stimme liegt weder falsches Mitleid noch eine Verurteilung. Christoph scherzt herum, wirkt routiniert und tut so, als nähme er das alles nicht sehr ernst. Später erzählt der Erzieher, Christoph habe beim Betreten des Gebäudes gesagt: «So, hier war ich heute zum letzten Mal.» Hassan kehrt zurück und gibt mir das Buch. «Ihr habt ja keine Ahnung» heißt es. «Es war ziemlich traurig», sagt der Zwölfjährige. «Manche Kinder wollten sich umbringen und so.»

Draußen ist ein schwül-heißer Frühsommertag. Die Kinder und Jugendlichen decken gemeinsam den Gartentisch. Die Frau des Erziehers fährt los, um Eis zu kaufen. Christophs Entschluss, künftig nie wieder mit der Polizei in Konflikt zu geraten, muss gemeinsam gefeiert werden.

Balanceakt
Das innere Gleichgewicht finden

Berlin-Wedding. Sie konnte immer besser Rad schlagen als ich. Ihre Beine waren dabei kerzengerade. Sie hatte auch keine Angst, mit Anlauf auf die Hände zu springen. Mir war das ein Graus. Sie konnte sogar Rad schlagen auf geballten Fäusten und noch einen Flickflack hinterherschieben, in den Stand springen und lachen. Ich habe meine zwei Jahre ältere Schwester für ihren körperlichen Mut bewundert. Ich bin über einen Kopfstand an der Wand nicht hinausgekommen, konnte aber mit Hilfe mancher Tricks irgendwann so schnell Seilchen springen, dass meine Schwester mich dafür bewundern musste.

Erinnerung an eine Kindheit in den siebziger Jahren, im Westen, am Rhein. Mittags war die Schule aus, Hausaufgaben wurden – wenn überhaupt – rasend schnell erledigt, der Nachmittag und frühe Abend waren ein Schatz, eine kleine Ewigkeit, ein Geheimnis, das uns gehörte. Ein Spiel mit Grenzen, die niemand zog, höchstens wir selbst: Ob es ums Rennen, Tauchen, Klettern oder Pfeifen ging – wir wollten unschlagbar werden. Uns austesten. Uns die Knie aufschlagen. Und nicht weinen dabei.

Das war vor dreißig Jahren. Wie sieht es heute aus? In den besseren Vierteln liefern sich die Mütter nachmittags eine Terminschlacht, als sei Kindheit eine einzige Qualifizierungsmaßnahme, ein kompetitives Kurskorsett zur optimalen Vorbereitung auf den Lebenskampf. Spätestens ab drei Uhr werden die Kinder in die Kombis geschnallt, und dann geht's los: von der musikalischen Früherziehung zum Hockeyturnier, vom Ballett zum Yoga, vom Pappmachékurs im Museum zur Ergotherapie, zum Kinderkirchenchor, Computerkurs, Selbstverteidigungskurs, Erfinderkurs, Malkurs. Erst wenn auch der letzte freie Nachmittag noch mit einem «Playdate» voll geknallt ist, ist das Erziehungsmanagement gelungen. Wann träumen diese Kinder noch?

Und dennoch gilt, was das Robert-Koch-Institut 2007 in dem einschlägigen Kinder- und Jugendgesundheitssurvey (KiGGS) festgestellt hat: «Neben den positiven Effekten auf die organische und motorische Entwicklung ist auf die Bedeutung für das psychosoziale Wohlbefinden, die Persönlichkeitsentwicklung und das Erlernen sozialer Kompetenzen zu verweisen.» Dabei berufen sich die Forscher auch auf eine weitere Studie, die nachgewiesen hat, dass es besonders Jugendliche aus benachteiligten Familien sind, die sich sportlich nicht betätigen. In ihren Wohnvierteln, in denen es keine wilden Kirschbäume zum Klettern gibt, in denen die Schwimmbäder geschlossen werden, in den Parks die Besoffenen sitzen und die Eltern oft nur noch gleichgültig vor der Glotze hängen, weil sie keinen Startplatz mehr in dem Wettrennen um einen Arbeitsplatz bekommen – oder wollen –, legt sich Lethargie wie Mehltau auch auf die Kinder.

Es sei denn, jemand zieht ein Zirkustheater hoch und glaubt daran, dass in jedem Kind Fähigkeiten und Talente stecken. Es sei denn, jemand ist bereit, für jeden Euro Zuschuss endlose Formulare auszufüllen, öffentliche Gelder erst Wochen später zu erhalten und vor allem Geduld zu haben mit Kindern, die keine durchtrainierten Körper haben und keine Mütter im Kreuz, die sie mit einem Eis als Belohnung zum Training überreden. Geduld mit Kindern, die kein Selbstbewusstsein

haben. Die nicht gefördert werden von ihren Eltern. Die zu
dick sind oder zu schnell frustriert, um beim Üben durch-
zuhalten. Die beim Turnen wie ein Mehlsack auf die Matte
plumpsen. Oder alles zusammen. Jemand, den das Lachen
von Kindern glücklich macht, wenn sie es endlich geschafft
haben, ein Rad zu schlagen.

Jemand wie Romi Domkowsky oder Nöck Gail beispielsweise, deren «Zirkus Internationale» in Berlin-Wedding eine
Etage im Hinterhof eines Wohnhauses hat, im Anton-Kiez, wo
der Zeitungshändler «Der von hier» heißt. Wo die meisten,
die dort eine Zeitung kaufen, nicht «von hier» sind, sondern aus dem Libanon und aus Anatolien, dem Kosovo und
den kurdischen Bergen, aus Vietnam und Ghana und allen
möglichen anderen Ländern, in denen Menschen genügend
Gründe haben, ihre Heimat zu verlassen. Jemand, der Kinder
nicht für blöd hält, wenn sie auch mit zehn Jahren noch nicht
richtig lesen können, weil die Mütter Analphabetinnen sind,
die älteren Geschwister keinen «Bock» haben zu helfen und
auch die Väter lieber mit anderen Männern im Kulturclub abhängen, als sich um die Bildungskarrieren ihres zahlreichen
Nachwuchses zu kümmern. Kinder, die oft kein eigenes Bett
haben und meist keinen Schreibtisch, die kein Instrument
oder keinen Sport erlernen, geschweige denn zur Therapie
geschleppt werden, weil ihr Gleichgewichtssinn gestört ist
oder sonst etwas neben der Norm liegt.

Eine von ihnen ist Sabah, zwölf Jahre alt, zehn Geschwister, drei davon tot, der Vater gestorben, die Familie aus dem
Armenhaus des Libanons im schiitischen Süden, dort, wo
die deutsche Sozialhilfe dem monatlichen Gehalt eines Inge-
nieurs gleichkommt. Seit drei Jahren trainiert sie bei Zirkus
Internationale. Ihre Mutter war noch nie in den weißgetünch-
ten Übungsräumen im Hinterhaus, wo die Kinder mehrmals
in der Woche an verschiedenen Angeboten teilnehmen können. Für 1,50 Euro im Monat Selbstbeteiligung, zahlbar auf

freiwilliger Basis. Den meisten Familien ist sogar das zu viel. Nicht immer liegt es am Geldmangel. Oft stellt die Förderung der Kinder einfach keinen Wert dar, für den man sich einsetzt oder Geld ausgibt. «Bildungsferne Elternhäuser» heißt das vornehm in der Fachsprache. Auch ideelle Armut kann eine Kindheit trostlos machen und Talente verkümmern lassen.

Es ist Montagnachmittag im Januar 2007. Romi Domkowsky erinnert die Mädchen, die zum Training erschienen sind, an den Jahresbeitrag. Für das Überleben des Vereins sind auch kleine Beträge wichtig. Außerdem ist der geringe Betrag eine entscheidende symbolische Geste der Wertschätzung für die Arbeit von Trainern und Kindern. «Wir haben gerade so viel Schulden. Wir können nicht bezahlen. Vielleicht nächsten Monat», sagt eine zehnjährige Türkin. Sie senkt nicht den Blick oder die Stimme. Solche Sätze sind den Kindern hier vor den Freunden nicht peinlich.

Sabah trägt ein rosa Kopftuch, unter dem sich eine ungeheure Haarpracht verbergen muss, sodass die Purzelbäume angesichts des riesigen Nackenknotens ein Kunststück eigener Art sind. Heute sind nur Mädchen gekommen. Drei von ihnen legen sich hin, die anderen müssen darüberhechten und eine Rolle machen. Sabah springt über vier Körper hinweg, dann sogar über fünf. «Na, ist ja ein Weltwunder», neckt Sheila sie beim Aufstehen. «Pass bloß auf», kontert Sabah lachend. «Ich mache Anzeige.» Hier wird der grobe Ton zur Parodie. Mittlerweile. Vor ein paar Wochen wäre Sabah vielleicht noch ausgerastet. Ganz deutlich können die Trainer bei ihr sehen, wie sich langsam ein inneres Gleichgewicht einstellt.

Die gemeinsame Sprache der Kinder, die fünfmal in der Woche an einem breiten Angebot von Zirkustraining, Breakdance, Pantomime bis hin zur Hausaufgabenhilfe teilnehmen können, ist Deutsch. Ein Deutsch mit zahlreichen Fehlern und starkem Akzent von Kindern, die zwar hier geboren sind, aber keinen Kontakt zu deutschen Kindern haben, zu Hause die

Sprache ihrer Eltern sprechen, weil die kaum Deutsch können. «Meine Mutter ist Palästinenser», sagt die elfjährige Amal stolz.

Die Defizite der Akrobaten sind hier – anders als im schulischen Umfeld – kein Stigma. Hier geht es darum, Kindern Erfolgserlebnisse zu ermöglichen, ihre Konzentrationsfähigkeit zu schulen, Bewegungsmangel und Aggressionen abzubauen und soziales Verhalten zu trainieren. «Du schaffst das!», hören die Kinder, wenn sie jonglieren üben oder auf großen Bällen balancieren; und nicht: «Warum kannst du das immer noch nicht?» – «Bei den Aufführungen sehen die Lehrer, dass auch Loser-Kinder etwas können. Das baut Vorurteile ab», meint Romi Domkowsky, die als studierte Theaterpädagogin 1999 zu «Zirkus Internationale» stieß und sich im Vorstand des Vereins, aber auch als Trainerin ehrenamtlich engagiert. Wenn andere junge Erwachsene Samstagmittag am Prenzlauer Berg die Cafés bevölkern und in die Sonne blinzeln, ist die hübsche junge Frau bereits mit den jungen Artisten zu Auftritten auf Straßenfesten und in Schulen unterwegs. Im Jahr 2006 ging fast jedes dritte Wochenende dabei drauf.

Immer wieder bauen die Kinder – kleine und große, dünne und dicke, Christen und Muslime – im Training und auf der Bühne verschiedene Pyramiden. Das funktioniert nur mit gegenseitiger Verantwortung der Starken und der Schwachen. Die Sprache der Straße zwischen Anton-Kiez und Leopoldplatz ist eine andere: Männer prügeln sich auf Spielplätzen, Clans tragen ihre Konflikte gewalttätig in Gegenwart der Kinder aus, Obdachlose werden auf dem Leopoldplatz «aufgeklatscht». Als das Training vorbei ist, erzählt die feingliedrige Anissa aus dem Kosovo von ihrem Bruder, der bis vor kurzem bei den Breakdancern mitmachte. «Er ist in eine Messerstecherei geraten. Sie haben notoperiert. Er ist fast gestorben. Er ist unschuldig», erklärt die Zehnjährige. Die Trainer werfen sich einen Blick zu. Die Wahrheit hat wahrscheinlich einige

Nebensätze. Altin ist vierzehn Jahre alt, gewaltbereit und konzentrationsgestört, vom Krieg in seiner Heimat – so ist zu vermuten – traumatisiert. Breakdance hat ihm Spaß gemacht, auch wenn er immer wieder rausflog, weil er sich nirgendwo einfügen konnte und ständig die anderen Kinder provozierte.

Am Wochenende steht eine Aufführung in der benachbarten Wedding-Grundschule an, mit der Zirkus Internationale eng kooperiert. 35 Kinder erzählen das afrikanische Märchen von dem Mädchen «Jatu», das nicht lachen konnte. Alle Witze-Erzähler des Landes werden herbeigerufen, um Jatu mit Kunststücken und Scherzen zu erheitern. Auch Sabah gehört zu den Akrobaten und springt jonglierend geschickt von Ball zu Ball. Als sie ihren Auftritt hinter sich hat, erstrahlt ihr Gesicht vor Glück. «Heute sind die Kinder über sich hinausgewachsen, weil drei Artisten kurzfristig ausgefallen sind», meint Nöck Gail, der als Projektleiter bei Zirkus Internationale arbeitet. Welcher Lehrer kann das von seinen Schülern sagen?

Dann bittet er um Spenden. «Wir wissen nicht, ob es uns 2008 noch gibt. Weitere Zuschüsse sind unklar.» Die Stadtoberen, die damit werben, dass «Berlin Spaß macht», haben sich wohl nicht genug amüsiert. Daran ändern auch die zahlreichen Preise nichts, die Zirkus Internationale seit der Gründung 1996 für seine künstlerische und soziale Arbeit bekommen hat.

Schatten einer verlorenen Kindheit
Über emotionale Zuwendung

Berlin-Hohenschönhausen. Ein Jahr hat sie gebraucht, bis ihr die Schwäne aus der Hand fraßen. Jeden Tag, bei Regen, bei

Schnee und bei Hitze, ist sie hingejoggt an den nahegelegenen Berliner Schlachtensee mit den drei Hunden ihrer zweiten Pflegemutter. Es war die einzige Stunde, in der sie sich sicher fühlte vor Frau Wirth, ihren Ansprüchen und Strafaktionen. Das Wort «Mutter» kommt ihr nicht über die Lippen. Wenn Sabine von ihrer Kindheit erzählt, haben alle Menschen Vor- und Zunamen. Es ist eine Kindheit ohne Nähe und Vertrauen, als sei sie ausgestoßen in eine Welt abweisender Fremdheit. Heute lebt die inzwischen 39-jährige Mutter von drei kleinen Kindern im Hochhausdickicht von Hohenschönhausen, wo die Armut den rauen Ton auf der Straße angibt. Obwohl das Ehepaar kaum mit dem wenigen Geld über die Runden kommt, hat die gelernte Köchin bislang darauf verzichtet, arbeiten zu gehen. «Ich will, dass meine Kinder eine Mama haben, die immer da ist», sagt Sabine und erklärt, warum ihr das so wichtig ist.

Als sie kurz vor ihrem zwölften Geburtstag zu jener Frau Wirth kam, die gleichzeitig ihre Schuldirektorin war, hatte sie schon mehr hinter sich, als ein Kind verkraften kann: Ihre geschiedene Mutter hatte sie gleich nach der Geburt im Heim abgegeben. Dort kam sie in «Gruppe 3». Sabine sagt «Gruppe 3», so wie man «JVA Hamburg Fuhlsbüttel» sagen würde. Die Erzieherin, nennen wir sie «Tante Britta», legte Wert darauf, dass die Kinder mittags alles aufaßen, was auf ihrem Teller lag. Auch wenn sie dabei brechen mussten, selbst das Erbrochene wurde ihnen wieder reingestopft. Sabine verweigerte sich, lernte weder sprechen noch lesen. Sie kam auf eine Behindertenschule. Wenn es den Erziehern zu dumm wurde, schlossen sie das Mädchen in den dunklen Keller. Bis heute hält sie es in keinem geschlossenen Raum aus.

Eines Tages kam eine Pflegemutter, Barbara Göhner, in das Heim. Sie nahm Sabine mit. «Barbara Göhner hat mir erzählt, ich hätte sie auf Knien angefleht, mich mitzunehmen», erzählt Sabine. «Aber ich habe keine Erinnerung daran.» Über die Hoffnung, die sich mit dieser fremden Frau damals verband, haben sich andere Erinnerungen geschoben. Vielleicht wäre «Frau Göhner» gern eine gute Mutter für Sabine und ihren anderen Pflegesohn gewesen. An dem Geburtstag der Pflegetochter zündete sie neun Kerzen an. «Da habe ich zum ersten Mal verstanden, wie alt ich war», erinnert Sabine sich. Aber das Glück währte nicht lang. Frau Göhner, die tagsüber an der Uni arbeitete, verlor schnell die Nerven, und dann prügelte sie Sabine und ihren Pflegebruder grün und blau. «Bevor das Jugendamt kam, mussten wir uns immer weiße Salbe auf die Flecken schmieren», sagt sie und schaut auf ihre spielende Tochter.

Wenn Frau Göhner ihre Wut nicht in Schläge umsetzte, entzog sie den Kindern das Essen. Manchmal drei Tage lang. «Ich habe Taschentücher gegessen und am Holzbett genagt. Einmal bin ich ins Bad gegangen und habe heimlich Wasser aus dem Klo getrunken, aber sie hat es gemerkt. Ich weiß noch, wie sie mich bis ins Stockbett hochgeprügelt hat.» Eines Tages sah eine Lehrerin, wie Sabine und ihr Bruder Schulbrote aus dem Mülleimer fischten und sie hungrig hinunterschlangen. Damit endete das Kapitel bei der ersten Pflegemutter.

Sabine wird als Pflegekind von ihrer Schuldirektorin, Frau Wirth, aufgenommen, die in ihrer großen Jahrhundertwende-Villa im gutsituierten Berliner Ortsteil Zehlendorf Pensionszimmer vermietet. Sabine ist kräftig und anstellig. Sie wird das Zimmermädchen der Pflegemutter, sieben Tage pro Woche, ohne Lohn, nach Schulschluss. Mit Freundinnen darf sie sich nicht treffen. «Einmal bin ich in einer Freistunde mit einer Freundin spielen gegangen, aber mein Stiefbruder hat mich verpetzt. Als ich zurückkam, stand Frau Wirth mit einer Hundeleine hinter der Tür.» Sabine nimmt es hin, immer noch besser, als ins Heim zurückzumüssen.

Die Geschichte von Sabine hat viele Kapitel. Die meisten möchte man gar nicht hören, weil man sich nicht vorstellen kann, wie ein Mensch eine solche Kindheit aushalten kann, ohne daran zu zerbrechen. Wenn die rundliche Frau mit dem dunklen Pferdeschwanz davon spricht, hat sie keine Tränen in den Augen. Sie wird auch nicht wütend oder aggressiv. Es ist eher so, als wende sie beim Erzählen den Kopf über ihre Schulter und erblicke einen langen Schatten im Abendlicht, der immer wiederkehrt und zu ihr gehört. Sabine kann damit leben, weil sie durch ihren damaligen Freund Halt im Glauben fand. «Ich war mit ihm in der Kirche. Alles war so anders als das, was ich bisher kannte. Da wollte ich Gott kennenlernen», sagt Sabine. Seitdem habe sich ihr Leben gewandelt, sei sie ein besserer Mensch geworden. «Der Herr Jesus vergibt auch Sünden.» Auch der Sohn Gottes hat in dieser Wohnung in Hohenschönhausen einen Vor- und Zunamen. «Ich bin dann auch zu meiner Mutter, der Frau Wirth, gegangen und habe gefragt, ob sie mir vergibt. Ich fing sogar an zu weinen, weil es mir so leidtat, was ich ihr angetan habe.» Sabine gab sich selbst die Schuld an ihrem Unglück – wie so viele Kinder, deren Selbstwertgefühl früh zerstört wurde. Frau Wirth vergab ihr freundlicherweise.

Ihren drei Kindern möchte Sabine Geborgenheit geben. «Mama kuscheln», bittet der umtriebige David und krabbelt auf ihren Schoß. Sie lässt ihn gewähren und küsst ihn aufs Haar. Die Vormittage verbringt sie mit den Kindern in der Essecke im engen Wohnzimmer. Im Regal stapeln sich Gesellschaftsspiele und zwei Kindervideos «David, Gottes Freund» und «Jesus ist Sieger». «Ich habe einen wahnsinnigen Spieltrieb», räumt Sabine ein. In den Kindergarten schickt sie weder den Dreijährigen noch seine Schwester Esther, die mit ihren fünf Jahren ihre ganz eigene Sprache hat, die man kaum versteht und dringend Förderung benötigte. Doch ihre Mutter hat Angst vor fremden Erziehern. Nun wolle das Schulamt sie auch noch zwingen, Esther nächstes Jahr, wenn sie das schulpflichtige Alter erreicht habe, in die Schule zu schicken.

Sabine will das unbedingt verhindern, «weil die da untergeht». Ihre Kinder bräuchten ihre Mutter in der Nähe. So wie Sabine ihre Kinder braucht, um nicht von ihrem Schatten verschluckt zu werden. Manchmal hilft aber auch das nicht, um gegen die Erinnerungen anzukommen. «Es gibt Tage, da geht es mir richtig dreckig. Dann setz ich mich auf mein Mofa und fahr einfach los», sagt sie.

Nebenan schläft ihr Mann, der nachts Zeitungen ausfährt. Seit die Firma den Besitzer gewechselt hat, verdient er deutlich weniger für dieselbe Arbeit. Mit dem zusätzlichen Geld von Hartz IV kommen sie nicht über die Runden. Doch Sabine und ihr Mann sind überzeugt, dass das Wichtigste im Leben eines Kindes aufmerksame Eltern sind. «Ich mach jeden Morgen die logopädischen Übungen mit Esther. Sie kann jetzt schon Brot und Toilette richtig sagen», sagt Sabine stolz, und Esther strahlt.

Dennoch wird sie nicht Hausfrau bleiben können, sondern aus finanziellen Gründen bald in den Beruf zurückkehren müssen, in der Hoffnung, etwas zu finden, wo sie Familie und Beruf vereinbaren kann. Gegenüber von der christlichen Schule, auf die ihre ältere Tochter geht, gibt es einen Kindergarten. «Manchmal warte ich, bis die Kinder herauskommen, und beobachte die Erzieher. Eine kann ganz gut auf die Kinder eingehen», sagt sie nachdenklich. Aber noch fehlt ihr das Vertrauen, ihre Kinder dort hinzuschicken.

An dem Haus, in dem Sabine ihre Kindheit verbrachte, fahre ich jeden Tag vorbei, wenn ich meine Kinder zur Schule bringe. Es sieht abweisend aus, ist auch nachts selten beleuchtet. Vielleicht steht es leer. Überall wimmelt es in Zehlendorf morgens von Schulkindern. Männer und Frauen in Bürokleidung gehen eilig mit der Zeitung unterm Arm zur S-Bahn. Bereits um 8 Uhr früh stehen die Hausfrauen plaudernd in langen Schlangen vor dem Stand mit dem Bio-Gemüse. In üppigen Rabatten erblühen am Mexikoplatz zu jeder Jahreszeit andere Blumen. Hier, am Schlachtensee, sieht die Welt anders aus als im anonymen Hochhausdickicht im Osten der Stadt. Vor vielen Jahren ging auch Sabine hier über die Kreuzung, und wahrscheinlich hat niemand gemerkt, was in dem Mädchen vorgeht. Oder es hat niemand gefragt. Oder es wollte sich niemand einmischen.

Zieh dich an!
Vom Weichsein und Hartwerden

Berlin-Hellersdorf. Um zwei Uhr nachmittags liegt Nina im Tiefschlaf. «Komm, aufstehen», sagt ihre Mutter Sandra und trägt das schlafende Kind aus dem Ruheraum des Kindergartens. Für die Dreijährige ist Abholzeit, länger darf sie nicht bleiben, weil das Jugendamt nur einen Halbtagsplatz finanziert.

Sandra pflanzt Nina neben sich auf die niedrige Bank im Garderobenraum. «Ausziehen», mahnt sie die Tochter und meint den Schlafanzug. Nina gähnt und schläft mit offenen Augen weiter. «Ausziehen hab ich gesagt», wiederholt Sandra genervt, «sonst geht die Mama.» Nina schläft immer noch mit offenen Augen. «Gut, dann geh ich eben.» Sandra stelzt zur Tür. «Nein, Mama», fleht Nina und fängt an zu weinen.

Jetzt ist sie wenigstens wach, aber der Kampf ums Anziehen geht weiter. Sandra will, dass Nina es allein schafft – ein schwieriges Unterfangen für eine Dreijährige. Schließlich ist die Kleine angezogen. Mit Mütze und rosa Anorak hebt sie die Arme zur Mutter. «Mama, tragen», bittet sie. Nach dem unruhigen Wiedersehen mit der Mutter hat sie keine Lust auf weitere Mühen.

88

«Denk ich gar nicht dran», gibt Sandra zurück, «kannst selber laufen.» Vor der schweren Eisenglastür kommt es zum nächsten Konflikt. Nina bleibt schmollend stehen. «Dann bleibste eben hier», sagt Sandra und schmeißt die Tür zu. Der Dreijährigen schießen die Tränen in die Augen. «Mama», ruft sie traurig.

Sandra war 18 Jahre alt, als Nina zur Welt kam. Aus ihrem Traum von Beruf–Heirat–Kind wurde eine Existenz ohne Aussicht auf eine Lehrstelle, ohne Heirat, mit zwei kleinen Kindern und riesigen Schulden. Vom Vater der Kinder hat sich die 21-Jährige getrennt, nachdem dieser sie im neunten Monat auf dem Arbeitsamt geschlagen hat, weil er glaubte, das zweite Kind sei nicht von ihm. Das brachte das Fass zum Überlaufen. Zwei Jahre hat es gedauert, bis Sandra sich eingestehen konnte, dass aus Eifersuchtsdramen und Schlägen keine glücklichen Familien entstehen. «Alle haben mir damals gesagt, dass Paul ein Taugenichts ist, aber ich wollte es nicht zugeben.» Und Paul schlug nicht nur Sandra. «Als Nina mal mit anderthalb Jahren ohne Windel auf den Boden gepullert hat, hat er ihr den Arsch voll gehauen», erinnert sie sich. Aber Nina vergöttere trotzdem ihren Vater, der große Versprechungen mache, ohne sie halten zu können. «Jetzt hat er ihr ein Fahrrad zum Geburtstag versprochen und kein Geld, um das Versprechen einzulösen. Und ich hab dann den Salat», sagt sie verärgert. «Auf so einen Vater für die Kinder kann ich echt verzichten.»

Ihren eigenen Vater hat Sandra erst als Siebzehnjährige kennengelernt. Jahrelang hatte er versucht, seine beiden Kinder nach der Trennung wiederzusehen. «Aber meine Mutter hat alle Riegel vorgeschoben und behauptet, er habe kein Interesse an uns.» Die Mutter, meint Sandra, habe sie gehasst, weil sie dem Vater ähnlich sei. «Ich bin genauso direkt wie Vater, hab ich ihr gesagt, nachdem ich ihn kennengelernt hatte. Darum hast du mich nicht gemocht. Und was hat sie geantwortet?

Vielleicht bist du auch einfach nur eine Scheißtochter», erzählt Sandra, die mit der Mutter keinen Kontakt mehr hat.

Wir sitzen auf einem Baumstamm auf dem neu angelegten Spielplatz der Arche in Hellersdorf. Es ist ein warmer Novembertag. Sie habe als Erwachsene viele Fehler gemacht, meint die 21-Jährige und schaut in die Sonne, so als sei sie das schon ewig – eine Erwachsene. Sandra meint damit vor allem die Kreditverträge und Ratenkäufe im großen Stil, mit denen sie sich auf Jahre hinaus in die Schuldenfalle geritten hat. Dort sitzt sie nicht alleine. Mehr als drei Millionen Haushalte in Deutschland, quer durch alle Schichten, werden von der Summe der angehäuften Schulden erdrückt. ZEIT-Autorin Susanne Gaschke empfiehlt den Familien mehr Verantwortungsbewusstsein und Ausgabendisziplin – «Robin Hood hilft nicht mehr», so der Titel des Appells für mehr Eigenverantwortung. «Nicht Kinder machen arm», so Gaschke, «sondern mangelnde Bildung, die Kosten von Trennung, Scheidung und doppelter Haushaltsführung – sowie die unerträgliche Leichtigkeit des Schuldenmachens.» Mehr als 12 000 Euro Schulden haben sich bei Sandra aufgetürmt. Jetzt hofft sie, dass ihr Insolvenzantrag angenommen wird, sie ihren Schulabschluss nachmachen und in eine überbetriebliche Ausbildung kommen kann, um irgendwann einmal in ihrem Leben eine Perspektive zu haben. Auch in der Erziehung der Kleinen habe sie viel falsch gemacht und Nina keine Grenzen gesetzt. «Nina ist labil», meint Sandra. «Sie kann sehr schwierig sein. Früher habe ich zu allem ja gesagt.»

Heute sagt sie dafür sehr schnell nein zu der Kleinen, die nach dem Kindergarten in den Hort der Arche geht. Nina ist gern dort. Für das zarte Mädchen mit den dünnen dunkelblonden Haaren ist es ein Ort, wo es friedlich und ohne unnötige Einschränkungen spielen kann. Als Nina neu in die Gruppe kam, sei sie sehr nervös gewesen und von einer Kiste zur nächsten getaumelt, erzählt eine Erzieherin. Oft sei das ein Zeichen, dass die Kinder viel Zeit allein in ihrem Zimmer verbrächten. Doch bei Nina habe sich das mittlerweile geändert. Auffallend ist die Anhänglichkeit der Kleinen. Gern sitzt sie häufig einfach nur auf dem Schoß einer Betreuerin, sucht Nähe.

Sandra kommt gegen fünf Uhr nachmittags ihre beiden Töchter abholen. Sie hebt die einjährige Nadine auf den Arm und küsst sie fröhlich. «Hallo, mein Schatz», sagt sie zärtlich. Nina sieht ihre Mutter, geht aber nicht zu ihr. Als sie nicht freiwillig kommt, nimmt Sandra sie hoch und setzt sie mit Gewalt auf die Ankleidebank. «Anziehen», heißt es wieder. Nina denkt gar nicht dran, sie will nicht nach Hause. «Gut, dann geht die Mama eben», droht Sandra, nimmt die Einjährige auf den Arme und stürmt, Türen schlagend, auf den Gang. Nina ist so müde, dass sie auf das Verschwinden der Mutter völlig gleichgültig reagiert.

Irgendwann aber trottet sie in der Dunkelheit mit ihrer Mutter nach Hause. Völlig verwahrlost sei es da gewesen, erzählt eine Arche-Mitarbeiterin. Sandra weiß selbst, dass sie Schwierigkeiten hat, Ordnung herzustellen, aber sie ist fest entschlossen, ihr junges Leben künftig in den Griff zu bekommen. Die städtische Müllabfuhr wird demnächst kommen, um den Sperrmüll und den Unrat abzuholen. «In meiner Situation lebst du nur von heute auf morgen», sagt sie. Für Geduld mit Kindern ist da nicht immer Raum.

Wir holen uns einen Becher Kaffee in der Kantine. Ich denke an meine eigene Tochter, die bald Abitur macht und voller Pläne ist. Auch ich war erst 23 Jahre alt, als sie zur Welt kam, und hatte noch nicht einmal die Zwischenprüfung in der Uni abgelegt. Jetzt erst recht, sagte ich mir damals, sonst kommst du in die Mutti-Schublade, bevor dein Berufsleben richtig losgegangen ist. Zum Schuldenmachen blieb gar keine Zeit. Geduld war damals auch nicht gerade meine Stärke. Doch die Gefahr, die Kontrolle zu verlieren über die eigenen Gefühle und die materiellen Ersatzbefriedigungen, war geringer. Ich hatte ein Ziel, und ich wusste letztlich, dass ich dort ankommen würde. Wer weiß, wie ich an Sandras Stelle gehandelt hätte, wenn meine Perspektive gewesen wäre, im Glücksfall Klofrau zu werden? Als solche hatte sich Sandra beworben, wurde aber abgelehnt. Der Grund: mangelnde Berufserfahrung. Und was wäre geworden, wenn kein Kindsvater, keine Eltern, Geschwister und Schwiegereltern da gewesen wären oder kein Geld für Babysitter? Oder wichtiger noch, wenn ich in der Kindheit nicht geliebt worden wäre und nicht gelernt hätte zu lieben?

Ein paar Monate später treffen wir uns wieder vor dem Eingang zur Kinderkrippe. Sandra sieht müde aus. Ihr Bauch ist gerundet. «Vierter Monat», sagt sie, als ich sie fragend anschaue. Ihr neues Baby wird seinen Vater vermutlich gar nicht kennenlernen, denn der ist weggezogen nach Westdeutschland zu einer anderen Frau. «Und die Ausbildung?» – «Kann ich ja in zwei Jahren anfangen, dann kann das Baby schon in die Krippe», meint Sandra und wirkt wieder fröhlich. Dann wird die junge Mutter 23 Jahre alt sein, drei kleine Kinder von zwei arbeitslosen Vätern, keine Ausbildung, einen Berg Schulden und keinerlei Berufserfahrung haben. Einen neuen Küchenboden habe sie inzwischen, erzählt sie noch mit leuchtenden Augen, bevor sie ihre Kinder abholt. «Alles selbst gespart.»

Kurz vor der Geburt ihrer dritten Tochter sehen wir uns wieder. Es ist Mittagszeit, Herbstgeruch liegt in der Luft. Von weitem sehe ich Sandra mit einer Traube Kleinkinder kommen, die mit ihr zum Mittagessen in die Arche gehen. Im grell beleuchteten Kleinkindraum klettern die Zwei- und Dreijährigen auf die viel zu niedrigen Erwachsenstühle und schaufeln konzentriert die Bratkartoffeln mit dünner Fleischsoße in sich hinein. Ihre Mütter, sofern sie da sind, sitzen im Nachbarraum mit ihren Freundinnen zusammen. Die kleine Nadine schmeißt den Teller krachend auf den Boden. «Das macht die ständig!», sagt Sandra sauer und holt einen Stapel Papierwischtücher vom Waschbecken. Dann nimmt sie die Kleine aus dem Babyhochstuhl, setzt sie neben den Schlamassel auf den Boden und befiehlt: «Selber aufwischen!»

Schweigend gibt sie mir später das Manuskript dieser Seiten zurück. «Da sieht man, wie viel ich noch lernen muss», sagt sie leise, und plötzlich wirkt die junge, massige Frau, die eben noch so herrisch war, ganz unsicher.

Selbst noch ein Kind
Teenager-Schwangerschaften

Berlin-Lichtenberg. Katrina ist die Erste, die es in der Wohngruppe geschafft hat, sechs Monate lang ihr Kind zu stillen. Nähe zu geben und zuzulassen ist normalerweise nicht gerade die Stärke von den jungen Mädchen im Lichtenberger Korczak-Haus am Ostrand Berlins. Katrina hat es vorgemacht – dass man es schaffen kann, die Schule durchzuziehen, auf dem Schulhof in der Pause zu stillen, ein Kind zu erziehen und trotzdem Spaß zu haben. «Sie war ein Vorbild für die anderen, die nach ihr kamen», meint Angela Räbiger anerkennend. Die 39-Jährige ist eine der vier Erzieherinnen, die im Wechsel rund um die Uhr für sechs minderjährige Mütter und ihre Kinder da sind. Katrina – schlank, blond, gepiercte Lippe und Augenbraue im hübschen Gesicht – ist eine junge Frau mit starkem Willen. Ein Mensch, vor dem man Respekt haben kann trotz aller Flausen, die ihrem Lebensalter entsprechen.

Die Arbeitgeber, bei denen sie sich im Sommer für eine Ausbildung zur Sekretärin beworben hat, sehen das offenbar nicht so. Bislang gab es nur Absagen oder gar keine Antworten auf ihre Bewerbung. Denn Katarinas Bewerbung hat einen Makel. Er ist blond, hat eine helle Stimme, heißt Feline und ist dreieinhalb. Für einen Arbeitgeber bedeutet das ein mehrfaches Risiko: Wird die siebzehnjährige Mutter es schaffen, Kind und Ausbildung unter einen Hut zu bekommen? Kann sie Überstunden machen, ist sie morgens pünktlich und ausgeschlafen? Hat sie genug Geld, sich anständig zu kleiden? Wer Katrina eine Chance gibt, sich und ihrem Kind eine Zukunft aufzubauen, muss willens sein, auftauchende Schwierigkeiten in Kauf zu nehmen.

Katrina war 14 Jahre alt, als Feli zur Welt kam. Geschockt sei sie gewesen, als der Frauenarzt ihr den Verdacht einer Schwangerschaft bestätigte. Geschockt, aber nicht überrascht. Ein Lächeln huscht über ihr Gesicht, als ich frage, ob sie vielleicht nicht richtig aufgeklärt gewesen sei. Seit sie zwölf Jahre alt war, hatte das zierliche Mädchen Sex. Meistens hielten die Beziehungen zwei, drei Monate. Dann kam der nächste Freund. Als sie dreizehn war, zog ihr Freund Timo, damals 21 Jahre alt, bei ihr ein. Da war ihr schon klar, dass sie schwanger werden könnte – und dass sie das Kind dann zur Welt bringen würde.

Je geringer der Bildungsgrad, desto höher die Wahrscheinlichkeit, dass das Kind ausgetragen wird. Die meisten Teenagemütter besuchen die Haupt- oder Sonderschule oder haben die Schulausbildung abgebrochen. Die Quote der Gymnasiastinnen unter den minderjährigen Müttern liegt unter zehn Prozent. Auch die Familienverhältnisse spielen eine entscheidende Rolle. Hat das junge Mädchen in der Kindheit wenig Liebe und Stabilität erfahren, ist die Sehnsucht noch größer, eine eigene, intakte Familie aufzubauen. Doch meistens zerbrechen die Jungmädchenträume schon vor der Geburt. «Bei meiner Geburt wird niemand Mamas Hand halten», heißt es auf einer Broschüre der Oldenburger Beratungsstelle von Pro Familia, mit der Spenden für eine Hebamme eingeworben werden, die Teenagemütter vor und nach der Geburt begleitet. Die Beziehungen zu den Kindsvätern, die die jungen Mädchen mit dem Kind an sich binden wollten, sind meist schon vor der Geburt zerbrochen.

Was folgt, ist häufig eine Achterbahn der Gefühle zwischen Zuneigung für und Hass auf das Kind, mit dem das Leben noch mehr durcheinandergeraten ist, als es ohnehin schon war. Die Zahl schwangerer Mädchen nimmt zu. Viele von ihnen haben nur eine vage Vorstellung, was auf sie zukommt. Oft sind die jungen Mütter, besonders die minderjährigen, völlig verzweifelt und überfordert von dem Alltag mit einem Säugling, der nachts schreit, tagsüber gepflegt werden muss und ständig Aufmerksamkeit fordert, wo man doch selber welche bekommen wollte. Der schleswig-holsteinische Landesverband von Pro Familia versucht, dieser schmerzlichen Ernüchterung entgegenzuwirken. In dem Projekt «Eltern auf Probe» bekommen Jugendliche ab 15 Jahren für einige Tage einen Säuglingssimulator und erleben so den Alltag mit einem drei Monate alten Baby. Es muss gefüttert, gewickelt und geschaukelt werden, es gluckst zufrieden und schreit. Alle kindbezogenen Handlungen der Eltern werden aufgezeichnet. So können die jungen Eltern auf Verhaltensweisen wie Vernachlässigung oder grobe Behandlung aufmerksam gemacht werden, bevor ein wirkliches Kind darunter zu leiden hat.

Trotz oder vielleicht gerade wegen der Spannungen zwischen ihnen erlaubte Katrinas Mutter den Einzug des erwachsenen Mitbewohners, der fortan das Bett mit der minderjährigen Tochter teilte. Hauptsache, die Dreizehnjährige kümmerte sich weiterhin um ihre kleinen Stiefbrüder. Gerade hatte sich die Mutter als Reinigungskraft mit einer Ich-AG selbständig gemacht. «Ich schätze mal, dass sie dachte, sie könne mich sonst nicht halten. Ich hatte ja wenig Respekt vor ihr», meint Katrina. Erst als Zehnjährige war sie zur Mutter gezogen. Für eine innige Beziehung war es da schon zu spät.

Nun könnte Katrina, die nach dreieinhalb Jahren aus der Wohngruppe für minderjährige Mütter des evangelischen Trägers EJF-Lazarus bald in eine eigene Wohnung zieht, eigentlich den Spieß umdrehen und ihre Mutter bitten, ihr zur eigenen Erleichterung das Kind zu hüten, damit sie eine Ausbildung machen kann und auf eigene Füße kommt. Aber die Mutter ist im Februar mit Anfang 40 an Krebs gestorben. Auch von Timo, dem Exfreund, ist keine Hilfe zu erwarten, zumal er gerade wieder Vater wurde. Dieses Mal ist die Mutter immerhin sechzehn Jahre alt. Da der 25-Jährige keine Ausbildung hat und arbeitslos ist, dürfte von ihm auch sonst nicht viel zu holen sein. Dass Timo jetzt mit seiner neuen Freundin beschäftigt ist, erleichtert Katrina eher. «Er hat ganz andere Vorstellungen von Erziehung als ich», sagt sie. Sie habe von den Betreuerinnen gelernt, dass man mit Kindern reden und Kompromisse finden müsse, anstatt seine Vorstellungen mit Gewalt oder Zwang durchzusetzen.

Katrina hat sich vorgenommen, es besser im Leben zu machen als ihre allein erziehende Mutter, die sie früh zur Urgroßmutter gab, weil sie und ihre Großmutter noch berufstätig waren und vielleicht auch sonst nicht viel Interesse an ihr bestand. «Die hat mich nie wie ein Kind behandelt», sagt sie ruhig, ohne große Emotionen, so als blättere sie ein fremdes Fotoalbum durch. «Wenigstens zu Weihnachten und zum Geburtstag hätte sie sich doch mit einer Karte melden können.» Ihren Vater hat Katrina nie kennengelernt. Die Uroma sei mit über achtzig Jahren zu alt gewesen, um den Bedürfnissen eines kleinen Mädchens nach Freundinnen und unbefangenem Spiel gerecht zu werden. Mit der eigenen Tochter zu spielen, ihr Anregungen zu geben, falle auch ihr selbst schwer, sagt Katrina, wenngleich die Betreuerinnen in der Gruppe ihr klargemacht hätten, wie wichtig es sei, ein Kind schon früh zu fördern.

Auch Katrina muss ihren Ort im Leben erst noch finden, lernen, sich nicht einschüchtern zu lassen, lernen, ihre Sehnsucht nach Geborgenheit zu verstehen. Viele junge Mütter scheitern an diesem Spagat zwischen eigenem Reifungsprozess und Elternverantwortung. Gerade wurde einer 16-jährigen Mutter das 18 Monate alte Kind entzogen, weil sie es immer wieder abends alleine ließ, um sich amüsieren zu gehen. «Wenn wir feiern, müssen wir den Punkt erkennen, wo wir vom Jugendlichen wieder auf Mutter umschalten», erklärt Katrina. Es klingt ein wenig wie der Versuch, die eigene Welt in der Sprache der Betreuer zu erklären. Nicht alle Mädchen finden diesen Schalter, wenn es darauf ankommt. Katrina sucht ihn wenigstens, nachdem sie nach der Trennung von Timo monatelang das Gefühl hatte, ihrer Mutterrolle nicht gewachsen zu sein, und die Kleine nicht an sich heranließ. «Das hat viel zwischen Feli und mir kaputtgemacht», glaubt sie.

Anfangs fiel es ihr schwer, Hilfe anzunehmen und Vertrauen zu den Betreuerinnen zu entwickeln. Viele der Mädchen haben so negative Erfahrungen mit menschlichen Beziehungen gemacht, dass sie sich mit tiefem Misstrauen gegen böse Überraschungen wappnen. Auch bei Katrina war das so, die ihre Verletztheit mit leichter Ironie überspielt. Als ihre noch junge Mutter die Zehnjährige zu sich holte, drängte sich bei Katrina schnell der Verdacht auf, dass sie nur als Babysitter für ihre zwei kleinen Stiefbrüder wichtig war. Eine kleine Wohnung, drei Kinder von drei Vätern, eine überforderte Mutter, immer Geldsorgen – nichts Ungewöhnliches in den sozialen Brennpunkten zwischen Küste und Alpenrand. Katrina musste früh stark sein und sich ihre eigenen Wege suchen. Bislang hat ihr Wille über die eigene Unvernunft und Unreife immer wieder gesiegt. «Ich bin stolz auf meine Kleine», sagt sie. «Die ist anständig erzogen.» Aber sie gibt auch zu, dass sie noch Hilfe braucht. Dem Auszug aus der Wohngemeinschaft, die auch Ersatzfamilie ist, sieht sie mit gemischten Gefühlen entgegen. «Endlich mal Ruhe vor all dem Trubel hier, aber es wird schwer sein, mit all den Erziehungsfragen allein zu sein.» Die ersten zehn Monate wird sie noch stundenweise betreut. Dann ist sie 18 Jahre alt und – wenn sie Glück hat – in der Ausbildung.

Ohne jede Schonzeit
Wenn Eltern die Gesundheit ihrer Kinder missachten

Berlin-Mitte. Die Überforderung von Eltern, deren Kinder gesundheitlich belastet sind, ist – unabhängig von ihrer individuellen Lebenslage und den Ursachen der Probleme – kein neues Phänomen. Bereits in den siebziger Jahren wurden deshalb an vielen Kliniken sozialpädiatrische Zentren eingerichtet. Damit geriet das Lebensumfeld von Kindern stärker in den Blick der Mediziner. Nicht nur Familiensysteme können krank machen, sondern Familien können auch von Krankheiten oder Entwicklungsstörungen «krank» werden oder schlicht überfragt sein, wie damit am besten umzugehen ist.

Der Berliner Kinderarzt Dr. Thomas Abel arbeitet in einer 1972 gegründeten speziellen Nachsorgeeinrichtung für Frühgeborene neben der ehemaligen Kinderklinik im Arbeiter- und Migrantenviertel Wedding. Seit zwanzig Jahren leitet er nun bereits eine Beratungsstelle für «Risikokinder» – Babys mit auffälligen Wahrnehmungs- und Bewegungsdefiziten, deren familiäres Umfeld von vielfältigen Problemen geprägt ist. Abel begleitet deshalb nicht nur seine kleinen Patienten therapeutisch, sondern berät auch ihre Eltern. Denn das Leben von Risikokindern ist meist vom ersten Lebenstag an durch eine Vernachlässigung grundlegender Bedürfnisse – von der Ernährung bis zur hygienischen Pflege – und durch einen schockierenden Mangel an emotionaler Zuwendung bestimmt. Ohne jede Schonzeit.

Was die Eltern von Risikokindern besonders kennzeichne, sei ihre begrenzte Fähigkeit, die Entwicklungsstörungen ihrer Kinder zu erkennen und bei gesundheitlichen Problemen Hilfe zu organisieren oder auch bereit zu sein, Beratung anzunehmen. Kinder, die mit drei oder vier Jahren nicht sicher laufen können, feinmotorisch völlig zurückgeblieben sind oder nur wenige Worte beherrschen, weil niemand mit ihnen spricht oder spielt und die einzige Gesellschaft ein ständig laufender Fernseher ist, sind keine Seltenheit und bei weitem nicht die schlimmsten Fälle. Noch seltener ist die Beunruhigung der betreffenden Eltern über den Entwicklungsrückstand ihrer Kinder. «Oft handelt es sich um die vierte Generation von Familien, die komplett von Stütze leben. Ihre Dürftigkeit ist so groß, dass diese Familien weder kognitiv noch emotional irgendetwas vermitteln können. Die realisieren gar nicht, was mit ihren Kindern los ist. Da werden die simpelsten Erziehungsaufgaben nicht mehr erfüllt», sagt Abel, und man merkt ihm die Wut darüber an, dass es häufig fünf bis sechs Jahre dauert, bis es gelingt, die notwendige Hilfe für die zurückgebliebenen, kranken oder behinderten Kinder zu bekommen.

«Wie viel Zeit man sich nehmen muss, um diese Familien zu erreichen, haben wir auch erst mühselig gelernt», räumt er ein. Oft sind die Mütter noch sehr jung und alleinstehend, oder die Eltern der Kinder sind Migranten, die mit ihrem Leben in Deutschland und den Anforderungen, die an sie als Eltern hier gestellt werden, nicht zurechtkommen. Dabei ist Abel schon froh, wenn die Kinder überhaupt zu ihm gebracht werden. Die Pünktlich- und Verlässlichkeit der Eltern, besonders bei längerfristigen Behandlungsplänen, oder auch die Bereitschaft, der Gesundheit der Kinder überhaupt einen hohen Stellenwert im Familiensystem einzuräumen, sind klassische Hürden, mit denen er und seine Kollegen andernorts zu kämpfen haben. «Manchen Eltern geben wir vor 11 Uhr morgens gar keinen Termin, weil sie es nicht auf die Reihe kriegen würden, vorher zu erscheinen; und selbst bei dieser Uhrzeit können wir nicht sicher sein, ob sie kommen.»

Obwohl gerade in Ballungszentren wie Berlin der Bedarf für diese spezialisierten Beratungsstellen in den wirtschaftlichen schwierigen 1990er Jahren angestiegen ist, sind die meisten von ihnen nach der Wende dem Rotstift zum Opfer gefallen. Früher waren es fünfzehn, heute gibt es nur noch eine dieser Art in Berlin-Mitte – einem Bezirk mit 319 000 Einwohnern und 27 Prozent Ausländeranteil. Das entspricht der Einwohnerzahl Bielefelds, wobei der Ausländeranteil dort dreimal niedriger ist. Trotz der miserablen Sozialdaten der Berliner Innenstadtbezirke warf der Berliner Senat den Haushaltsballast der Beratungsstellen weitgehend ab. Zurückgeblieben ist die wachsende Schar der Babys und Kleinkinder, deren gesundheitliche Entwicklung zunehmend zur Privatsache von Eltern wird, die entweder nicht in der Lage oder nicht willens sind, sich entsprechend zu kümmern.

Thomas Abel ist heute 60 Jahre alt. Ob sich jedoch jemand findet, der bereit ist, in seine Fußstapfen zu treten und im Interesse der Kinder einen enormen persönlichen Einsatz zu leisten, bleibt abzuwarten. Denn – vorausgesetzt, der Senat streicht nicht auch noch diese Stelle – eine ehrliche Ausschreibung für einen denkbaren Nachfolger oder eine Nachfolgerin müsste ungefähr so lauten: «Suchen qualifizierten Kinderarzt/-ärztin, der oder die bereit ist, 500 bis 600 Familien in sozialem Brennpunkt zu betreuen, ohne den für eine erfolgreiche Arbeit benötigten erheblichen zeitlichen und finanziellen Zusatzaufwand abrechnen zu können. Da die Abbrecherquote bei den Behandlungen ohne Ihren persönlichen Einsatz extrem hoch ist und ein Gutteil der Eltern zu Terminen gar nicht erst erscheint, bleibt Ihnen nichts anderes übrig, als sich persönlich um jeden einzelnen Patienten zu bemühen. Hohe soziale und interkulturelle Kompetenz und Bereitschaft zu (20 bis 30) unentgeltlichen Überstunden (pro Woche) sind unerlässlich. In der Praxis heißt das: Schwingen Sie sich in der Mittagspause aufs Fahrrad und stehen Sie bei den Eltern auf der Matte. Rufen Sie sie an, vor jedem Termin und auch danach, um zu prüfen, ob sie den medizinischen Rat verstanden haben und auch umsetzen. Sagen Sie der Kita nochmal extra Bescheid. Haken Sie beim Jugendamt nach. Mischen Sie sich ein, wenn kein adäquater Behandlungsplan genehmigt wird. Erkennen Sie die Lücke im amtlichen System und verstehen Sie sich als Gesundheitsanwalt der Kinder, wenn auf dem Behördenweg zwischen Jugendamt, Gesundheitsamt, Familiengericht, Klinik, Kinderarzt, Kita und Schule nicht mehr erkennbar ist, wer für das Kind beim Versagen der Familie verantwortlich ist. Erscheinen Sie notfalls auch bei Gericht, um aus der Praxis zu berichten.»

So wie im Fall der drogenabhängigen Eltern, deren Tochter mit Klumpfüßen auf die Welt kam. Der Erfolg der notwendigen Gipsbehandlung hängt in diesem Fall entscheidend davon ab, ob der Gips regelmäßig alle vierzehn Tage gewechselt wird. Abels Anrufe ergaben, dass die Eltern Termine in der Klinik nicht wahrnahmen, die Klinik sich nicht verantwortlich fühlte und das Jugendamt mangels Zuständigkeit mit dem Finger auf das Gesundheitsamt zeigte. Vier Jahre lang lief Abel der Familie hinterher, gab trotz aller Ärgernisse nicht auf. Ohne Physiotherapie und ohne ein regelmäßiges Anlegen der Schienen hatte das Kind keine Chance, jemals selbständig zu laufen. Mit einer guten Behandlung jedoch sehr wohl. Jahrelang telefonierte Abel der heroinsüchtigen Mutter hinterher, die immer wieder Besserung gelobte, aber nicht in der Lage war, ihrer Verantwortung gerecht zu werden. Dem eingeschalteten Jugendamt gelang es nie, über die Türschwelle der Wohnung zu treten; schließlich fuhr der Mediziner selbst zur Adresse in Moabit. Durch Zufall stand er gleichzeitig mit einem Freund der Familie vor der Tür und bekam so Einlass. Dort sah er nicht nur, in welch vernachlässigtem Zustand das Kind war, sondern auch, dass die Schienen unbenutzt in der Ecke lagen. Erst diese Aussage bei Gericht führte dazu, dass das Kind zu einer Pflegefamilie kam und endlich die notwendige Operation und Nachsorge vorgenommen wurde, die es bereits viel früher gebraucht hätte. Da war es schon fünf Jahre alt.

Was aber wäre aus dem Kind geworden, wenn kein Dr. Abel sich gekümmert hätte? Wie viele kranke oder behinderte Kinder leben in unserem Land im Schatten der Behörden, abhängig von drogenabhängigen, gleichgültigen, unwissenden oder zurückgebliebenen Eltern, denen nicht bewusst ist, dass es nicht nur ein Sorgerecht, sondern auch eine Sorgepflicht für den eigenen Nachwuchs gibt?

Wenn es nach Abel ginge, gäbe es Elternschulen, die ganz einfache Grundregeln vermitteln: dass man mit Kindern sprechen muss, damit sie mit dem Sprechen anfangen; dass man sie an die Hand nehmen muss, damit sie laufen und vertrauen lernen; dass man mit ihnen spielen muss, damit sie lernen, ihre Finger zu benutzen und ihre Phantasie zu gebrauchen; dass man sie waschen und witterungsgerecht kleiden muss, damit sie nicht krank werden; und dass sie ärztliche und therapeutische Hilfe brauchen, wenn sie nicht gesund sind. Wenn es nach Abel und seinen Mitstreitern ginge, gäbe es allerhand Reformen, die seinen jungen Patienten eine Versorgung garantierten, die bei Altersgenossen in anderen gesellschaftlichen Schichten selbstverständlich ist. Von Resignation will er sich jedoch nicht lähmen lassen. Lieber gibt Abel den Eltern Unterwäsche für die Kinder aus seinem Spendenfundus mit, wenn mal wieder ein Kind ohne Schlüpfer erscheint, oder Bauklötze, Winterschuhe und Handschuhe. Oder er greift zum Hörer und protestiert beim Jugendamt gegen die Ablehnung einer therapeutischen Maßnahme. «Das ist schwierig!», heißt es häufig. «Schwierig?», knarzt er dann zurück. «Besser, wir lösen das Problem jetzt gleich!» Wenn nicht, ruft er halt wieder an.

Gewalt und Kriminalität

Was würdest du gerne an den Erwachsenen ändern?
Kinder haften für ihre Eltern.

Wenn du drei Wünsche frei hättest ...
Ein Neustart im Leben. Nie mehr was Schlechtes machen. Musiker werden.

Abdullah, 14, wurde als Kind türkischer Einwanderer in Köln
geboren und lebt dort mit seinen Eltern und seiner Schwester. Beide
Eltern sind berufstätig. Er besucht eine Förderschule.

Vernachlässigung, Misshandlung, sexueller Missbrauch – jeden Tag erreichen uns Schreckensmeldungen, in denen Kinder
Opfer von Gewalttaten werden. 18 000 Kinder wurden von
den Jugendämtern allein im Jahre 2005 wegen Verwahrlosung
und Misshandlung in Obhut genommen. Nach Angaben von
UNICEF sterben jeden Tag unter uns zwei Kinder an den Folgen von Gewalt – in Deutschland, in unserer Stadt, vielleicht
sogar in unserer Straße oder unserem Haus. Es sind Dramen,
die Stummfilmen gleichen, in denen die Stimmen der Haupt-
personen kein Gehör finden. Nicht immer spielen sie sich in
den Armenhäusern unseres Landes ab. Nicht immer, aber sehr
häufig. «Zu 90 Prozent sind Misshandlung und Vernachlässigung ein Problem armer Familien», schätzt der Präsident
des Kinderschutzbundes Heinz Hilgers. Über die Frage, welche politischen Mittel im Spannungsfeld von Elternrecht und
Kindeswohl angemessen sind, wird indessen seit Jahrzehnten
gerungen.

Immerhin scheint die Zeit des Wegschauens vorbei zu sein,
wie die Geschichte «Dunkelfeld» zeigt. In den letzten Jahren

sind die Anzeigen, die im zuständigen Dezernat des Berliner Landeskriminalamtes eintreffen, rasant gestiegen. Und dabei, so vermutet die Chefermittlerin Gina Graichen aufgrund ihrer bisherigen Erfahrungen, wird dennoch nur die Spitze des Eisbergs sichtbar.

Die Angaben, wie viele Kinder jedes Jahr Opfer von Misshandlung oder Vernachlässigung werden, klaffen weit auseinander. Die «Deutsche Gesellschaft gegen Kindesmisshandlung» geht von 100 000 Fällen pro Jahr aus. «War nur ein Unfall» erzählt die Geschichte einer jungen Mutter, die das Sorgerecht für ihr erstes Kind verlor, nachdem sie es schwer verletzt in die Notaufnahme gebracht hatte, und nun aber hofft, bei ihrem zweiten Kind der Verantwortung gewachsen zu sein.

Gewalt gegen Kinder hat viele Gesichter, ein besonders grausames ist sexueller Missbrauch. Fahndungserfolge machen immer wieder deutlich, dass Pädosexuelle aus allen Gesellschaftsschichten kommen. Die Gefahr, dass die Täter besonders erfolgreich Kinder aus sozialen Brennpunkten ködern, ist hoch. «Abends, wenn ich schlafen geh …» berichtet von einem Wohnviertel, das – wie viele ähnliche Gebiete – einen hohen Anteil an arbeitslosen und allein erziehenden Eltern hat und dadurch zum bevorzugten Jagdgebiet für Pädosexuelle werden kann. Oft reiche schon eine Freundlichkeit, weiß Ulli Freund, Beraterin beim Berliner Verein Strohhalm, ein gemeinsames Spiel, um das Vertrauen der Kinder zu gewinnen und es dann zu missbrauchen. Verstärkend kommt hinzu, dass sexueller Missbrauch zuweilen wie ein Erbe von Generation zu Generation weitergereicht wird. Denn Mütter, die in ihrer Kindheit selbst Opfer wurden und keine therapeutische Hilfe erhielten, nehmen den Missbrauch an ihrem eigenen Kind oft nicht wahr. Sie können es nicht, denn dann kämen ihre eigenen traumatischen Erinnerungen wieder hoch.

Wer sich mit Gewalt gegen Kinder beschäftigt, kommt nicht

umhin, sich auch die Frage zu stellen, wann und unter welchen Umständen Kinder vom Opfer zum Täter werden. «Statt Kindheit eine Polizeiakte» berichtet von zwei sehr unterschiedlichen Fällen: dem libanesischen Jungen Adnan, einem 13-jährigen Intensivtäter aus Berlin-Neukölln, der sich bislang jeder Hilfe entzog und Jugendämter, Polizei und Psychologen ratlos macht, sowie dem 14-jährigen Jakob aus Prenzlau, der in der Abgeschiedenheit eines brandenburgischen Dorfes an der kurzen Leine eines Intensivtäterprogrammes versucht, sein kriminelles Verhalten in den Griff zu bekommen. Unter dem Motto «Menschen statt Mauern» wird in dem Heim des Trägers EJF Lazarus nicht auf Bestrafung, sondern auf Ursachenforschung, Therapie und konsequente Erziehung gesetzt. Wie schwierig es ist, nach Dutzenden von Straftaten Werte zu verinnerlichen und die Wahrheit zu finden, zeigt sein Weg.

Dunkelfeld
Wenn Kinder verwahrlosen

Berlin-Mitte, Prenzlauer Berg. Der Frühling zeigt sich dieses Jahr von seiner schönsten Seite. Der Flieder blüht, die Bäume schimmern grün. Ein zwölfjähriger Junge hat an diesem Vormittag einen Termin mit einer Sozialarbeiterin vom Jugendamt. Seine Mutter hat um ein Treffen gebeten. Die Mutter erscheint aber gar nicht zu dem Gespräch.

Der Junge kann nicht mehr. Nie hat er jemandem von seinem Leben erzählt, aber jetzt bricht er sein Schweigen. Seit einem Jahr wohne die Mutter überwiegend bei ihrem Freund, erzählt er nun. Der Zwölfjährige und seine drei Geschwister im Alter von acht, neun und elf Jahren lebten weitgehend allein in der Mietwohnung am Prenzlauer Berg. Zwischendurch komme die Mutter immer mal wieder vorbei und lasse Geld da. Am Nachmittag öffnet die Polizei die Wohnungstür. Was die Ermittler in den vier Zimmern vorfinden, dreht selbst den Abgehärteten unter ihnen den Magen um: Dreck, Schimmel, Kot, Müll, Chaos.

Niemand hat etwas bemerkt. Nicht die Nachbarn, nicht die Lehrer, nicht das Jugendamt. Dafür stürmt die Presse jetzt das Nordische Viertel am Prenzlauer Berg, als gelte es, eine Bastion zu schleifen. Selbst die Adresse der Kinder und der Name der Schule werden veröffentlicht. Vor dem Wohnhaus lauern Fotografen auf die Mutter. Wer ganz unten in dieser Gesellschaft lebt, hat kein Recht auf Intimität, sondern nur ein Recht auf entweder überschwängliche Betroffenheit oder auf knallharte Urteile, besonders wenn ein Skandal auffliegt, den viele hätten bemerken können.

Jetzt sind die Nachbarn hinreichend schockiert und haben – trotz aller Müllberge – nie etwas gerochen.

Das Jugendamt, das die Familie seit 1998 betreut, aber offenbar von der Mutter keinen Zugang zur Wohnung erhielt, erklärt, es habe seine rechtlichen Möglichkeiten ausgeschöpft und «keine Anhaltspunkte» für weitere Schritte gehabt.

Der Schulleiter der Montessori-Grundschule, die die Geschwister besuchen, erklärt, die betroffenen Kinder hätten keine äußeren Anzeichen von Vernachlässigung gezeigt. «Der Schutz der Mutter und vielleicht auch die Angst, ins Heim zu müssen, hat vor allem zum Aushalten geführt. Ich ziehe als Schulleiter vor dem Ältesten den Hut, der sich zusammen mit seiner Schwester um alle anderen kümmerte, bis es nicht mehr ging.»

Schauplatzwechsel: Ein Vierjähriger wird nach einem Hinweis an die Polizei von Polizisten aus einer völlig vermüllten Wohnung in einem anderen Stadtteil Berlins herausgeholt. Die Mutter hat ihn tagsüber immer allein gelassen. Er kann nicht sprechen, nur Tierlaute nachahmen. Auf der Dienststelle des Landeskriminalamtes bekommt er einen Keks. Er scheint nicht recht zu wissen, was er mit dem Gebäck tun soll, dreht und wendet es in seinen Händen und isst es schließlich. Danach leckt er sich akribisch Hände und Unterarme ab. In der Wohnung haben mit ihm auch drei Katzen gelebt, die sich nach den Mahlzeiten putzten. Von ihnen hat er sich das abgeguckt.

Gina Graichen, Kommissarin im Berliner LKA 125, zuständig für Ermittlungen bei Verdacht auf Verletzung der Fürsorge und Erziehungspflicht (§ 171 StGB), kann viele solcher Geschichten erzählen. Als wir uns das erste Mal treffen, bleibt uns nur wenig Zeit. «Ein aktueller Fall», sagt sie entschuldigend. Seit das LKA im August 2004 mit einer große Plakataktion dafür warb, Verdachtsfälle zu melden, und eine neue Telefonleitung für anonyme Anrufer schaltete, ist die Zahl der Anzeigen um 85 Prozent gestiegen. Vermutlich ist das kein Hinweis auf eine steigende Rate von Vernachlässigungen, sondern zeugt von einer wachsenden Bereitschaft in der Bevölkerung, nicht mehr teilnahmslos zuzusehen, wenn Kinder verelenden. Bundesweit haben sich die Anzeigen wegen Vernachlässigung oder Misshandlung seit 1990 fast verdreifacht. Nun soll ein im Juli 2007 eingerichtetes «Nationales Zentrum Frühe Hilfen» die Vernetzung von Gesundheitsämtern und Jugendhilfe vorantreiben. Kommissarin Graichen rät dabei vor allem zur Nüchternheit. «In Wahrheit leuchten wir nur verstärkt ein Dunkelfeld aus», sagt sie. Ein Dunkelfeld, das nach Erfahrung der Ermittler geprägt ist von Arbeitslosigkeit der Eltern, Alkoholismus und Depressionen, Dahinvegetieren und häufig völligem Desinteresse an Hilfsangeboten, die wenigstens für die eigenen Kinder die Lage verbessern könnten. «Zu 90 Prozent sind Misshandlung und Vernachlässigung ein Problem armer Familien», schätzt der Präsident des Kinderschutzbundes Heinz Hilgers.

Im Gang vor Graichens Dienstzimmer steht ein kleiner Tisch mit Malsachen. Wenn die Kinder von dort aufschauen, fällt ihr Blick auf ein Foto, in dem drei halb angezogene Kleinkinder in einem ekelerregenden Zimmer sitzen, das aussieht wie eine Mülldeponie mit Wänden. Anders als wir werden die Kinder, die hier heute malen, davon vermutlich nicht schockiert sein. Die Kinder vor ihnen auch nicht. Das Foto ist von 1974, aus Berlin-Kreuzberg. Das Problem ist alt. Schlüssige Antworten darauf gibt es immer noch nicht.

Beate Köhn, leitende Mitarbeiterin des Kindernotdienstes, der an einer Hauptverkehrsstraße in Kreuzberg liegt, warnt davor, dass immer mehr Kinder, besonders Kleinkinder unter sechs Jahren, von Kindeswohlvernachlässigung betroffen seien. Viele Eltern hätten einfach aufgegeben. «Die zunehmenden Belastungen, Einschränkungen, die materielle Not und sozialen Benachteiligungen sowie das psychische Elend, die Perspektivlosigkeit und die Resignation von Eltern sind unübersehbare Gründe für Verwahrlosungsprozesse.» Oft kämen Suchtprobleme und eigene «Deprivationserfahrungen» dazu. Wer selbst als Kind vernachlässigt worden sei, schaffe es später oft nicht, seinen eigenen Kindern ähnliche Erfahrungen zu ersparen. Köhn ist davon überzeugt, dass viele Vernachlässigungen durch frühzeitige und regelmäßige Kontaktaufnahme vermieden werden könnten. Dafür aber brauche die Jugendhilfe qualifiziertes Personal und finanzielle Mittel, die vor allem in sozialen Brennpunkten nicht vorhanden seien.

Nach Schätzungen des Soziologen Klaus Hurrelmann sind etwa ein Prozent der Eltern in Deutschland außerstande, ihre Erziehungsverantwortung wahrzunehmen. Die Zahlen sind schockierend. Hurrelmann geht von insgesamt 80 000 Kindern unter zehn Jahren aus, die in Deutschland in absolut unhaltbaren Zuständen leben und von Vernachlässigung betroffen sind. Das Konzept der freiwilligen Zusammenarbeit zwischen Problemeltern und Jugendämtern hält der Bielefelder Wissenschaftler für gescheitert und plädiert für mehr Sanktionen. Praktiker wie Thomas Hakenthal, Leiter des Berliner Bezirksjugendamtes Friedrichshain-Kreuzberg, warnen, dass sich Risikofamilien häufig durch eine «Egal-Stimmung» auszeichnen. «Ganz einfache Regeln des täglichen Zusammenlebens scheinen zu viel für die Eltern zu sein. Oft sind sie völlig verblüfft, dass der Strom abgestellt wird, wenn man monatelang keine Rechnung bezahlt. Oder sie scheinen schlicht nicht zu begreifen, dass es teuer ist, stundenlang mit dem Handy zu telefonieren.»

Wenn die Polizei an der Haustür klingelt und sich Zugang zur Wohnung verschafft, haben die Kinder oft schon Wochen und Monate, manchmal sogar ihr ganzes bisheriges Leben im Müll gehaust. Flure, in denen sich Bier- und Schnapsflaschen türmen; Kinderzimmer, in denen Katzen und Hunde ihr Geschäft verrichten; Küchen, in denen es keinen sauberen Teller, geschweige denn irgendein hygienisches Lebensmittel gibt; Kinder, die massive Mangelerscheinungen haben, die verlaust und ausgehungert sind und unter schwärenden Ausschlägen und Wundbrand leiden, verfilzte Haare und kaputte Zähne haben – die Liste der äußeren Merkmale von Verwahrlosung ist lang. Gravierend sind aber auch die seelischen Folgen. «Kinder, die allein gelassen werden, ‹vereisen› innerlich. Mangelnde Zuwendung lässt sie emotional verkümmern», sagt die Kommissarin. Beate Köhn und ihre Kolleginnen im Kindernotdienst, zu denen die Kinder häufig von der Polizei gebracht werden, müssen viel Fingerspitzengefühl beweisen, um die verstörten Kleinen aufzufangen.

Wer kein Vertrauen zu den engsten Bezugspersonen aufbauen könne, sagt Gina Graichen, werde auch später mit großer Wahrscheinlichkeit Beziehungsprobleme haben. Viele vernachlässigte Kinder seien aggressiv, auch gegen sich selbst. Sie aus ihren bisherigen Lebensumständen herauszuholen, von den Eltern zu trennen, ist keinerlei Garantie, dass die Kinder den Aufzug des Lebens auf seiner Fahrt nach unten rechtzeitig aufhalten können. «Kinder, die vernachlässigt werden, erlernen meist das Leben im Dreck; wir haben festgestellt, dass eine große Anzahl später wieder selbst so lebt und die eigenen Kinder vernachlässigt.» Gina Graichens Kollegen, die überall in Deutschland versuchen, der armutsbedingten Vernachlässigung Herr zu werden, dürften diese nüchternde Einschätzung teilen.

Mit dem reformierten Kinder- und Jugendhilferecht ist die Lage nicht einfacher geworden, denn es setzt in Problemlagen auf die freiwillige Mitwirkung der Eltern. Ist aber ein solcher partnerschaftlicher Ansatz sinnvoll mit Menschen, die jede Verantwortung ablehnen oder aus vielerlei Gründen unfähig sind, sich verantwortlich zu verhalten? Manchmal vielleicht. Wenn Eltern, denen Kindesvernachlässigung nachgewiesen wird, bereit sind, sich zu ändern – was ja bedeutet, dass sie ihre Kinder schon vernachlässigt haben. Viele sind allerdings noch nicht mal dann bereit, an sich zu arbeiten, wenn ihnen die Kinder weggenommen werden. Jugendämter, die in Problembezirken häufig personell völlig überlastet sind, können nur bedingt präventiv arbeiten. Auch die sogenannten «Hilfen zur Erziehung», die Problemfamilien gewährt werden, reichen angesichts der massiven Mittelkürzungen im Bereich der Jugendhilfe längst nicht mehr aus, um Kindesvernachlässigung wirksam einzudämmen. Der Ruf nach neuen Formen sozialer Kontrolle und einem besseren Frühwarnsystem wird immer lauter. An Vorschlägen und Initiativen mangelt es nicht. So hat beispielsweise Kinderschutzpräsident Heinz Hilgers, der gleichzeitig Bürgermeister von Dormagen ist, das Vorsorgenetz in seiner Kommune enger geknüpft, gezielte Fortbildungen von Ärzten und Erzieherinnen in Kindergärten eingeführt und damit zur Enttabuisierung der Gewalt in Familien beigetragen. Gerungen wird in den Bundesländern noch um die Einführung medizinischer Pflichtuntersuchungen im Kleinkindalter. Verfassungsrechtler halten diese Maßnahme für bedenklich und sehen den Artikel 6 des Grundgesetzes gefährdet, der die Verantwortung der Eltern für die Pflege und Erziehung ihrer Kinder festschreibt.

Gina Graichen, die die körperlichen und seelischen Wunden der Kinder täglich vor Augen hat, sieht in medizinischen Pflichtuntersuchungen kein Allheilmittel, aber einen sinnvollen Schritt. Damit könnten zumindest äußere Anzeichen von Vernachlässigung besser und vielleicht noch rechtzeitig erfasst werden. «Auch wenn dadurch nur ein Kind gerettet werden kann, ist es ein Erfolg.»

War nur ein Unfall
Über körperliche Misshandlung

Berlin-Kreuzberg. Als Dennis geboren wurde, war seine Mutter Martina gerade 18 geworden. Heute ist sie 23 Jahre alt. Ihr drittes Kind, ein Mädchen, liegt in einer Wiege vor uns. Es ist genauso zart und leicht wie seine Mutter, die zwei Wochen nach der Geburt nicht mehr als 46 Kilo auf die Waage bringt. Martina und ihr Freund hatten das Mädchen Noise nennen wollen, weil Kinder doch Krach machen. Aber das haben sie auf dem Amt nicht anerkannt, und jetzt heißt die Kleine mit erstem Namen Cilia und mit zweitem Noise, «Cilia Krach» also.

Aber laut wird es in der kleinen Wohnung von Martina und Richie kaum werden, denn Martina lebt derzeit mit dem Baby in einer betreuten Wohngemeinschaft. «Ich hab sonst Angst, dass ich das nicht auf die Reihe kriege», sagt sie und dreht eine Zigarette zwischen ihren Fingern. Das Jugendamt teilt diese Befürchtung und hat die einjährige Tochter Alina vorerst in eine Pflegefamilie gegeben. Zweimal in der Woche dürfen Martina und Richie sie auf dem neutralen Boden der Behörde für eine Stunde treffen. Wo Alina genau lebt, weiß ihre Mutter nicht. Hat sie vergessen zu fragen. Es wird Alina schon gutgehen, da ist sie sich sicher.

Auch ihr erster Sohn Dennis, der heute fünf Jahre alt ist, lebt in einer Pflegefamilie. Ihn hat Martina nicht wiedergesehen, seit sie ihn als Zweijährigen ins Krankenhaus bringen musste. Der Vater ist ihr Exfreund Markus. Martina und er kannten sich aus dem Kinderheim, wo Martina lebte, seit sie sechs Jahre alt war, weil ihre Eltern «immer Alkohol tranken und so». Auch Martinas Mutter hatte ihre Tochter schon als 18-Jährige bekommen. «War gut im Heim», sagt Martina. «Wir sind immer verreist», einmal sogar nach Disneyland bei Paris. Sie lächelt, wenn auch nur kurz. Ihre völlig kaputten Zähne verleihen ihrem jungen hübschen Gesicht etwas verstörend Altes.

Als sie feststellte, dass sie schwanger war, freute sie sich. «War glücklich gewesen und so», erinnert sie sich und wendet den Blick scheu ab. Von Gefühlen zu sprechen fällt ihr schwer. Martina wusste, dass sie auf Hilfe von ihrer eigenen, mittlerweile trockenen Mutter nicht zählen durfte; sie würde das allein durchziehen müssen.

Doch aus dem Glück wurde nichts, weil Markus «nur Scheiße baute». Als sie eines Tages nach Hause kam, hatte Dennis überall am Körper blaue Flecken. Markus behauptete, Dennis hätte sich am Schrank gestoßen, aber das kaufte Martina ihm nicht ab. «Ich hab den Kleinen geschnappt und bin zum Arzt gegangen und hab eine Anzeige gemacht.» Abends ging sie wieder nach Hause in die gemeinsame Wohnung. Hatte sie keine Angst, dass Markus, der oft auf Drogen war, ihr und dem Kind etwas antun würde? «Nein», sagt Martina und zuckt mit den schmalen Schultern. «Ich hab keine Angst», sagt sie. Es ist der einzige Satz, der in unserem Gespräch mit «ich» anfängt. Im Heim lerne man, sich durchzusetzen.

Drei Tage später lässt Martina Dennis wieder in der Obhut von Markus. «War wohl ein Fehler», sagt sie heute. Dennis hat eine ganz geschwollene Nase, als sie heimkommt, er kann kaum noch atmen. Da fährt sie mit dem Kleinen ins Krankenhaus und erzählt den Schwestern, was sich aus ihrer Sicht zugetragen hat. «Die haben mir überhaupt nicht geglaubt», sagt sie, immer noch wütend. «War doch nicht ich gewesen.» Als Martina am nächsten Tag wiederkommt, ist Dennis nicht mehr da. Der Kleine muss schlimm zugerichtet gewesen sein, sonst hätte das Jugendamt kaum so massiv durchgegriffen. Martina verlangt nach ihrem Kind. «War sauer gewesen», sagt sie. «Die haben ihn mir weggenommen ohne Grund.»

Sie fängt an, auf der Station zu schreien, sie weint, man ruft das Jugendamt an. Am Telefon sagt man ihr, sie solle sich beruhigen, so sei es besser für ihr Kind, sie hätte besser auf Dennis aufpassen müssen. «Weil wir beide Verantwortung haben und so», erklärt sie. Irgendwie weiß sie, dass das stimmt. Vielleicht hat sie auch deswegen nie gefragt, wohin Dennis gebracht wurde. «Der lebt jetzt in einer Familie. In einem Haus mit großem Garten.» In ihrer Stimme schwingt ein bisschen Ehrfurcht mit. Und Angst. Manchmal ruft sie ihren Sohn an, aber er weiß nicht mehr, dass sie seine Mutter ist. Ob sie Dennis je wiedersehen wird? Martina sucht nach Worten, vielleicht auch nach der Wahrheit oder ihren Gefühlen. «War Scheiße, die Zeit danach», sagt sie schließlich. Und: «War schwer, sich nicht zu verabschieden.» Dann schweigt sie und schaut verloren.

Martina hat nicht viele Worte zur Verfügung, um ihr Leben zu erklären. Sie hat sich eingerichtet in einer Welt ohne zu viele Fragen, die man mit einem «und so» besser aushalten kann. Irgendwo ist ihr auf den Wegen zwischen Kinderheim,

114

Sonderschule, Ausbildungsmaßnahmen und Jugendamt die Grammatik abhanden gekommen. Aber nicht der Mut. Und der Glaube, dass sie bei Gefahr schon rechtzeitig die Biege machen wird – in Zukunft wahrscheinlich mit ihren Kindern.

Sie ist sicher, dass sie und Richie es schaffen werden. Seit zwei Jahren sind die zwei schon zusammen. Richie will nicht «auf Hartz IV abhängen», sagt sie stolz. Er verdient mit Tätowierungen heimlich dazu. Martina ist zufrieden mit dem wenigen Geld, das sie haben. Ob er eine Ausbildung hat, weiß Martina gar nicht, hat sie vergessen zu fragen. Aber sie weiß, dass Richie anders ist als Markus. Richie liebt die Kinder. Er weiß auch, wo die rote Linie ist. «Wenn er Scheiße baut, schmeiß ich ihn raus. So wie Markus», sagt sie und nickt bestimmt.

Für Dennis kam damals die Hilfe noch rechtzeitig, wenngleich das Trauma der Misshandlung ihm auch unter einem neuen elterlichen Dach als Schatten durch seine Kindheit folgen wird. Für viele andere Kinder hingegen kommt die Rettung nicht rechtzeitig. So wie für Kevin, den zweijährigen Jungen aus Bremen, der von seinem drogensüchtigen Stiefvater zu Tode gequält wurde und dessen Leiche fünf Monate im Kühlschrank lag, bevor es den Ämtern im Oktober 2006 auffiel. Oder wie für die siebenjährige Jessica aus einer tristen Hochhaussiedlung im Hamburger Stadtteil Jenfeld. Dort im Brieger Weg, im siebten Stock einer verwahrlosten Wohnung, war sie eingesperrt im Dreck, in einem Zimmer ohne Heizung, ohne Nahrung. Als sie keine zehn Kilo mehr wog, gab ihr Körper auf.

Die Familie, die unter dem besonderen Schutz des Grundgesetzes steht, kann für manche Kinder der gefährlichste Ort sein. Trotz der schockierenden Zahlen, trotz wiederkehrender Schlagzeilen über Gewalt gegen Kinder, gibt es bislang keine durchgreifenden Maßnahmen, die einen Ausgleich schaffen zwischen der heiligen Kuh des Elternrechtes und erfolgreicher Intervention der zuständigen Ämter.

Es sind die Kinder der Armen, die wir nicht sehen, wenn sie es am nötigsten brauchen, weil ihre Eltern sich aufgegeben haben, im Suff oder der Lethargie dahinvegetieren, keine sozialen Kontakte mehr pflegen, die Jugendämter personell überfordert sind mit den Kontrollen oder ganz einfach versagen und die Kinder den Aggressionen und dem Frust der mit ihnen lebenden Erwachsenen schutzlos ausgeliefert sind. So wie eben Jessica, Tochter einer Sozialhilfeempfängerin und eines Alkoholikers, die einfach nicht eingeschult wurde, die die Nachbarn nie gesehen hatten. Sieben Jahre lang, ohne sich zu wundern.

Nach Angaben des Bundesfamilienministeriums werden jedes Jahr rund 2900 Fälle krimineller Vernachlässigung oder Misshandlung bekannt. Die Dunkelziffer dürfte um ein Vielfaches höher liegen. Eine Handvoll von ihnen schafft es auf die Titelseite der BILD-Zeitung. Mehr Kinderleichen vertragen die Leser nicht.

Abends, wenn ich schlafen geh ...
Sexueller Missbrauch

Berlin. Die Siedlung an der Mehrower Allee 50 in Berlin-Marzahn könnte so eine ideale Adresse für Pädosexuelle sein – Erwachsene, die Kinder zur Befriedigung ihrer sexuellen Bedürfnisse missbrauchen. Mehrere Hochhäuser umstehen einen Spielplatz, der auf einer kleinen künstlichen Anhöhe errichtet wurde. Hier lassen sich die Kinder gut im Auge behalten, sei es vom eigenen Wohnungsfenster oder vom Treppenhaus aus. Wer hier inmitten von Plattenbauten wohnt, gehört zwar nicht zu den Gewinnern der deutschen Einheit, aber immerhin kann man die Kinder runterschicken, damit sie einem in den hellhörigen Dreiraumwohnungen nicht auf die Nerven fallen.

Die Mehrower Allee erfüllt damit gleich mehrere Kriterien: Sie liegt in einem sozialen Brennpunkt, es gibt Kinder in der Gegend, und man kann Spielplatz und Gehwege beobachten. Mit ein wenig Geduld findet man heraus, wer sich wann und wo aufhält. Und Pädosexuelle setzen gezielte Strategien ein, um ihre Begierden zu befriedigen. Eine davon ist das Anmieten von Wohnungen in Gegenden, in denen Kinder häufig unbeobachtet bis in den Abend hinein draußen sind, weil ihre Eltern ihre Ruhe haben wollen oder nicht zu Hause sind. Kinder, die herumstreunen, die zu Hause nicht vermisst werden und die sich freuen über jede Form der Zuneigung und Aufmerksamkeit. Die ein Fremder glücklich machen kann, wenn er ein Pflaster auf ein aufgeschlagenes Knie klebt und ein paar tröstende Worte spendet. Ein Fremder, der sich im Gegensatz zur eigenen Familie Zeit nimmt für ein Gespräch und der bereits nach einigen Malen der Ansprache als Freund empfunden wird. «Wenn so jemand dann mit einem Geschenk winkt oder von seinem kranken Haustier erzählt, das dringend Pflege benötigt, passiert es leicht, dass Kinder Vertrauen haben und mitgehen», erklärt Ulli Freund, die als Diplompädagogin bei «Strohhalm e.V.» arbeitet. Seit fünfzehn Jahren setzt sich der Berliner Verein für eine bessere Prävention von sexuellem Missbrauch an Mädchen und Jungen ein und bildet Pädagogen fort, klärt Eltern darüber auf, welche Erziehungshaltung geeignet ist, um Tätern die Anknüpfungspunkte für ihre Strategien zu entziehen. Mit Präventionsprogrammen werden auch Kinder im Kita- und Grundschulalter direkt angesprochen, damit es ihnen leichter fällt, klare Grenzen zu ziehen und falsche Freundschaft zu erkennen.

Sexuelle Gewalt kann Kindern aus allen gesellschaftlichen Schichten widerfahren. Überwiegend kommen die Täter aus dem näheren sozialen Umfeld, oft aus der eigenen Familie. Und es gibt auch in besseren Stadtvierteln Fälle, wo Kinder mit materiellen Versprechungen gefügig gemacht werden, weil die Eltern ihnen Computerspiele oder Gameboys aus ideellen Gründen vorenthalten, die Kinder aber fürchten, dadurch gegenüber Mitschülern ins Hintertreffen zu geraten. Nur ist für Fremdtäter die Wahrscheinlichkeit, an diese Kinder heranzukommen, geringer als in sozialen Brennpunkten. «Da gehen Täter ganz gezielt rein», weiß Ulli Freund. «Bei Kindern, um die sich niemand richtig kümmert, nehmen Fremde die Barriere ganz locker.» Oft reiche schon eine Freundlichkeit, ein gemeinsames Spiel, ein Eis aus, um das Vertrauen der Kinder zu gewinnen und es dann entsprechend zu missbrauchen.

Ein anderer Weg sind Kontaktanzeigen, die mit dem Zusatz «Kind kein Problem» versehen werden. Klingt traumhaft, werden sich viele Alleinerziehende denken, die von materieller Armut überdurchschnittlich betroffen sind. Ein Partner, der bessere ökonomische Aussichten verspricht und auch noch kinderlieb ist, hat gute Chancen, fündig zu werden. «Die Formel ist ein Codewort der Pädosexuellen», meint Ulli Freund und schränkt ein, dass sicherlich nicht jeder, der eine entsprechende Anzeige aufgebe, böse Absichten hege. «Dennoch wollen viele Männer, die so vorgehen, gar nicht die Frau, sondern die Kinder.» Deswegen sei hier Wachsamkeit geboten.

Auch wenn sich Männer aus der Nachbarschaft scheinbar uneigennützig und kostenlos als Babysitter anbieten, ist nach Meinung des Berliner Kinderschutz-Zentrums Vorsicht geboten. Kinder, die ohne enges soziales Netz aufwachsen, reagierten oft mit Begeisterung auf das Interesse an ihrer Person. Wenn eine allein erziehende Mutter keine Zeit und Kraft oder auch kein Geld für gemeinsame Ausflüge mit ihren Kindern hat, dann ist schon ein Kinobesuch ein Ereignis. Die langsame

Verstrickung der Kinder durch eine Mischung aus Zuwendung und Verwöhnen kann dazu führen, dass sie es schwer aus eigener Kraft schaffen, sich aus den Missbrauchsbeziehungen zu befreien, weil sie sich an die Vergünstigungen gewöhnt haben oder sich mitschuldig fühlen.

Immer wieder haben Beratungsstellen mit Familien zu tun, in denen sexueller Missbrauch von Kindern gar nicht als Problem empfunden wird. «‹Das ist eben so!›, sagte mir mal eine Großmutter, die gar kein Unrechtsbewusstsein hatte», erzählt Ulli Freund kopfschüttelnd. Hier wird sexueller Missbrauch nicht zum heimlichen Akt während des Schichtdienstes der Mutter, sondern manchmal sogar zum Gruppenerlebnis, bei dem das Kind herumgereicht wird. «Je früher die Erfahrung gemacht wird und Teil der alltäglichen Lebensrealität ist, desto eher wird das sexualisierte Ich Teil der Persönlichkeitsentwicklung. Diese Kinder lernen, dass sie die Erwachsenen nicht zufriedenstellen, wenn sie ein Liedchen vorsingen, sondern wenn sie deren sexuelle Bedürfnisse befriedigen.» Nach Auffassung von Ulli Freund kommt die Form des Gruppenmissbrauchs eher in Familien mit einem sehr niedrigen Bildungsniveau vor.

Ein weiteres Problem, das sich wie ein Brandbeschleuniger auswirken kann, ist der Alkoholismus. «Alkohol senkt die Hemmschwelle, etwas zu tun, was dem Gewissen, Über-Ich oder dem eigenen Rechtsbewusstsein entgegensteht», so Martina Kaiser vom Kinderschutz-Zentrum in Berlin-Hohenschönhausen. Im nüchternen Zustand ließen sich sexuelle Gefühle gegenüber einem Kind leichter kontrollieren. Wenn nun ein Vater oder Stiefvater mit entsprechenden pädosexuellen Neigungen mit den Kindern zusammen ist, die Mutter arbeiten geht und er bereits tagsüber zur Flasche greift, dann kann ein Kreislauf in Gang kommen, in dem die Kinder die eigentlichen Verlierer sind.

Mütter, die selbst in ihrer Kindheit missbraucht worden

sind, nehmen den Missbrauch an ihrem eigenen Kind oft nicht wahr, sie können es gar nicht, denn dann kämen ihre eigenen traumatischen Erinnerungen wieder hoch. «Wir im Kinderschutz-Zentrum haben oft mit Familien zu tun, in denen es über mehrere Generationen immer wieder zu Missbrauch kommt», berichtet Martina Kaiser, die als Diplompsychologin auf die therapeutische Arbeit mit missbrauchten Kindern und Jugendlichen spezialisiert ist.

Wie wird das Leben von Chantal, der bildhübschen Blondine, weitergehen, die mit zwölf Jahren ein so großes Maul hat, dass man sich ihr am besten gar nicht oder nur sehr vorsichtig nähert? Selbst ein einfaches «Hallo, wie geht's dir?» beantwortet das zierliche Mädchen so aggressiv, dass man sofort auf Abstand geht. In ihrem Fall ist das wahrscheinlich gesund, und vielleicht wäre es gut gewesen, wenn ihr irgendjemand gesagt hätte, dass ein Mensch – auch ein kleiner – nur die Nähe zulassen muss, die guttut. Dass ihr Vater nicht das Recht hatte, frühmorgens im Vollrausch in ihr Bett zu kommen, wenn die Mutter bereits zur Frühschicht zum Putzen aufgebrochen war, um ihre vier Kinder durchzubringen. Jahrelang, Nacht für Nacht für Nacht, als sie acht war, als sie neun war, als sie zehn war. Dann verlor auch die Mutter ihren Job, und der Missbrauch flog auf. Eine Therapie macht Chantal nicht – bislang. Die Chancen dafür stehen auch nicht gut: In ihrer Familie sind die Probleme so vielfältig, dass eigentlich alle eine Therapie bräuchten. Dabei ist Chantals Mutter vollauf damit beschäftigt, die verschiedenen Krisen notdürftig zu managen. Mag also sein, dass Chantals Leben später so wie das von Heike Krämer verläuft, die – selbst Missbrauchsopfer – zu schwach war, ihre Kinder vor sexuellem Missbrauch zu schützen, weil sie selbst in einer vergleichbaren Notlage keine Hilfe bekommen hatte. Irgendwann fing sie an, ihr Leben im Alkohol zu ertränken. Heute ist sie trocken und bereut, dass sie es nicht geschafft hat, rechtzeitig Hilfe zu organisieren.

Besonders ihrem jüngsten Sohn, der jahrelang und schon als Kleinkind vom eigenen Vater brutal missbraucht wurde, wäre vieles erspart geblieben. Doch allein können die Opfer den Zirkel der Wiederkehr, der von Generation zu Generation weitergereichten Missbrauchserfahrung, kaum durchbrechen.

Statt Kindheit eine Polizeiakte
Jugendliche Intensivtäter

Petershagen, Brandenburg. Als der 13-jährige Adnan F. im Juli 2007 mit einem geklauten Mofa durch den Berliner Problembezirk Neukölln raste, auf dem Fußweg eine Frau umsäbelte und schwer verletzt liegen ließ, hatte er den Bogen endgültig überspannt und landete in mehreren Schlagzeilen der entsetzten Hauptstadtpresse. Die mehr als hundert Straftaten, die der für seine Brutalität berüchtigte Teenager vorher begangen hatte, dürften weitgehend jenseits der öffentlichen Wahrnehmung geblieben sein. So wie die Überfälle, Körperverletzungen und Einbrüche der anderen 476 jungen Serientäter, aus denen – wenn überhaupt – fünfzeilige Nachrichten werden und – wenn überhaupt – ein polizeilicher Vorgang mit Stempel und Datum und ohne direkte Konsequenzen für die unter 14-jährigen Täter. Meistens jedenfalls.

Allein in Neukölln leben 130 junge Serientäter, deren kriminellem Treiben Polizei und Strafverfolgungsbehörden kaum nachkommen. Nur drei davon sind Deutsche – die Inländer in dem Bezirk haben längst das sinkende Schiff verlassen, das man aber nicht als solches öffentlich bezeichnen sollte, weil dann Politiker, Schulleiter und Streetworker schnauben, man lasse sich den Bezirk nicht «herunterreden». Und trotzdem bleibt das Wegziehen eine Art privater Präventivmaßnahme, um die Wahrscheinlichkeit zu senken, dass das eigene Kind auf dem Schulhof «abgezogen» wird – wie im Jargon Überfälle auf Mitschüler heißen, bei denen Turnschuhe, Jacken und Handys mit Gewalt ihren Eigentümer wechseln. Weil die Konfrontation mit Schlagstöcken, Messern und Schreckschusspistolen für die alten und jungen Bewohner mancher Kieze Alltag ist.

Tagelang beherrschte der Fall des jungen Libanesen Adnan die öffentliche Debatte. Weil auch im Berliner Senat ein heftiger Streit darüber entbrannte, ob man jugendlichen Intensivtätern besser in geschlossenen oder in offenen Heimen beikommen könne, schaffte es Adnan sogar auf die Seite eins. Was tun, wenn ein 13-Jähriger so gewalttätig ist, dass die Eltern schon in der Grundschule die Segel gestrichen haben, der professionell geschulte amtliche Vormund die Kontrolle verliert, die Jugendpsychiatrie keine Mittel hat, den eingewiesenen Teenager zu halten, und die Leitung des Heims, in dem der Intensivtäter zur Vernunft kommen soll, nur die Wahl hat, den mit Latten und Scherben drohenden Jungen mit polizeilicher Hilfe zu entfernen, um die anderen minderjährigen Mitbewohner nicht zu gefährden?

Die Wahl der 1-1-0 als situationsbedingte Notlösung, eine Fahrt mit Blaulicht von Ort zu Ort in die Grauzone der Verantwortlichkeit; auf der Rückbank des Polizeiwagens ein hochgefährlicher Teenager, der statt einer Kindheit eine Polizeiakte hat und von seiner Umwelt nur noch als Täter wahrgenommen wird. Das Problem jedoch ist, dass viele Menschen die Frage nach dem Warum gar nicht stellen, dafür aber allerhand prononcierte Antworten haben, nachzulesen beispielsweise im Internet: Schiebt den «Horror-Jugendlichen» in «sein» Land ab, sperrt den «Geisteskranken» weg, hört endlich auf mit der soften Waldorf-Empathie, sagen die einen. Und die anderen bezeichnen derart aggressive Töne etwas hilflos als «armselig» und kritisieren die Mittelstreichungen in der Jugendhilfe. Auf die Frage, ob Freiheitsentzug, eine Senkung der Altersgrenze für Strafmündigkeit, härtere Strafen oder bessere therapeutische Angebote der richtige Weg sind, haben auch die Experten unterschiedliche Antworten parat, die meist davon abhängen, auf welcher Seite sie stehen. Die Meinungen von Kriminologen, Staatsanwälten, Polizisten, Sozialpädagogen und Psychologen gehen zuweilen weit auseinander und hören sich doch – für sich genommen – häufig vernünftig an. Auch die aufgeheizte Debatte über Jugendkriminalität, die – angefacht vom hessischen Ministerpräsidenten Roland Koch – Anfang 2008 die Politik in Bund und Ländern beschäftigte, verriet vor allem eins: Ratlosigkeit und einen eklatanten Wissensmangel über bereits vorhandene erfolgreiche Projekte, wie zum Beispiel jene Einrichtungen, die das Evangelische Jugend- und Fürsorgewerk EJF Lazarus in mehreren Bundesländern betreibt.

Für viele der jugendliche Intensivtäter ist der Aufenthalt dort die letzte Chance vor dem drohenden Strafvollzug. Hier arbeitet man daran, die Delinquenten doch noch zurück in die Gesellschaft zu holen, bevor sich diese mit Gitterstäben gegen ihre entfesselte Brutalität und moralische wie rechtliche Gleichgültigkeit schützt. Unter dem Motto «Menschen statt Mauern» wird nicht auf Bestrafung, sondern auf Ursachenforschung, Therapie und konsequente Erziehung gesetzt. Mit Erfolg, wie die Daten aus dem EJF-Heim im brandenburgischen Frostenwalde beweisen. Nur 16 der 550 Jugendlichen, die in den vergangenen zwölf Jahren für einige Wochen oder manchmal für Monate in dem abgelegenen Waldhaus waren, haben sich dem pädagogischen Einfluss total verweigert und wurden wieder in U-Haft gegeben. Adnan, der dort und in der benachbarten Einrichtung «Weidenhof» kurz vor dem Moped-Unfall nur ein kurzes Gastspiel gab, gehörte zu den wenigen Minderjährigen, die den Betreuern noch nicht mal eine Chance gegeben haben, etwas zu bewirken.

Auch Jakob hat sich einmal überlegt, aus der Wohngruppe «Insel» zu türmen, einer EJF-Einrichtung, die sich weit entfernt von den wenigen Wohnhäusern des abgelegenen uckermärkischen Dorfes Petershagen inmitten von Maisfeldern versteckt. «Da bin ich hinterm Haus auf den Baum geklettert und hab eine halbe Stunde nachgedacht. Dann bin ich wieder ins Haus gegangen und dageblieben», erzählt er. Vielleicht wollte er abhauen, weil es der 14-Jährige noch nirgendwo lange ausgehalten hat und er es bislang gewohnt war, von seinen Streif- und Raubzügen im heimatlichen Prenzlau erst weit nach Mitternacht heimzukehren. «Bislang» bedeutet seit seinem achten Lebensjahr, als alles anfing mit den Fahrraddiebstählen, dem Weiterverkauf an polnische Hehler, der Sucht nach dem Kick und den Kippen, von denen er, seit er zehn ist, zwei Packungen pro Tag braucht. «Die haben gesagt, wir brauchen ein Fahrrad bis spätestens morgen, dann kriegst du 20 Euro, und dann war's auch morgens da», erklärt der schmale Junge in der modischen Tarnmusterhose. Angst habe er des Nachts nicht gehabt, sagt er. «Es war eher so, als wenn ich mit der Achterbahn den Berg runterfahre, wissen Sie, so 'n Gefühl.» Jakob beugt sich nach vorne und fischt einen Fruchtbonbon aus der Handvoll, die der Psychologe der Einrichtung auf den Beistelltisch gehäuft hat. «Das hat mir gefallen. Danach hab ich mich stärker gefühlt.»

Als das Jugendamt ihn ins abgelegene EJF-Heim verfrachtete, war es vorbei mit dem Kampfrauchen und dem Kelleraufknacken. Zigaretten gibt es dort in der entvölkerten brandenburgischen Pampa erst ein paar Dörfer weiter zu kaufen, und geeignete Keller, aus denen Fahrräder zu stehlen wären, sind infolge der Mischung aus Landflucht, Überalterung und bescheidenen Lebensverhältnissen auch eher Mangelware. Es ist eine schöne, melancholische Fahrt, die mich von Berlin bis fast an die polnische Grenze führt, vorbei an hügeligen Feldern, auf denen man keine Bauern sieht. Ein früher Morgenzug fährt um 6 Uhr von der Hauptstadt in diese abgeschiedene Welt, einen einzigen gibt es nachmittags zurück. Auf dem Bahnsteig hebt das Unkraut die verwitterten Steine aus den Fugen. Hier steigt nur selten jemand ein.

In Petershagen ist Jakob nun umgeben von einem ganzen Team an Betreuern, die im Gegensatz zu seinem überforderten, alkoholsüchtigen Vater in der Lage sind, Regeln durchzusetzen. «Wenn du aufhörst zu klauen, höre ich auf zu trinken, hat Papa mal gesagt. Also ich hab's auch einen Monat geschafft, aber der Papa hat einfach weitergetrunken. Dann hab ich halt auch weitergeklaut», erklärt Jakob seine Logik und hebt die Schulter.

Nicht immer dienten seine Einnahmen nur der eigenen Sucht, sondern spätestens ab Monatsmitte, wenn der Vater sein Geld schon in der Trinkhalle durchgebracht hatte, auch dem familiären Haushalt. «Manchmal hab ich auch Papas Geld geklaut, und dann bin ich Essen einkaufen gegangen für uns alle. Also für Papa und mich.» Mehr Bezugspersonen gibt es in seinem Leben nicht. Die Mutter radierte ihn aus ihrem Leben wie eine überflüssige Bemerkung aus; den Lehrern traute er nicht über den Weg, weil er die Schule hasste und Angst hatte, sie würden ihn vom Vater wegholen; die Freunde wandten sich ab, weil ihre Eltern den Umgang zu dem unbelehrbaren Jungen verboten, der zuschlug, wenn man ihm mit hämischen Bemerkungen über seinen alkoholkranken Vater kam. Denn Jakob liebt seinen Vater, und er vermisst ihn, auch wenn er langsam aufhört, sich nach seinem alten Leben zurückzusehnen. Viel Schönes hat er nicht erfahren auf seiner 14-jährigen Odyssee durch ostdeutsche Kleinstädte. Nur die Besuche bei den Großeltern bilden eine Ausnahme. Zweimal im Jahr, allein mit dem Bus, 40 Kilometer entfernt, für vier bis fünf Stunden.

Seit elf Monaten ist der schmucke Hof zwischen Maisfeldern und Wiesen sein Zuhause. Wie andere Heimkinder auch kann er über den Zeitpunkt seiner Ankunft ganz präzise Auskunft geben. Elf Monate seien es genau am 15. September. An andere Daten, die zu seiner Biographie gehören, erinnert er sich weniger genau. Dass es zum Beispiel das sechste Heim inklusive Landesklinik ist oder wie viele Straftaten auf sein Konto gehen. «Weit über fünfzig vielleicht», sagt der Junge, um nur von denen zu sprechen, bei denen er gefasst wurde. Weder Stolz noch Reue liegen in seiner Stimme.

Die Anzahl der tatsächlichen Brüche lag weit darüber. Irgendwann kannten ihn alle Streifenpolizisten beim Namen. Freundlich waren die bei den Festnahmen, sagt Jakob. Daheim erwartete ihn anderes: Irgendwann, als Worte nicht mehr weiterhalfen, hatte sich der Vater angewöhnt, mit der Gürtelschnalle zuzuschlagen, wenn sein Sohn wieder einmal von der Polizei gebracht wurde, und irgendwann hatte Jakob für sich entschieden, dass ihm das egal war, obwohl sein Körper überall von roten Striemen überzogen war. Irgendwann ist auch etwas Furchtbares in seiner frühen Kindheit passiert, für das Jakob sich die Schuld gibt und das die Trennung seiner Eltern zur Folge hatte. Grund auch für den Suff des Vaters, mit dem er allein zurückbleibt, und für die totale Abwesenheit der Mutter, die mit ihm nichts zu tun haben will. Jakob meint, auch schuld daran zu sein, dass sein Vater den Job verloren hat, weil der Sohn so viel Mist gebaut hat. «Papa hat zwar gesagt, dass das Unsinn ist, aber ich glaub trotzdem dran», sagt Jakob. «Jeder hat ja seine Wahrheit.»

Die verworrene Wahrheit der acht «delinquenten, strafunmündigen Kinder» ans Tageslicht zu befördern ist auch Aufgabe des Psychologen, dessen Tür den Kindern tagsüber offensteht. Der bevorzugte Ort des Gesprächs ist jedoch nicht die braune Ledercouch im Behandlungszimmer oder der rote Wippstuhl, auf dem Jakob während unseres Gespräch erst sitzt und dann hockt, um sich anschließend auf Minimalformat zusammenzukrümmen, sondern das Fahrrad. «Die Kinder haben ihren inneren Dialog», meint der Psychologe. «Die fangen bei Bewegung eher an zu reden als in der Frontalsituation.» Wenn es gelänge, langsam eine Veränderung der Werte und Wertungen herbeizuführen, sei das schon ein Erfolg. Für Jakob würde das bedeuten, sich einerseits nicht selbst die Schuld an allem zu geben, um damit seinen Eltern die Verantwortung für ihr Versagen abzunehmen, und andererseits einzusehen, dass sein straffälliges Verhalten falsch ist. Viele der straffälligen Kinder hätten in der Familie gelernt, nur an sich zu denken. «Da ist kein Platz für solche Überlegungen, wie es anderen dabei ergeht», sagt der Psychologe. Empathie für die Opfer und Geschädigten und die Einsicht, dass eine Gesellschaft nicht funktioniert, wenn sich jeder einfach nimmt, was er begehrt, müssten erst in monatelanger Arbeit hergestellt werden. «Jetzt frag ich mich, warum hast du das gemacht?», sagt Jakob und öffnet wieder ein Bonbon. «Ich bin mir sicher, die Antwort wird irgendwann kommen.»

Bis dahin werden er und die anderen straffälligen Kinder in den EJF-Wohngruppen versuchen, nicht nur ihre Delinquenz in den Griff zu bekommen, sondern auch ihre Schulangst. Wie eine Studie der Berliner Fachhochschule für Verwaltung und Rechtspflege ergeben hat, hängen Schulversagen und kriminelles Verhalten bei jungen Intensivtätern ursächlich zusammen. Auch Jakob geht seit dem achten Lebensjahr nur noch unregelmäßig zur Schule. Lesen und Texterfassung fallen dem aufgeweckt wirkenden 14-Jährigen auch aufgrund einer Lese-Rechtschreib-Schwäche schwer. Dass sich diese ohne elterliche Förderung und stabile Lebensverhältnisse im Laufe der Jahre zu einem Schwelbrand entwickelt hat, der ihm schulische Erfolgserlebnisse nahm, ist kein Wunder. Eine Freude kann man ihm mit Büchern trotz all der neugierigen Fragen, mit denen er den Psychologen bombardiert, nicht machen. Das hätte auch sein Vater wissen können, als er ihm vor zwei Jahren eine Kinderbibel zu Weihnachten schenkte. «Kannste ja mal drin rumlesen, hat er zu mir gesagt. Kannste selber drin rumlesen, hab ich ihm geantwortet», erinnert sich Jakob. Sein Kinn zittert für einen kurzen Augenblick, eine jähe, kindliche Traurigkeit durchzuckt sein Gesicht. Dann hat er sein Mienenspiel wieder unter Kontrolle und fällt zurück in den Tonfall der unverbindlichen Freundlichkeit, als erzähle er von einer unvermeidlichen Entwicklung, die ihn zum Handeln gebracht hat, ohne dass er anders hätte entscheiden können.

Jakob, der außer der Aktenlage so wenig mit der Angstmaschine Adnan aus den Schlagzeilen gemein zu haben scheint, wird noch mindestens ein Jahr in der dottergelben Anlage am Feldrand wohnen bleiben. Zeit, auf dumme Gedanken zu kommen, gibt es wenig. Der Tag beginnt früh und hat eine klare Struktur. Vom Tischdienst, Schulunterricht, von praktischen Aufgaben an der Seite des Hausmeisters und Renovierungsarbeiten bis zum Heueinholen für die Schafe reicht die Palette. In einem kleinen Pool, auf einem Trampolin und auf einem Bolzplatz können die Jungen ihre überschüssigen Energien loswerden. Kein persönlicher Gegenstand schmückt Jakobs kleines hellblaues Schlafzimmer mit dem Linoleumboden, in dem es ein Bett, einen kleinen Schreibtisch und ein selbstgebautes Holzregal für seine Anziehsachen gibt. Ihm gefällt es hier. «Weil ich regelmäßig etwas zu essen bekomme und sich mehr Leute um mich kümmern», sagt er. «Und weil ich noch 'ne Wette zu laufen habe mit dem Psychologen, ob man von Schwedt aus den Radiosendemast hier in der Nähe sehen kann.» – «Der ist 170 Meter hoch», erklärt mir der Psychologe. «Nein», lacht Jakob. «172,01 Meter. Drei Chancen hat er, zu raten, und wenn er es vermasselt, sag ich ihm die richtige Antwort, und er zahlt einen großen Eisbecher», freut sich der jugendliche Intensivtäter mit der dicken Akte, der dabei ist, seine Kindheit wiederzufinden.

Flucht und Sucht

Was würdest du gern an den Erwachsenen ändern?
Dass meine Mama lieb ist, dass mein Papa nicht immer besoffen ist.

Malina, 9, lebt mit ihren drei Geschwistern bei der erwerbslosen
Mutter in Halle. Der Vater arbeitet, ist aber Alkoholiker.

Wenn sich Eltern in den Alkohol flüchten, bleibt nicht nur
ihre eigene Gesundheit auf der Strecke. Zu leiden haben vor
allem ihre Kinder. Ihre Seele, ihre Gesundheit, ihre geistige
und physische Entwicklung geraten in den Sog des elterlichen
Rausches. Sie tragen ein hohes Risiko, Opfer von Vernachlässigung, Misshandlung und zuweilen auch sexuellem Missbrauch
zu werden, auf ihren schmalen Schultern. Und sie tragen es
in der Regel allein, da besonders in sozialen Brennpunkten
die privaten und professionellen Ansprechpartner fehlen. Den
von Fachleuten als «unsichtbar» bezeichneten Kindern von
Trinkern sind in diesem Kapitel drei Geschichten gewidmet,
die von der Wiege bis zum jungen Erwachsenenalter reichen.
«Baby im Vollrausch» handelt von den 3000 bis 4000 Babys,
die jedes Jahr in Deutschland mit massiven Schädigungen
geboren werden, weil ihre Mütter in der Schwangerschaft
Alkohol getrunken haben. Besonders Frauen mit niedrigem
Bildungsgrad wissen oft nicht, wie schädlich ihre Sucht für
die Entwicklung des Embryos bzw. Fetus ist. Aufklärung tut
not. Das Leid der Kinder könnte verringert werden, wenn den
alkoholkranken Müttern rechtzeitig geholfen würde. Woran
dies scheitert, zeigt diese Geschichte – und welch schwierigen Weg Kinder mit «fetalen Alkohol-Spektrumsstörungen»
(FASD) vor sich haben.

«Sich unsichtbar machen» – so der Titel der anschließenden Geschichte – ist eine der Hauptaufgaben der Kinder, die mit alkoholkranken Eltern aufwachsen. Jedes sechste Kind in Deutschland unter 18 Jahren hat Eltern, die suchtmittelabhängig sind. Rund 2,65 Millionen Kinder in unserem Land leben nach einer Untersuchung der Katholischen Fachhochschule Köln in Familien, in denen einer der beiden Eltern trinkt oder es gar beide in krankhafter Weise tun. So unterschiedlich die individuellen Lebenslagen dieser Kinder auch sein mögen, sie alle sind hochgradig gefährdet, später selbst abhängig zu werden. Viele leiden unter massiven Persönlichkeitsstörungen. Denn Kind abhängiger Eltern zu sein bedeutet vor allem, seinen Platz im Familiensystem so geschickt finden zu müssen, dass man unberechenbaren Konflikten aus dem Weg geht. Dazu gehört auch, keine eigenen kindgerechten Ansprüche an die Eltern zu stellen, den Haushalt zu schmeißen, sich selbst zu versorgen, statt versorgt zu werden. Alkoholikerkinder sind unheimlich stark – aber sich selbst unheimlich. Viele von ihnen leiden unter Depressionen, fühlen sich schuldig und als Versager. Auch Christopher und Manuela, die trotz ihrer Scham hier von ihren Gefühlen sprechen.

Vladimir und Manfred haben mir in «Voll die Dröhnung» von ihren Ängsten erzählt, in einem kleinen Dienstzimmer mit einem Seitenfenster, in das das Mittagslicht schräg durch die Gitter fiel. Beide verbüßen eine Haftstrafe in Deutschlands größter Jugendanstalt in Hameln. Jeder zweite Insasse ist dort drogensüchtig. «Ich mach alles, um clean zu werden», sagt Vladimir. Eine Horrorvorstellung sei das, wieder in den Knast zu kommen. Käme er morgen raus, würde er mit ziemlicher Wahrscheinlichkeit rückfällig nach dem Menu aus Heroin, Koks, Wodka und Supertex, Ecstasy und Haschisch und all den anderen Tentakeln, die sich im Laufe der Jahre an Körper und Geist des jungen «Polytoxikomanen» festgesaugt haben und sich nur langsam lösen. Es ist ein harter Kampf gegen die Sucht

130

und ihr Fluchtverhalten, den die beiden Jungen aufgenommen haben. Für Manfred bedeutet er zudem den Ausstieg aus einem rechtsextremen Freundeskreis. Auch seine Geschichte hat wie die von Vladimir etwas mit Sucht zu tun. Mit der Sucht nach Drogen – in seinem Fall Alkohol – und der Sucht nach Anerkennung, Erfolg und Zugehörigkeit zu einer Gruppe. In dem Leben beider Jungen gab es kein Elternteil, das Grenzen setzte und Hilfe organisierte, sei es aus zu großer Liebe wie in dem einen oder aus gleichgültiger Selbstbezogenheit wie in dem anderen Fall. Beide Jungen machten dicht, ließen sich nichts mehr sagen, schon gar nicht von ihren allein erziehenden Müttern. Beide müssen nun als junge Erwachsene mühsam lernen, zu sich selbst eine positive Haltung zu entwickeln.

Auch Michelle macht mit 12 Jahren und 120 Kilo Körpergewicht einen Neuanfang. Sie ist eins der 800 000 fettsüchtigen Kinder in Deutschland. Adipositas lautet die Diagnose im Fachjargon. Für ihre Zukunft und die der Gesellschaft bedeutet das häufig eine lebenslange Abhängigkeit von sozialen Transferleistungen, weil Fettsüchtige im Wortsinne nicht auf die Beine kommen und sich zunehmend hilflos am «Rettungsanker Hamburger» festkrallen. Für viele Kinder beginnt mit der Esssucht ein Teufelskreis: Wer als «fette Sau» gehänselt wird, frisst aus Frust über die Ausgrenzung noch mehr, bis die Welt an der Wohnungstür endet. Die Geschichte setzt sich mit diesen häufig im Verborgenen lebenden Kindern auseinander, von denen es besonders in westlichen Industriestaaten immer mehr gibt. Dabei gilt: je niedriger der Sozialstatus, desto höher die Wahrscheinlichkeit, bereits im Grundschulalter übergewichtig oder sogar fettsüchtig zu werden, Tendenz steigend. Wie Adipositas-Kinder ins Leben zurückfinden können, wird ihnen in den Beelitzer Heilstätten gezeigt.

Mit den Schützlingen einen gesunden Lebensstil zu entwickeln ist auch die Aufgabe der Wohngruppe «Konfetti». Hier, am Ortsrand im brandenburgischen Neuendorf, versucht eine Handvoll Jugendlicher, die Geister wieder loszuwerden, die sie in der Kindheit gerufen haben. «Diese Jungs haben ihre Kindheit im Zeitraffer erlebt», sagt eine Betreuerin. Computerspiele haben ihr Gefühl für Gewalt in erschreckender Weise verändert − bei der Sucht nach dem «brutalen Kick» geht nicht nur die Kindheit verloren.

Das Kapitel «Flucht und Sucht» endet mit jenen Kindern, die gar kein Vertrauen mehr in die Erwachsenenwelt mehr haben und auf der Straße leben. Allein in Berlin gibt es etwa 2000 Kinder und Jugendliche, die sich eine «Auszeit am Alex» oder anderswo nehmen und nachts in Parks, leerstehenden Häusern oder auf den Lüftungsschächten der U-Bahnen schlafen. Kim war neun Jahre alt, als sie ihr Elternhaus verließ. Jetzt ist sie «16-dreiviertel». In «Auszeit am Alex» erzählt sie uns, warum es für sie nach vier Selbstmordversuchen und jahrelangem Heroinkonsum heute wichtig ist zu leben.

Baby im Vollrausch
Wenn Mama in der Schwangerschaft säuft

Berlin-Spandau. Es gibt Behinderungen, die eine große Lobby in Deutschland haben. Dazu gehört das chromosomal bedingte Downsyndrom. Alle paar Minuten wird weltweit ein Kind mit Trisomie 21 geboren. Ob sich das einundzwanzigste Chromosom verdreifacht oder nicht, liegt an dem Lauf der Natur. Über das Risiko, mit zunehmendem Lebensalter ein Kind mit Downsyndrom zur Welt zu bringen, sind sehr viele Frauen aufgeklärt. Es gibt andere Behinderungen, die nach offiziellen Schätzungen zwar genauso häufig sind, wenngleich gepaart mit einer weitaus höheren Dunkelziffer, über die die Ärzte wenig oder gar nicht aufklären: Dazu gehören «fetale Alkohol-Spektrumsstörungen» (FASD). Unter diesem Begriff haben amerikanische Wissenschaftler eine ganze Palette von alkoholbedingten Schädigungen zusammengefasst. Das fetale Alkoholsyndrom, auch bekannt als Alkoholembryopathie, ist die häufigste Variante.

«Wir können Ihnen hier und jetzt versichern, dass die Schuld nicht bei Ihnen liegt!», beruhigt die Downsyndrom-Info-Zentrale verunsicherte Eltern auf ihrer Internetseite. Dieser Satz, der den Umgang mit der Behinderung des Kindes enorm erleichtert, weil er gesellschaftliche Akzeptanz schafft, kann den betroffenen Familien, deren Kinder aufgrund des Alkoholkonsums der Mutter während der Schwangerschaft behindert auf die Welt kommen, nicht mit auf den Weg gegeben werden. Nach Erhebungen der Deutschen Hauptstelle für Suchtfragen trinken acht von zehn Frauen während der Schwangerschaft Alkohol – mehr oder weniger stark. Aufklärung täte not. Die für Deutschland geschätzten 3000 bis 4000 Neugeburten mit alkoholbedingten Schädigungen pro Jahr wären vermeidbar, doch das Wissen über die Schädlichkeit von Alkohol auf die Entwicklung des Embryos bzw. Fetus ist nicht oder in zu geringem Maße vorhanden, insbesondere bei werdenden Müttern mit niedrigem Bildungsgrad.

«Wir haben es hier in unserer Einrichtung vor allem mit einem Problem der untersten Unterschicht zu tun», sagt Gela Becker-Klinger, die Mitinitiatorin der bundesweit ersten Beratungsstelle für Menschen mit fetaler Alkoholschädigung im evangelischen Kinderheim «Sonnenhof» in Berlin. Alkoholmissbrauch während der Schwangerschaft – und folglich Kinder mit FASD – gibt es in allen sozialen Schichten. Nur gelingt es Frauen aus der Mittel- und Oberschicht häufig besser, ihre Abhängigkeit mit all den Folgen zu kaschieren. Auch dürfte die Wahrscheinlichkeit, die oft aus Verzweiflung und Überforderung geborene Krankheit zu überwinden und kompetente Hilfsangebote in Anspruch zu nehmen, je nach Bildungsstand, verfügbaren finanziellen Mitteln und sozialem Umfeld differieren.

Allein in Berlin leben 78 000 Kinder vorübergehend oder über einen langen Zeitraum mit ihren alkoholabhängigen Eltern zusammen – eher unwahrscheinlich, dass diese sich gleichmäßig über die Stadt verteilen. «Die meisten Familien, die wir in Berlin-Spandau betreuen, kommen aus dem Subproletariat», sagt die Psychologin, einem Milieu also, aus dem sich früher die ungelernten Hilfsarbeiter formierten, die von der Dorfgemeinschaft durchgezogen wurden oder die unter den Förderbändern der Fabriken fegen durften. Heute stehen diese Fabriken im Ausland. Zurückgeblieben sind Menschen, an denen auf dem Arbeitsmarkt kaum noch Bedarf besteht, die in den sozialen Sicherheitssystemen verharren, wie der Harz, der aus einer gesprungenen Baumrinde quillt und an der Wunde kleben bleibt. Menschen, deren Kindheit häufig von so genannten multiplen Deprivationserfahrungen – wie Armut, Gewalt, Missbrauch und Alkoholismus – geprägt ist und die diesen giftigen Cocktail an ihre Kinder weiterreichen. Eine von ihnen ist Heike Krämer, die Mutter des zehnjährigen David, der als FASD-Kind im «Sonnenhof» betreut wird. Sie ist eine der wenigen Mütter eines «Sonnenhof»-Kindes, die es geschafft haben, vom Alkohol wegzukommen.

Dort, in einem Jahrhundertwende-Backsteinbau in Berlin-Spandau, neben der Kleingartenkolonie Kleinkleckersdorf von 1888 und direkt gegenüber vom Baustoffhandel, leben zurzeit zwanzig Kinder und Jugendliche im Alter zwischen 12 und 21 Jahren, deren Mütter während der Schwangerschaft getrunken haben. Sie alle leiden unter den Folgen der sogenannten Alkoholembryopathie, die viele Symptome hat: Kleinwuchs und Kleinköpfigkeit, Untergewicht und mentale und Entwicklungsverzögerungen, Hyperaktivität und Verhaltensstörungen, Muskelhypotonie, feinmotorische Koordinationsstörungen sowie zahlreiche mögliche Merkmale von der Nierenfehlbildung über Herzfehler bis hin zur Trichterbrust und Unterentwicklung der Fingerendglieder. Bei der ausgeprägtesten FASD-Form, dem fetalen Alkoholsyndrom (FAS), ist den Kindern die Alkoholvergiftung im Mutterleib buchstäblich ins Gesicht geschrieben: Sie zeigt sich in auffällig kleinen und schmalen Augen, oft nicht ausgeformten und schräg nach hinten stehenden Ohren, kurzen Nasen und schmalen Oberlippen.

Fast noch schlimmer dran sind nach Einschätzung von Gela Becker-Klinger jedoch die Kinder, denen äußerlich nichts anzusehen ist, denen der Alkohol aber Gehirn und zentrales Nervensystem geschädigt hat. Diese «unsichtbare Behinderung» führt dazu, dass die betroffenen Kinder wegen ihrer Verhaltensauffälligkeiten und kognitiven Störungen gegen Wände der Unwissenheit stoßen und der mütterliche Alkoholkonsum während der Schwangerschaft von Medizinern und Lehrern nicht als Ursache der Probleme erkannt wird. Alle Wege hin zu einer angemessenen Förderung und Therapie sind solchen Kindern somit versperrt.

«Wir haben ein großes Problem mit der Vermittlung einer sehr komplexen Behinderung», sagt Gela Becker-Klinger. Da es keine Forschungsgelder gebe, beschäftigten sich auch junge Fachärzte nicht mit dem Gebiet. «Die kümmern sich lieber um die Modediagnosen wie ADS/ADHS», sagt sie trocken, und die Wut ist ihr anzumerken. Ihr Antrag auf wenigstens eine Arztstelle wurde vom Bundesgesundheitsministerium abgelehnt. Dabei handelt es sich beim Alkoholkonsum in der Schwangerschaft um die wichtigste vermeidbare Ursache für angeborene Fehlbildungen in Deutschland. In den USA gibt es in jedem Bundesstaat mindestens ein Diagnosezentrum. In Deutschland hingegen herrschen gravierende Wissenslücken selbst unter Ärzten. Der Berliner Kinderarzt Professor Hans-

Ludwig Spohr (DRK Klinikum Westend) hat schon vor Jahren seinen Kreuzzug zur Aufklärung über die Gefahren von Alkohol während der Schwangerschaft aufgenommen und endlos ehrenamtliche Stunden investiert. Nun arbeitet er unentgeltlich als medizinischer Leiter der Beratungsstelle. Die deutsche Medizinerzunft hat bis heute wenig Notiz von seinen wissenschaftlichen Arbeiten zu den schädlichen Auswirkungen von Alkohol auf das ungeborene Kind genommen – die meisten Artikel Spohrs sind nicht in deutschen, sondern in amerikanischen Fachzeitschriften erschienen.

Der Kenntnisstand bei Gynäkologen und Kinderärzten über FASD ist hierzulande niedrig. Da die Krankenkassen noch nicht einmal die Möglichkeit vorsehen, Beratungsgespräche zu diesem Thema kostendeckend abzurechnen, fehlt für die Mediziner zudem jeglicher Anreiz, sich mit dem Thema zu befassen. «Ein Arzt, der Bescheid weiß und sich Zeit für eine ausführliche Diagnose oder ein Beratungsgespräch nimmt, verliert de facto Geld. So rennen die Eltern von Pontius zu Pilatus, um zu verstehen, was mit den Kindern los ist», sagt Gela Becker-Klinger. Häufig handelt es sich dabei nicht um die leiblichen, sondern um Pflegeeltern, die von den Jugendämtern allzu oft nicht über die entsprechende Vorbelastung der leiblichen Mutter informiert werden. Würden die Jugendämter potenziellen Pflegeeltern reinen Wein über die Alkoholschädigung des Kindes und über das Ausmaß der Behinderung einschenken, hätten sie vermutlich Schwierigkeiten, genügend Familien zu finden, die bereit sind, diese Bürde mit den Kindern zu tragen. Da aber private Pflegeverhältnisse für die öffentliche Hand deutlich kostengünstiger sind als sogenannte Pflegestellen mit professionellem Personal, werden Pflegeeltern aus finanziellen Erwägungen die wichtigsten Informationen häufig vorenthalten. Auch das Elternrecht und der Datenschutz werden oft ernster genommen als das Wohl der Kinder und das berechtigte Informationsbedürfnis der Pflegeeltern. Denn ohne das Wissen um die Ursache und die Besonderheiten der Behinderung können sie mit den Kindern nicht angemessen umgehen. Und so werden die Kinder wieder und wieder traumatisiert, weil die Menschen in ihrer nächsten Umgebung aus Unwissenheit viel zu hohe Anforderungen an sie stellen.

Sollen Kinder mit FASD eine Chance auf eine Zukunftsperspektive haben, sind sie ein Leben lang auf sorgsame Begleitung angewiesen. Gela Becker-Klinger lässt keinen Platz für Illusionen: «Die Prognose ist lausig. Achtzig Prozent der FASD-Kinder sind im Erwachsenenalter nicht selbständig lebensfähig.» Mit 18 Jahren fallen sie aus dem Schutz des Kinder- und Jugendhilfegesetzes und den entsprechenden Förderungen heraus. Die Heimunterbringung oder das Pflegeverhältnis enden mit der Volljährigkeit. Nach Erfahrung der Fachleute landen die jungen Erwachsenen in der Regel auf der Straße, in der Obdachlosigkeit, auf dem Strich oder im Knast. Dieses Schicksal vor Augen, fühlen sich private Pflegeeltern oft bis ins hohe Alter verpflichtet, ihre erwachsenen FASD-Kinder bei sich zu behalten. Viele aber haben auch schon lange vorher aufgegeben. «FASD ist keine nette Behinderung», sagt Gela Becker-Klinger. «Die Hirnschädigung ist so gravierend, dass die Kinder häufig kein sympathisches Erscheinungsbild abgeben.»

Die Alkoholsucht einer Mutter kann sich zum familiären Teufelskreis entwickeln: vorgeburtliche Schäden mehrerer Geschwister; schwere psychosoziale und gesundheitliche Entwicklungsstörungen nach der Geburt, später dann Schwierigkeiten in der Schule und im sozialen Umfeld; soziale und finanzielle Probleme, die aus dem häufigen Zusammenhang von Arbeitslosigkeit und Alkoholismus entstehen; Entzugsversuche der Mutter – wenn überhaupt unternommen –; Rückfälle in die Sucht – statistisch bei 90 Prozent –; Beziehungstraumata enttäuschter, überforderter Kinder. Eine gezielte

Prävention, die diesen Teufelskreis aufzubrechen versucht, gibt es in Deutschland nicht. Gefragt wären die Gynäkologen, die als Erste Alarm schlagen müssten, wenn eine alkoholkranke Frau schwanger ist. Der Frauenarzt und Geburtsmediziner Dr. Jan Peter Siedentopf von der Berliner Charité beklagt, dass das deutsche Gesundheitswesen beim Thema Alkohol und Schwangerschaft mit Blindheit geschlagen ist. «Wenn man bedenkt, dass alkoholbedingte angeborene Erkrankungen ähnlich häufig sind wie angeborene Chromosomenschäden, für deren Screening und Früherkennung das Versicherungswesen Unsummen ausgibt, ist der Bereich Alkohol ein bekanntes, aber völlig vernachlässigtes Thema in Deutschland.»

Ob er Davids Mutter hätte helfen können, wenn sie rechtzeitig während der Schwangerschaft zu ihm gekommen wäre? Damals war Heike Krämer, die ursprünglich aus dem Ruhrgebiet stammt, Anfang dreißig und hatte schon vier Kinder. Dass ihre Kinder alle Lernstörungen hatten und auf die Sonderschule kamen, wunderte sie nicht. Sie selbst lernte erst richtig lesen, als ihr fünftes Kind David in den Kindergarten kam. Vielleicht hatte sie damals auch schon innerlich aufgegeben – Gründe dafür gab es genug. Unberührt waren nur die erstens sechs Jahre ihres Lebens. Dann fing die Mutter an, sie regelrecht zu verkaufen. Von da an herrschten Männer über ihren Körper. Und später über den ihrer eigenen Kinder. Heike Krämer konnte sie nicht beschützen, weil sie sich selbst auch nie schützen konnte. Ihre eigene Hilflosigkeit zog die Kinderschänder an wie Fliegen. Irgendwann hat sie angefangen, ihren Ekel und ihre Wunden mit Alkohol zu betäuben. Heute – sechs Jahre nach dem letzten Tropfen Alkohol – weiß sie, dass sie hätte handeln müssen. Für David kam diese Einsicht spät.

Auch für ihn gab es mit sechs Jahren eine Zäsur, die anders als bei seiner Mutter vielleicht die Rettung war. Gela Becker-

Klinger und Elke Peters, die Pflegemutter, die ihn seither in der Wohngruppe betreut, wussten, dass sie sich ein Problemkind ins Haus holten. David konnte kaum sprechen, und was er sagte, war fast nicht zu verstehen. Das Schulamt stellte ihn zurück. Mit sieben Jahren wurde der rothaarige Lockenschopf dem Schularzt wieder vorgeführt. Da konnte er immer noch nicht richtig sprechen, aber seine Gefühle schon klarer ausdrücken. Bei der Untersuchung bat ihn der Arzt, sich umzudrehen und seinen Rücken nach vorne zu beugen, um die Wirbelsäule zu untersuchen. Doch David befolgte die Anweisung nicht. Der Arzt dachte, David verstünde ihn nicht. Als er versuchte, mit der Hand den Kopf des Jungen nach unten zu drücken, sprang der Junge auf den Schoß des Betreuers und rief: «S' ütz mich!» – Davids Vater darf sich ihm bis heute nicht nähern.

An diesem Freitag im Frühling steht der Wind ungünstig, und das Dröhnen der Passagierflugzeuge, die im Anflug auf den Tegeler Flughafen über Spandau heruntergehen, durchschneidet das Gespräch am Mittagstisch. Einen deftigen Eintopf mit grünen Bohnen hat die Wirtschafterin gekocht. Vier leibliche Geschwister und David löffeln ihre Teller leer, weil danach ein Eis am Stil winkt. Später kommt Justin dazu. Er ist neu in der Gruppe. Warum er hier lebt, will ich wissen. «Meine Mutter ist Alkoholikerin. Die war jeden Tag besoffen, sag ich jetzt mal», erzählt der Elfjährige und dass er jetzt überall Einsen schreibt und weniger Krach hat in der Schule und dass seine Mutter jetzt gleich kommt, um ihn abzuholen. Dann will er aufstehen und duschen, weil es so heiß sei, und als er aus dem Bad kommt, hat er sich die Haare nach hinten gekämmt und strahlt in einem frischen Trainingsoutfit. Es ist 14:40 Uhr, und gleich ist sie da. Gela Becker-Klinger ruft an und bittet, Justin ein Stockwerk tiefer zu ihr ins Büro zu schicken. «Die Liebe zu den Eltern ist so mächtig, dass der Wunsch bleibt, nach Hause zu wollen», sagt Elke Peters, die seit 25 Jahren beim «Sonnenhof» arbeitet, und blickt ihm nach. Justin wäre froh, wenn er wirklich Einsen schriebe. Aber immerhin scheint er es für möglich zu halten.

David kommt mit seinen Hausaufgaben an und will Hilfe. Er soll kleine Sätze lesen. «Imt», liest er mühsam. «Versuch es nochmal», sagt Elke Peters. «Imt», wiederholt er gedehnt. Er weiß, dass das falsch ist, aber es will nicht richtig rauskommen. Dritter Anlauf: «Mmm-i-tt.» Geschafft. Der nächste Satz türmt sich vor ihm auf. «Das rote Rad rollt» – David kämpft, wird wütend, lacht, haut seine Stirn auf den Tisch, versucht es wieder, gewinnt nach einigen Minuten. «Daf ich jez Fusball s-pilen», bettelt er. Justin kommt wieder hoch. Es ist 15:15 Uhr. Seine Mutter ist nicht aufgetaucht. Damit er nicht ganz mit leeren Händen dasteht, hat Gela Becker-Klinger ihm im Büro einen Merkzettel für Kinder von Alkoholikern gegeben. «Da steht drauf, dass ich nicht schuld bin und so», sagt Justin und reicht Elke Peters das Blatt, als sei es ein Zeugnis. «Komm, David, wir gehen runter, Fußball spielen.»

Sich unsichtbar machen
Die Kinder der Alkoholiker

Wenn's schlecht läuft, dann geht das Leben so schief wie bei Christopher: Als er fünf Jahre alt ist, schmeißt der Vater die Mutter raus, und zwar «zu Recht», weil die Mutter – so erinnert sich der heute 16-Jährige an die Erklärung des Vaters – «voll faul» gewesen sei. Danach ist der Junge mit seinem Vater, der gelegentlich als Tierpfleger arbeitet, in der Sozialwohnung im brandenburgischen Wittstock-Dosse allein. Doch der Vater ist seit seinem sechzehnten Lebensjahr Alkoholiker und verliert seinen Job. Mit elf Jahren kommt Christopher im 70 Kilometer entfernten Lychen ins Heim. «Am 14. März 2003.» Daran und an andere Daten, die mit Heimwechseln und Einweisungen zu tun haben, erinnert er sich ganz genau. Ansonsten hat er für Daten wenig übrig.

In die Schule geht er schon lange nicht mehr. Kurz nachdem er zwölf geworden war, kam ein Mädchen ins Heim, das drogenabhängig war. Christopher wird rasch ihr bester Kunde. «Ich hab alles genommen, bis auf Heroin», sagt er offen. Da er ein sogenannter Selbstverpfleger war, also statt regelmäßiger Mahlzeiten mit Tischgespräch täglich 17,50 Euro in die Hand bekam, um sich mit Essen zu versorgen, hatte er zumindest etwas Geld, um an Drogen zu kommen. Die Praktika, die er machen soll, um wieder an die Schule herangeführt zu werden, bricht er alle ab. «Hab ich nicht geschafft ohne Drogen, so einen ganzen Vormittag», sagt er. Nach erfolglosen Versuchen der Heimleitung, ihn vom Stoff loszubekommen, hat man ihn Anfang 2007 zwangsweise in eine Langzeit-Therapieeinrichtung verlegt. Drei Monate ist er bereits clean. Für ihn ist das ein Riesenerfolg – der größte seit Jahren.

Das Risiko, selbst im Leben suchtkrank zu werden, ist für Kinder von Alkoholikern vier- bis achtmal höher als für andere Kinder. Entscheidend für ihren Lebensweg ist vor allem die Frage, ob es im Umfeld jemanden gibt, dem sie sich anvertrauen können und der den Weg zu Hilfseinrichtungen öffnet. Doch je kaputter das Umfeld, desto geringer die Chance, dass jemand die vielen lauten und leisen Hilferufe, die ein Alkoholikerkind aussendet, hört und versteht. «Ich hab immer gehofft, die Polizei nimmt mich mit, wenn sie wegen Ruhestörung nachts vorbeikam», erzählt Manuela. Auch die 16-Jährige wurde irgendwann – wie so viele, aber längst nicht alle – Alkoholikerkinder ins Heim eingewiesen. Denn für die Jugendämter ist die Suchterkrankung der Eltern noch kein Grund, die Kinder aus den Familien zu nehmen.

Dies ist durchaus eine delikate Entscheidung, die nicht von allen Kindern als positive Wende empfunden wird. Sie sind ihren Eltern gegenüber unbedingt loyal und fühlen sich oft für sie verantwortlich. «Parentifizierung» nennen Fachleute das Phänomen, wenn Kinder sich wie Eltern ihrer Eltern verhalten. Sie empfinden eine Fremdplatzierung als Bedrohung, glauben sie doch, dass ihre suchtkranken Eltern ohne sie aufgeschmissen sind. Aber auch alternative Maßnahmen, die das Kindeswohl schützen könnten, werden von den Jugendämtern viel zu selten ergriffen.

Ob es an den Zahlen liegt? Jedes sechste Kind in Deutschland unter achtzehn Jahren lebt mit Eltern, die suchtmittelabhängig sind. Nach einer Repräsentativerhebung der Deutschen Hauptstelle für Suchtgefahren (2000) sind 1,3 Millionen Männer und 300 000 Frauen in Deutschland alkoholabhängig. Rund 2,65 Millionen Kinder in unserem Land leben nach einer Untersuchung der Katholischen Fachhochschule Köln in Familien, in denen einer der Eltern trinkt oder gar beide in krankhafter Weise an der Flasche hängen.

Kind abhängiger Eltern zu sein heißt, den Alkoholpegel der Eltern exakt einschätzen zu können und rechtzeitig bei der Tanke Nachschub zu besorgen. Es heißt auch, sich möglichst unsichtbar zu machen, den Eltern nicht mit eigenen Bedürfnissen auf die Nerven zu gehen, sich selbst zu versorgen und in der Lage zu sein, viele Aufgaben für die Eltern zu übernehmen. «Ein Kind, das seiner besoffenen Mutter die vollgepinkelte Hose auszieht oder die Kotze der Eltern wegwischt, hat nicht mehr das Gefühl, beschützt zu werden. Wer die totale Hilflosigkeit der Eltern erlebt, kann häufig selbst schwer um Hilfe bitten», weiß der Kinder- und Jugendpsychiater Dr. Michael Elpers aus der Praxis: Gerade diese unauffälligen Kinder, die das Tabu der Alkoholkrankheit mit sich herumschleppen, werden leicht übersehen. Sie ziehen sich von anderen zurück und behalten ihre Erlebnisse häufig für sich, aus Scham und weil die Eltern sie bedrängen, nur nichts außerhalb der eigenen vier Wände zu erzählen.

«Je jünger die Kinder sind, desto stärker ist die seelische Verwirrung und die Angst, an der Krankheit der Eltern schuld zu sein», meint Hennig Mielke, der die deutsche Sektion von NACOA (Interessenvertretung für Kinder aus Suchtfamilien e.V.) gründete. Manche Kinder von Alkoholikern entwickeln ein Helfersyndrom und sind die Tapferen, diejenigen, die die Krisen auch für ihre Geschwister managen. Andere Kinder fallen in die Clownrolle und versuchen, mit ihren Verletzungen und Enttäuschungen fertig zu werden, indem sie gar nichts mehr ernst nehmen. Doch ganz gleich, ob es die Tarnkappe, der Held oder der Kasper ist, überfordert und in vielerlei Hinsicht vernachlässigt sind Alkoholikerkinder alle. Kindliche Spontaneität wird durch Strategie ersetzt. «Alkoholikerkinder verstehen viel vom Überleben. Einfach nur leben und Kind sein können sie deswegen aber nicht», sagt Henning Mielke. Viele unter ihnen leiden an depressiven Störungen und Angstzuständen.

Mielke ist selbst eines dieser «vergessenen Kinder», wie Ingrid Arenz-Greiving Mitte der 1980er Jahre die Kinder von Suchtkranken genannt hat. Nur war sein Vater Arzt und nicht Arbeitsloser. Das hat den täglichen Kampf nicht leichter gemacht, wenngleich die Chancen für Mittelklassekinder, im eigenen Umfeld eine gesunde Bezugsperson zu finden, insgesamt höher sind als für Kinder, deren Umfeld verwahrlost ist. Vorausgesetzt, die Kinder haben den Mut, sich zu öffnen, oder das Glück, einem Erwachsenen zu begegnen, der ihnen hilft, ihre Isolation zumindest stundenweise zu überwinden. «Eine liebevolle Oma, eine warmherzige Kita-Erzieherin — solche intakten Inseln sind mit Gold nicht aufzuwiegen», weiß Mielke. Eine Atempause für die Seele und das Gefühl, dass Vertrauen gerechtfertigt sein kann, sind für die spätere Stabilität und Bindungsfähigkeit entscheidend. Ebenso wichtig ist die gezielte Stärkung des Selbstbewusstseins und Selbstwertgefühls von Alkoholikerkindern. Denn ein Kind, das spürt, dass es immer unwichtiger ist als die elterliche Sucht, zweifelt unweigerlich an den eigenen Qualitäten. «Diese Kinder brauchen Erfolgserlebnisse besonders dringend», meint Mielke.

Doch es ist fraglich, ob es in einem schwierigen sozialen Umfeld vielen von ihnen gelingt, im Strudel von Arbeitslosigkeit, Alkoholismus, Scheidungen und Gewalt den Kopf hochzukriegen und aus eigner Kraft solche Erfolgserlebnisse zu erarbeiten. Hier wären besonders die Kindergärten und Schulen gefragt. Deswegen setzt NACOA darauf, Pädagoginnen und Pädagogen für die Situation von Kindern suchtkranker Eltern zu sensibilisieren und das Thema in die Aus- und Fortbildung zu integrieren. Doch ohne jegliche staatliche Unterstützung oder sonstige Fördergelder sind keine großen Fortschritte zu erwarten. «Ein Hilfesystem ist erst in Ansätzen vorhanden, und das auch nur in wenigen Bundesländern. Um den Kindern wirksam zu helfen, brauchen wir ein bundesweites System», fordert Mielke.

In Deutschland gibt es etwa 40 ambulante Angebote, wie professionell angeleitete Spiel- und Gesprächsgruppen, die Suchtberatungsstellen mancherorts bereithalten. Daneben bieten die Selbsthilfeverbände Alateen, Guttempler, Kreuzbund und Blaues Kreuz ca. 65 Gruppen für Kinder an. Angesichts der 2,65 Millionen von Sucht im Elternhaus betroffenen Kinder sind die vorhandenen Angebote ein Tropfen auf den heißen Stein. Doch wenigstens ein Tropfen: In den Gruppen haben viele Kinder das erste Mal das Gefühl, mit ihren Problemen nicht allein zu sein. Doch nur wenige finden überhaupt den Weg dorthin. In Berlin, einer Stadt mit schätzungsweise 78 000 Kindern, die zumindest zeitweise in Alkoholikerfamilien groß werden, gibt es lediglich zwei Alateen-Gruppen im gutbürgerlichen Tegel und im vornehmen Westend. In den sozialen Brennpunkten wie Neukölln und Hellersdorf hingegen keine.

Auch Ricco war mit seinen inneren Nöten meistens allein und hat erhebliche Selbstzweifel. Er kompensiert seine Unsicherheit und seine Verletzungen mit einer Mischung aus Wutattacken und Aggressivität. Nicht nur seine körperliche Gewalttätigkeit hat dazu geführt, dass die letzten drei der insgesamt acht Schulen, die er bislang besuchte, ihn weitergeschickt haben. Eine Lehrerin, die zum Arbeiten mahnt und stattdessen hört: «Mach's dir doch selbst, du Fotze», entscheidet sich im Zweifelsfall gegen das Problemkind und für die Klassengemeinschaft sowie für den Schutz ihrer eigenen Nerven. Nun gilt Ricco als vorläufig nicht regulär beschulbar und lebt in einer speziellen Wohneinrichtung in Brandenburg. Der großgewachsene 14-Jährige mit dem Kindergesicht hat einen Panzer aus etlichen Kilo Übergewicht um sich herumgebaut. «Mir kann keiner», signalisiert seine Körpersprache, aber auch: «An mir kommt keiner vorbei.»

Das Gegenteil war bisher in seinem Leben der Fall: Sein Vater, der auch in der DDR schon alkoholkrank war, verliert nach der Wende die Kontrolle über den Alkohol. Als Ricco elf ist, findet er ihn beim Nachhausekommen tot auf dem Sofa. Die arbeitslose Mutter, die selbst unter depressiven Störungen leidet, flieht von einer Männerbeziehung in die nächste, die drei älteren Geschwister gehen aus dem Haus, eine kleine Schwester kommt hinzu. Die Aufmerksamkeit der Mutter gilt der Kleinen oder den Männern. Mit jeder neuen Beziehung kommt ein Umzug. In den zweieinhalb Monaten, die Ricco in der Wohngruppe lebt, ist die Mutter schon dreimal umgezogen. «Die Mutter ist sehr labil und ständig auf der Suche nach einem Beschützer. Ricco, der an seiner Mutter sehr hängt und den Tod des Vaters nicht verarbeitet hat, bekommt nicht den Halt, den er braucht», sagt die Erzieherin. Sie lässt sich nicht abschrecken von Riccos Verhalten. «Bis er 18 Jahre alt ist, wird er wohl bei uns bleiben. Das gibt uns Zeit, zusammenzuarbeiten.» Für Ricco ist das ein Glück, auch wenn er immer wieder ausrastet und dabei auch schon mal eine Scheibe einschlägt. Doch für die meisten Kinder von Alkoholikern kommt – ganz unabhängig von ihrem Platz auf der sozialen Leiter – die Hilfe zu spät, oder sie bleibt ganz aus.

Voll die Dröhnung
Drogensüchtige Jugendliche hinter Gittern

Hameln. Als Vladimir im Frühjahr 2002 über die Grenze nach Deutschland kam, es war an einem schönen Sonnentag im April, entschloss er sich, seinen russischen Vornamen abzulegen und einen deutschen zu wählen. Einen, den seine neuen deutschen Freunde besser würden aussprechen können. Er wählte Daniel. Vorbei die Zeiten, da er sich auf dem Schulhof in Sibirien und Kasachstan als Deutscher hatte beschimpfen lassen müssen. Der damals 17-Jährige war begeistert von seiner neuen Heimat in einer Kleinstadt nahe Braunschweig. «Alles hat mir gefallen», sagt der junge Mann. Feiern wollte die Familie die Ankunft in der neuen Heimat beim Onkel, der schon hier war, und deswegen zog Vladimir sofort mit seiner Cousine Katja los und ging Wodka kaufen, das vertraute Zeug, mit dem er sich seit seinem zwölften Lebensjahr täglich den Kopf wegknallte. Eine Flucht in die Sucht, um Spaß zu haben und «Stress» zu bewältigen, wie er es nennt, um Probleme zu vergessen und die tödliche Langeweile zu überwinden, so wie es alle in seinem Umfeld auch taten, erst in der zerfallenen Sowjetunion, dann im Kreis der Spätaussiedler in Niedersachsen.

146

Doch irgendwie wurde nichts aus dem Neuanfang. So wie Vladimirs extremes Suchtverhalten Daniels fordernder Schatten blieb, so wurde aus dem jungen Spätaussiedler ohne Deutschkenntnisse niemand, der wirklich dazugehört oder der gebraucht wird. «Die Russen sagten immer, ich sei ein Deutscher, und die Deutschen sagten mir, ich sei ein Russe», sagt er und lacht leise. Vladimir hätte seinen Namen ruhig behalten können, denn er lernte gar keine Deutschen kennen. Er richtete sich ein im Land jener Spätaussiedler, die in einer Zwischenwelt mit eigenen Gesetzen leben, die wenig mit dem deutschen Recht und viel mit einem eigenen Kodex zu tun hat. Nicht alle Spätaussiedler sind so, gewiss, aber die, die er kennenlernte, waren alle so gepolt. Er blieb der alkoholkranke und labile Drogensüchtige, der er vorher schon war; der sensible Typ mit den schönen hellen Augen, der die Mädchen anzog, aber nicht halten konnte; der vaterlose Streuner, der sich auf der Suche nach Anerkennung leicht überreden ließ, Mist zu bauen; ein angstfreier und deswegen begabter Dieb, ohne die richtigen Freunde, aber dafür mit russischen «Kollegen», die ihm das Handwerk von Einbrüchen und Diebstählen ebenso schnell beibrachten wie das verschlagene Austricksen von Bewährungshelfern.

Den Namen Vladimir hätten die deutschen Polizisten, Richter und Vollzugsbeamten bestimmt aussprechen können. Andere Deutsche lernte er erst gut ein Jahr nach seiner Ankunft kennen, als er ein Einzelzimmer im Jugendknast an der Tündernschen Straße 50 in Hameln bezog. Zehn Quadratmeter Leben zwischen Eisentür und Gitterstäben, ein Bett, ein Tisch, ein Stuhl, Poster und Pin-ups. «Ich hab die Strafe verdient», sagt der blasse 20-Jährige mit den eingefallenen Wangen. Dreieinhalb Jahre zum Nachdenken und vielleicht für einen Versuch, ein neuer Mensch zu werden. «Das war's jetzt», sagt Daniel heute. «Fang ich neues Leben an!» Ein Leben, ohne Autohäuser auszurauben, ohne Tresore zu knacken, auch wenn das wahrscheinlich das Einzige ist, was er richtig gut kann. So wie die meisten Insassen hier hat er keine Berufsausbildung, dafür aber im Gegensatz zu der Hälfte der derzeit knapp 800 Insassen zwischen 14 und 24 Jahren einen Schulabschluss. Sogar einen kasachischen Realschulabschluss, was hinter den hohen Mauern des weitläufigen Geländes etwas Besonderes ist, nur dass dieser leider in Deutschland nicht viel zählt.

«Ich mach alles, um clean zu werden», sagt er. Aber käme er morgen raus, würde er mit ziemlicher Wahrscheinlichkeit rückfällig nach dem Cocktail aus Heroin, Koks, Wodka und Supertex, Ecstasy und Haschisch, den er sich jahrelang eingeflößt hat. Wie so viele hat auch er drinnen zunächst weitergemacht, nur hat ihm irgendwann der Schädel vom Hämmern gegen die Zellentür wehgetan, wenn er auf Koks war und das Eingesperrtsein und die Einsamkeit nicht mehr aushalten konnte. «Die Polytoxikomanen wie er, die gleich von mehreren Drogenarten abhängig sind, haben es am schwersten, davon loszukommen. Von denen haben wir immer mehr», sagt Tobias Hebestreit, der als Sozialpädagoge gemeinsam mit 14 anderen Suchttherapeuten die Drogenabhängigen in der JA Hameln betreut. «Die steuern ihren gesamten Alltag mit Suchtstoffen, je nachdem, ob sie sich aufputschen oder herunterholen wollen.»

Daniel will weg von seinem Umfeld, weg von der Russengang, die ihr Unwesen auch im Knast treibt. Er träumt von einer Zukunft mit einem eigenen Mädchen zu Hause, am besten eine, die nicht wie seine Exfreundin säuft, sondern ihm Halt gibt. Er weiß, wie schnell dieser Traum zerbrechen kann, wenn er im Sommer 2008 die Anstalt verlässt. Und trotzdem ist er ihm einen großen Schritt näher gekommen, seit er in der Abteilung 5 K im freiwilligen Drogenentzug aufgenommen wurde. Dort wurde er vom Knacki zum «Klienten» — wieder ein Namenswechsel, diesmal in der Sprache seiner Betreuer, die ihn mit einer straffen Therapie aus Arbeitstraining,

Sport und Putzpflichten, der schrittweisen Übernahme von Verantwortung und dem Vermitteln von sinnvollen Konfliktstrategien auf ein Leben ohne Drogen im offenen Vollzug vorbereiten. «Es gibt nur wenige, die nie einen Rückfall bauen», sagt Hebestreit. «Aber unsere Klienten fallen meist nicht mehr so tief wie vorher – sie kennen eine Alternative. Unser Ziel ist es, dass sie die zwölf Monate Therapie durchhalten. Wenn sie das nicht schaffen, buchen wir das nicht als persönlichen Misserfolg ab.»

Genauso nüchtern beurteilt Wolfgang Blum, der Sprecher der Anstalt, die Lage im Hinblick auf den Drogenmissbrauch im Strafvollzug, der die Anstalten in der ganzen Bundesrepublik vor eine schwierige Aufgabe stellt. Jeder zweite Insasse ist drogensüchtig. «Wir machen kein Geheimnis daraus. Gerade deshalb ist unser Kontrollnetz sehr engmaschig. Mehr kann man kaum machen. Die finden immer wieder einen Weg.» Verbaue man den einen, werde ein neuer gefunden. Ähnlich wie in Berlins Skandalanstalt Plötzensee fliegen auch hier mit Drogen gefüllte Tennisbälle und Päckchen mit den ebenso begehrten wie streng verbotenen Handys über die Mauern oder geraten auf anderen Wegen in die Zellen.

Für den Entschluss, ein anderer Mensch zu werden, hat Daniel lange Zeit gebraucht. Er kam nicht in dem Moment, als sich das Tor der Anstalt hinter ihm schloss, die aussieht wie eine überdimensionale Gesamtschule aus den achtziger Jahren mit der typischen Mischung aus Backstein und Beton, Grünpflanzen und selbst gebasteltem Wandschmuck, wären da nicht die Gitter an den kleinen Fenstern und die Erwachsenen mit den langen silbernen Schlüsselketten am Hosenbund, ohne deren Hilfe man noch nicht mal ins Treppenhaus kommt. «Ich wollte damals auch irgendwie in den Knast. Das hat mich nicht abgeschreckt», sagt er. Er habe wissen wollen, was da abgeht hinter Gittern, die Gesetze der Gesetzlosigkeit kennenlernen, um bei seiner Russengang ganz dazuzugehören, härter und cooler zu werden. «Wenn du mein Sohn wärst, sagte der neue Partner meiner Mutter, wärst du längst drinnen.» Wie hart die Regeln hinter Gittern unter den Russen sind, hat er damals noch nicht gewusst. Dass die, die als Heroindealer reinkommen, auch gezwungen werden, Drogen in die Anstalt zu bringen, in die trotz Wassergraben, mit Stacheldraht bewehrten Mauern, Drogenhunden und scharfen Personenkontrollen immer noch genug eingeschleust wird für diejenigen, die sich weiter zudröhnen wollen. «Wer nicht kooperiert, dem geht es schlecht», sagt Daniel. «Der wird jeden Tag geknechtet.» Die Methoden sind nicht zimperlich. Den Kopf ins Klo zu drücken ist eine wirksame Maßnahme, auf dem Hof einen Kreis um einen ganz Renitenten zu schließen und ihn zu vergewaltigen ist vielleicht noch wirkungsvoller. Nachweisen, wer der Täter war, könne man dann nicht. «Ist aber eher selten», meint Daniel, «wegen der Streife laufenden Wärter.» Aber schon das Wissen darum, dass es passieren könnte, reicht als Abschreckung aus.

Angst vor den Mithäftlingen hat auch Manfred, allerdings aus anderen Gründen, und die haben nicht zuletzt mit seinem tätowierten Oberarm zu tun, auf dem ein Reichsadler prangt. Aggressive Ausländerfeinde, wie er einer war, sind bei den Insassen nicht unbedingt beliebt, von denen fast jeder zweite Migrant oder illegal nach Deutschland eingereist ist. Nun ist der Arm von einem adretten Hemd verdeckt, und auf dem früher kahlrasierten Kopf sind die dunkelblonden Haare nachgewachsen, sodass man ihm den Skinhead nicht mehr ansieht Auch Manfred hat einen Strich unter die Vergangenheit gezogen, und statt wie früher «Mein Kampf» im Internet zu lesen, studiert er jetzt eine dicke Biographie über Adolf Hitler. Vermutlich das erste Sachbuch, das der 20-jährige Sonderschüler, der nach der siebten Klasse die Schule ohne Abschluss verlassen hat, liest. Zehnmal ist seine Mutter mit dem Jungen umgezogen, immer im Kreis um dieselbe Stadt. Die vielen Schulwechsel endeten in Apathie. «Ich musste halt immer mehrfach fragen, bis ich was verstanden habe. Das ist bei mir so. Mir war das voll peinlich, die anderen dachten doch, ich sei blöd.» Manfred wurde schon in der Grundschule einer der immer zahlreicher werdenden Schulschwänzer in Deutschland, die aus Angst, zu versagen, nicht zur Schule gehen, ohne dass jemand die Schulpflicht bei ihnen durchsetzt oder – wichtiger noch – Hilfe anbietet. An die Stelle der Klassengemeinschaft traten bei ihm Computerspiele, später dann rechtsextreme Kameradschaften und Alkohol.

Mittlerweile hat der junge Erwachsene mit den weichen Gesichtszügen und dem schrägen Lächeln seinen Sonderschulabschluss hinter Gittern nachgemacht und ist kritisch geworden. «Ist ein ganz schön kranker Typ gewesen, der Hitler», sagt Manfred jetzt. Eine Art Gehirnwäsche hätten die von der NPD bei ihm betrieben. «Viele Sachen, für die ich früher gekämpft habe, waren falsch.» Sein Parteibuch hat er zurückgegeben. «Ich finde es auch gut, wenn die die NPD jetzt verbieten wollen. Die bringt nur Unglück.» Seinen Hauptschulabschluss wolle er nachholen, wenn er in zwei Jahren rauskomme, und seiner allein erziehenden Mutter zuliebe endlich ein «anständiger Typ» werden. Wäre er dem schmächtigen Afrikaner früher begegnet, der jetzt einer seiner Zellennachbarn ist, hätte der wahrscheinlich Bekanntschaft mit Manfreds Springerstiefeln gemacht. Zwölfmal stand der Junge aus Celle vor Gericht. Körperverletzung, Beamtenbeleidigung, Verwendung verfassungsfeindlicher Symbole – eine lange Liste für jemanden, der sich selbst als eher schüchternen Einzelgänger bezeichnet.

Manfred ist in gewisser Weise froh, jetzt hinter Gittern zu sein. Er sei ja eigentlich ein Sunnyboy, habe aber nun mal zwei Persönlichkeiten. «Die besoffene ist bei mir gefährlich. Irgendwann bring ich doch noch mal jemanden um. An Waffen würde ich ja rankommen», meint er in einem merkwürdig harmlosen Ton, der weder nach einem brutalen Fascho noch nach einem potenziellen Mörder, sondern eher nach einem großen erstaunten Kind klingt.

Es ist Abend geworden. Ich bin im Morgengrauen mit dem Zug von Berlin über Hannover nach Hameln gefahren und sitze jetzt auf der Rückfahrt in einem Schnellzug, diesmal in Richtung Ruhrgebiet. Draußen fliegen die abgeernteten Felder vorbei. Mein Kopf lehnt an der eiskalten Fensterscheibe des Zugfensters, und ich versuche vergeblich abzuschalten. Vor mir sitzt eine blonde, völlig gestresste Frau und hämmert mit ihren rotlackierten Fingernägeln auf die Tastatur ihres Laptops, als ginge es um ihr Leben. Schräg gegenüber hängt ein schwergewichtiger Mittzwanziger mit randloser Brille und Designershirt im Sessel und ballert mit einem virtuellen Maschinengewehr alle menschlichen Wesen ab, die auf dem Bildschirm seines Laptops auftauchen. Zwischendurch wischt er seine offenbar feuchten Hände an der Hose ab. Spätestens in Bielefeld dürfte er den Status eines Massenmörders erreicht haben. Hinter mir brüllt ein Türke ohne Unterlass in sein ständig klingendes Handy. Irgendein Onkel in Anatolien muss ein Riesenproblem haben. Das Mädchen neben mir hat auch bald eins, allerdings mit seinem Trommelfell, in das der Rapper Bushido in Maximallautstärke sein unflätiges Zeug dröhnt.

In der Jugendanstalt werden die Gefangenen jetzt in ihre Zellen eingeschlossen. Nur die Jungs von 5 K nicht. Bei denen wird nur die Station abgesperrt, damit sie lernen, sich aus eigener Kraft an Regeln zu halten. Vielleicht liegt Daniel jetzt auf seinem Bett und starrt an die Decke, über ihm ein kleines selbstgebautes Eckregal, auf das er zwei Bücher in Form eines Klappaltars dekoriert hat. Wörterbücher Deutsch–Russisch, Russisch–Deutsch.

Ich schlage den Roman von Clemens Meyer auf, den ich mir auf der Hinfahrt im Bahnhof gekauft habe. Er handelt von vier Freunden, die im Leipzig der Nachwendezeit aus der Bahn geraten und irgendwann die Kontrolle verlieren über das, was als Spaß anfing. «Es gibt keine Nacht, in der ich nicht von all dem träume, und jeden Tag tanzen die Erinnerungen in meinem Kopf, und ich quäle mich mit der Frage, warum das alles so gekommen ist. Sicher, wir hatten eine Menge Spaß damals, und doch war bei dem, was wir taten, eine Art Verlorenheit in uns, die ich schwer erklären kann», sagt der Ich-Erzähler.

«Ich weiß nicht, ob ich es schaffe. Ich hab auch Angst, dass ich keinen Spaß kriege ohne Drogen. Ich hab ja immer so gelebt», meinte Daniel am Ende unseres Gesprächs. «Werd ich doch schaffen, oder?», fragte er mich dann mit einem scheuen Lächeln. «Schaff ich», schob er hinterher, ohne auf meine Antwort zu warten. «Kein Problem.»

Rettungsanker Hamburger
Wenn 12-Jährige 120 Kilo wiegen

Beelitz, Brandenburg. Wenn die Obstgärten im brandenburgischen Beelitz längst abgeerntet sind und sich die Spargelfelder karg über die flache Landschaft erstrecken, schließt die Klinikdirektorin Dr. Heike Hoff-Emden die Tür hinter sich, setzt sich an ihren Schreibtisch und hält inne. Ein Märchen wird sie schreiben, wie jedes Jahr, und Bilanz ziehen für sich und ihre Mitarbeiter. «Die Schlosskinder wurden immer wilder und dicker», hieß es im letzten Jahresrückblick.

In der Wirklichkeit heißen die Schlosskinder zum Beispiel Michelle und Georg. Michelle ist zwölf Jahre alt und lag zwei Jahre lang nur noch im Bett, bevor sie ein Zimmer in dem baumumstandenen gelben Neubaugebäude unweit der A 9 bei Potsdam bezog. Hier, in der Rehabilitationsklinik der Beelitz-Heilstätten, hat sie ihren ersten Muskelkater gehabt. Michelle wiegt 120 Kilo und hat außer Unmengen an Fastfood und anderen Dickmachern in ihrem Kinderleben noch nicht viel anderes kennengelernt. Dass ein Tag eine Struktur haben und man aus Lust, nicht nur aus Frust essen kann, dass Isolation durchbrochen und Mahlzeiten selbst gekocht werden können und dass Bewegung, Körperpflege und konsequent verfolgte Ziele das Selbstbewusstsein mehr stärken als eine ganze Packung Toast mit Schokocreme zum Frühstück – all das musste die Zwölfjährige hier mühsam lernen.

Sie ist eins der 800 000 fettsüchtigen Adipositas-Kinder in Deutschland, die häufig ihr Leben lang abhängig von sozialen Transferleistungen bleiben, weil sich extremes Übergewicht auf Schul- und Ausbildungskarrieren und Berufschancen auch extrem negativ auswirkt. Nicht zuletzt deshalb werden die Kosten für die Behandlung in Beelitz nicht nur von Krankenkassen bezahlt, sondern auch von Rentenversicherungsträgern.

Eine Studie des Robert-Koch-Institutes bestätigte Anfang 2007, was allgemeiner Trend in westlichen Industriestaaten ist: je niedriger der Sozialstatus, desto höher die Wahrscheinlichkeit, bereits im Grundschulalter übergewichtig oder sogar fettsüchtig zu werden, Tendenz steigend. «Ein höheres Risiko für Übergewicht und Adipositas besteht bei Kindern aus sozial benachteiligten Schichten, bei Kindern mit Migrationshintergrund, bei Kindern, die nicht gestillt wurden, und bei Kindern, deren Eltern ebenfalls übergewichtig sind» – wobei sich die Gruppe der sozial benachteiligten Kinder mit der Migrantengruppe vielfach überschneidet. Insgesamt sind laut Robert-Koch-Institut 15 Prozent der Kinder und Jugendlichen von 3 bis 17 Jahren übergewichtig, und 6,3 Prozent leiden unter Adipositas. Während der Anteil übergewichtiger Kinder in der Altersgruppe der 3- bis 6-Jährigen bei 9 Prozent liegt, klettert er auf 17 Prozent bei den 14- bis 17-Jährigen. Auch bei Adipositas verdreifacht sich im Verlauf der Kindheit und Jugend der Anteil der betroffenen Kinder nahezu.

Als Michelle die Klinik nach ein paar Monaten verließ, wog das 1,64 Meter große Mädchen nur noch 100 Kilo und war bereit, wieder in die Schule zu gehen. «Wir versuchen, die Kinder ins Leben zurückzubringen», sagt die Kinderärztin. Für das Mädchen aus Halle war es das größte Erfolgserlebnis seines bisherigen Lebens. Für viele der jungen Adipositas-Patienten ist es schon eine Herausforderung, die Treppe hochzusteigen. Manche schaffen nicht einmal das ohne Schwierigkeiten, so wie Nancy, die mit 16 Jahren 160 Kilo wiegt. Zehn Kilo für jedes Lebensjahr, wie Baumringe, die das Innere schützen, aber auch verdecken – und zuweilen erdrücken.

Zu den im Märchen erwähnten «wilden» Kindern gehören Michelle und Nancy nicht. Die «wilden» Kinder, die durch die Gänge von Beelitz an ihren schwergewichtigen Mitbewohnern vorbeikaspern, leiden unter Aufmerksamkeitsdefizit- und Hyperaktivitäts-Syndrom, kurz ADHS. Auch die ADHS-Kinder müssen hier erst lernen, dass jedes Handeln Konsequenzen hat.

Die meisten der jungen Patienten, die für einige Wochen und manchmal für Monate nach Beelitz kommen, erleben in ihren Elternhäusern keine Regeln. Ungehemmtes Essen und Rauchen der Kinder, wobei häufig schon die 10- bis 12-Jährigen immer mal wieder zur Zigarette greifen, und acht bis zehn Stunden Computer- und Fernsehkonsum sind Gewohnheiten, die in Beelitz an der Kliniktür zurückgelassen werden müssen. Stattdessen stehen Sport, Bewegungstraining und Schulunterricht auf dem Programm. Patienten dürfen erst ab 16 rauchen und dann auch nur drei Zigaretten pro Tag. So steht es im Rauchervertrag, der bei Ankunft unterzeichnet werden muss.

«Manche Kinder finden anfangs, dass es bei uns wie im ‹Knast› zugeht, wegen der vielen und strikten Vorschriften», sagt Heike Hoff-Emden fröhlich. «Bei jedem Regelverstoß geht es eine Stufe hoch auf der Konsequenztreppe, und am oberen Ende stehe ich als Buhmann.» Dabei erinnert die begeisterte Joggerin mit den kurzen blonden Haaren nicht an eine Wärterin, sondern an eine Sportlehrerin. «Manchmal hüpfe ich mit den Kindern auf einem Bein die Treppe hoch, und meist bin ich dann die Erste, die ankommt», erzählt die Mittvierzigerin. «Lustig ist das nicht.» Auch programmatische Höhepunkte wie das alle paar Wochen stattfindende Candle-Light-Dinner zeigen, wie groß die Defizite in den Familien sind. Ein festlich gedeckter Tisch, gemeinsame Gespräche, sich gegenseitig das Essen reichen – viele Kinder, die nach Beelitz kommen, kennen so etwas noch nicht einmal vom Weihnachtsfest.

Was die ADHS-Kinder mit den fettleibigen Kindern der Reha-Klinik verbindet, ist ein Aufwachsen unter «ungünstigen psychosozialen Umständen». Konkret bedeutet das ein Leben mit Eltern – häufig allein erziehend –, deren Alltag von Arbeitslosigkeit, instabilen Beziehungen und Sucht geprägt ist und alle Kraft absorbiert, sodass die Kinder und Jugendlichen weitgehend sich selbst überlassen bleiben. Auch der fünfjährige Georg aus Hannover, der keine zwei Minuten still sitzen kann und zwischen Wutanfällen und Schmuseattacken hin und her geworfen wird wie eine lose Kiste auf einem schwankenden Boot, hat es nicht gut getroffen: Seine junge Mutter ist schwer depressiv, einen Vater gibt es nicht, zu den Großeltern besteht kein Kontakt. Es ist die übliche Geschichte von kaputten Beziehungen, früher Schwangerschaft, mangelnder Ausbildung, Arbeitslosigkeit, Isolation und der Abwesenheit von Hoffnung und Elan. Eine Geschichte von Überforderung der Eltern und Unterforderung der Kinder, bei der die Kinder zur Fußnote werden – und auch mit Tritten, Zappeln und

Schreien schaffen diese Kinder es nicht, in den Haupttext zu gelangen. In diesem instabilen Lebensumfeld ist besonders für die Adipositas-Kinder der immer gleiche Geschmack von Hamburgern und anderem Fastfood die einzige Erfahrung, auf die sie sich verlassen können.

Man weiß heute, dass ADHS auch genetisch bedingt ist und Adipositas vermehrt in Familien vorkommt, in denen bereits die Eltern übergewichtig sind. Dabei spielt das Lebensumfeld und die Kooperation der Bezugspersonen eine entscheidende Rolle beim Kampf gegen die gesundheitsschädlichen Pfunde der Adipositas-Kinder und den motorischen und seelischen Dauerstress, dem ADHS-Kinder ausgesetzt sind. Von der Einsicht der Eltern in ungesunde Verhaltensweisen und der Bereitschaft, den Erziehungsstil zu korrigieren, hängt der Behandlungserfolg in beiden Fällen entscheidend ab. Schwierig wird es dann, wenn sich Eltern weigern, überhaupt zu erziehen und auch ihr eigenes Suchtverhalten unter Kontrolle zu bekommen. «Viele Eltern sind uns gegenüber hoch aggressiv, weil wir auch von ihnen verlangen, sich an gewisse Regeln zu halten. Außerdem können sie es nicht ertragen, wenn ihre Kinder sich anfangs über den festen Tagesablauf beklagen. Dass Maßnahmen auch durchgezogen werden, kennen die gar nicht», sagt die Kinderärztin. Bei der «untersten Unterschicht» hole sie sich schon mal einen männlichen Kollegen mit in den Besprechungsraum. Nicht nur die Aggressivität habe in den letzten Jahren zugenommen, sondern auch eine alle Entscheidungen lähmende Lethargie und Weigerung, sich an der Lösung der gesundheitlichen Probleme ihrer Kinder zu beteiligen. «Manchmal könnte ich ausflippen. Man müsste die Eltern viel stärker in die Pflicht nehmen.» Doch viele Eltern glaubten nicht mehr, dass sich für sie noch etwas zum Positiven verändere, und hätten sich aufgegeben. Für die Kinder fühle sich einerseits niemand mehr verantwortlich, andererseits seien sie für die Eltern das Einzige, was ihnen aus ihrer Sicht noch bliebe. Dieses enge Verhältnis führt besonders bei der Behandlung von Adipositas-Kindern immer wieder zu vorzeitigen Abbrüchen, weil die Mütter ihre Kinder schon nach wenigen Tagen wieder für sich haben wollen, um sie dann allerdings häufig wieder sich selbst zu überlassen. «Das sind diese extrem symbiotischen Geschichten, die dann nicht mehr ausgehalten werden.»

Dass Mahlzeiten zum Beispiel nicht nur zur Nahrungsaufnahme dienen, sondern auch Gelegenheit zum gemeinsamen Gespräch bieten, spielt in vielen Familien überhaupt keine Rolle. Jeder isst, wann und wie viel er mag. Essstörungen werden gar nicht als solche wahrgenommen. «Es gibt eine ganze Menge Kinder, die bei uns erst lernen müssen, mit Messer und Gabel zu essen oder sich bei Tisch zu unterhalten. Zu Hause wird in der Regel schweigend vor der Glotze gegessen und meist nicht zusammen oder zu festen Zeiten.» Dieselbe Laxheit findet sich bei der Festsetzung von Grenzen und Regeln. «Dabei ist Erziehung ja auch ein Ausdruck für Wertschätzung», gibt die Kinderärztin zu bedenken. Wenn es Eltern egal ist, ob ihre Sprösslinge schon morgens um 9 Uhr eine Tüte Chips vertilgen oder den ganzen Tag an der Playstation verdaddeln, haben Kinder bald das Gefühl, dass es egal ist, was sie tun, und sie selbst den Eltern zu gleichgültig sind, um ihre Kraft in Kämpfen um das rechte Maß zu verschleißen.

Brutaler Kick
Wie gewaltverherrlichende Medien Gefühle zerstören

Hohen Neuendorf. Wenn Tipper Gore die Texte der deutschen
Band *Frauenarzt* kennen würde, griffe sie vielleicht zum Hörer
und riefe in Deutschland bei der Bundesprüfstelle für jugend-
gefährdende Medien an mit der Frage, warum es erst 2007
gelang, den Großteil der Alben der Band auf den Index zu
setzen, nachdem diese schon monate- und teilweise jahrelang
im Umlauf waren. Seit 1984 kämpft die Gattin von Al Gore,
ehemals Vizepräsident der USA, im Sinne des Jugendschutzes
gegen Songtexte, die von Obszönitäten und rüden Kraftaus-
drücken nur so strotzen. Dass Tipper Gores Kreuzzug selbst von
aufgeklärten Menschen oft als spießig verspottet wird, mag
auch daran liegen, dass ihre Kritiker sich die einschlägigen
Texte wohl noch nie genauer angehört haben. Hier deshalb
eine Kostprobe der deutschen Musikgruppe: *Es gab mal eine
Nutte und / Ihr Name der war Kim / sie war'ne geile Sau /
desweg'n fuhrn wir zu ihr hin / bei der Nutte angekommen /
stand sie schon nackt vor uns / sie bat uns zu sich rein / und
dann wurd auch schon gebumst / der Arsch, der war so geil / also
fickte ich da rein / doch alles auf einmal / da fing die Nutte an
zu schreien / damit sie nicht mehr schrie / steckte ich mein'
Schwanz in ihre Fresse / wir haben die besten Nutten / und dazu
die dicksten Bässe.*
    Sollte die Bundesprüfstelle für jugendgefährdende Medien
an einem guten Beispiel nachweisen wollen, wie wichtig ihre
Arbeit ist, könnte sie den Fall Martin nehmen. Denn seine
Geschichte zeigt eindrucksvoll, was der Gewalt gegen Frauen
verherrlichende «Gangstarap» in den Köpfen junger Männer
auszulösen vermag.
    Der 15-jährige Martin wurde dort groß, wo Berliner gern
Urlaub machen: auf der Ferieninsel Rügen im Seebad Bergen.
Allerdings nicht dort, wo die Hotels mit Ostseeblick stehen,

sondern im Stadtteil Rotensee, für den die Stadtverwaltung ein «Maßnahmenprogramm zur Wohnumfeldverbesserung und Aufwertung» vorgesehen hat.

Martin findet die Musik von *Frauenarzt* und *Kaisaschnitt* «voll geil». Auch der Rap-Sänger *Kaisa* und seine Band, die *Hassmonstas*, sind mit Frauen nicht zimperlich, die in ihren Liedern gern als «Schlampen» bezeichnet werden. Ansonsten aber ist der Berliner Underground-Rapper, bürgerlicher Name Jacques Linon, sozialkritisch eher auf der Höhe der Zeit: «*Du lässt deine Alte ficken, um deine/Rechnung zu zahlen/Deine Kinder tragen Aldi/Können nicht schreiben und nicht malen*», heißt es im Song *Sumpfgebiet*.

Martin hat einer «Schlampe» die Wange aufgeschlitzt, weil die sich für besonders schön hielt. Und das mag der Junge nicht. Allerdings mag er auch Frauen nicht, die die Natur nicht gesegnet hat, und erinnert sich voller Abscheu an eine Mitschülerin im Internat, die neben ihm im Zimmer schlief. «Voll hässlich, das Tier. Die hat geschnarcht wie 'ne Sau.» Da war es gut, dass sein Freund Atze, der auch auf die Musik von *Frauenarzt* steht, ihr mal ordentlich Bescheid gesagt hat: «*Pass mal auf, dass ich dir nicht deine Fotze abschneide, sie an die Wand nagle und sie ablecke*, hat der Atze gesagt», erzählt Martin grienend. «Voll krank der Typ.» Der Liedtext, den Atze da verbraten habe, laute eigentlich anders, erklärt er mir dann: «Also, man schneidet – ich sag jetzt mal die ‹Vagina› – raus, und dann muss nämlich die Frau sie selber auslecken, nicht der Typ.» Wer Frauen so besingt, der lässt sich im wirklichen Leben von Erzieherinnen nur ungern etwas sagen.

Nun ist Martin seinem musikalischen Idol, zwar unfreiwillig, aber zumindest räumlich schon ganz nah. Seit einigen Wochen lebt er in der Nähe von Berlin in einer Wohngruppe für «junge Menschen mit Übergewicht bzw. stoffungebundenem Suchtverhalten», die die Kontrolle über die Nutzung

elektronischer Medien meist schon vor langer Zeit völlig verloren haben. Keine Generation zuvor war einem so starken
medialen Einfluss ausgesetzt wie diese, heißt es mahnend im
Kinder- und Jugendgesundheitssurvey (KiGGS) des Robert-
Koch-Instituts. «Jugendliche aus Familien mit niedrigem
Sozialstatus oder geringer Schulbildung beschäftigen sich
weitaus häufiger und länger mit elektronischen Medien, insbesondere mit Fernsehen/Video, Spielkonsole und Handy.»
Die Untersuchung ergab, dass besonders die Jungen aus solchen Familien die meiste Zeit vorm Bildschirm verbringen.
Alarmierend waren auch die Ergebnisse für Kinder mit Migrationshintergrund, von denen ein beträchtlicher Teil stundenlang daddeln darf. Man könnte hinzufügen: Wenn die
Umwelt eines Kindes oder Heranwachsenden keine positiven
Impulse und Grenzen setzt, wenn es in der Wirklichkeit keine
erstrebenswerte Gegenwelt mehr gibt, dann steigt die Gefahr,
sich im virtuellen Raum zu verirren und keine Unterschiede
mehr zwischen diesem und dem wirklichen Leben erkennen
zu können.

Bislang kommen alle Jugendlichen dieser Einrichtung aus
ostdeutschen Familien, die mit der deutschen Einheit den festen Boden unter den Füßen verloren haben. Auf Rügen wollte
Martin keiner mehr haben: nicht die Pflegefamilie, die wegen
seiner Aggressivität Angst um ihren leiblichen kleinen Sohn
bekam; nicht die Förderschule, die Martin und seine Kumpel
mit Messern überfallen wollten, um wie im Videospiel ein
Gemetzel anzurichten. Als das aufflog, war das Maß voll. Martin flog von der Schule und aus der Familie und kam für ein
paar Wochen in die Jugendpsychiatrie.

Martin hat in seinem Leben außer Rausschmissen nicht viel
hingekriegt, kann dafür aber gleichzeitig reden und unablässig ein Streichholz im Mund herumdrehen. Mit neun Jahren
kam er ins Internat. Genau weiß er das nicht mehr. «Interessiert mich auch gar nicht», blafft er und kneift seine Augen

wie eine Katze zusammen, die jederzeit auf ihre Beute losspringen könnte. Vielleicht ist es auch besser, sich nicht zu erinnern. An Szenen, wie der Vater die Schwester vor den Augen der anderen beiden Kleinkinder der Familie vergewaltigte. An all die Momente, in denen die Mutter die Kinder nicht beschützte und in denen die Kinder sie nicht vor dem gewalttätigen Vater beschützen konnten. An die Depressionen der Mutter, als die Ehe auseinandergegangen war. An die vielen Stunden, in denen Martin als Junge allein vor dem Computer saß und stundenlang True Crime spielte und dabei langsam zu Nick Kang wurde, dem knallharten Undercover-Cop aus L. A., für den Hilflosigkeit ein Fremdwort ist: «Verfolgen. Verhören. Verprügeln. Und das alles ganz nebenbei. Als Nick Kang haben dir dein brutaler Ruf und deine tödlichen Fähigkeiten einen schwierigen Job eingebracht: Du führst eine Undercover-Einsatztruppe im Kampf gegen die chinesischen und russischen Gangs an, die die Stadt der Engel zu ihrem Spielplatz der Hölle machen», heißt es in der Produktwerbung bei Amazon. Vielleicht glaubte die Mutter, dem Jungen einen Gefallen zu tun, wenn er sich auch mal stark fühlen dürfe. Wenn sie ihm Videospiele besorge, die erst ab 16 Jahren freigegeben sind. Ihm damit etwas biete, was viele andere Mütter ihren Söhnen aus guten Gründen nicht erlauben. Weil sie ihm sonst – außer Problemen – nichts bieten konnte, schon gar nicht materiell. Als der Junge immer aggressiver wurde, den ganzen Tag durchspielte und nicht mehr zur Schule gehen wollte, gab sie ihn weg.

Mit Videospielen ist nicht mehr viel, seit Martin in betreuten Einrichtungen unter Beobachtung steht. Aber dafür entschädigt ihn sein reales Umfeld, in dem es auch jede Menge Gangs und knallharter Jungs gibt. So wie seinen Kumpel «Terror-Steve», der «voll gefährlich» ist, wie Martin stolz erzählt. Das Leben in Rotensee ist seiner Meinung nach ohnehin viel prickelnder als in dem einstigen DDR-Wohnheim, das die Wohngruppe mit dem fröhlichen Namen «Konfetti» im brandenburgischen Hohen Neuendorf im Dezember 2006 bezogen hat. In dieser Jugendhilfe-Einrichtung des Evangelischen Johannesstifts Berlin werden derzeit fünf Jungen zwischen 14 und 17 Jahren im Schichtdienst betreut, die mit umfangreichen Therapie- und Freizeitangeboten, aber auch mit Arbeitstraining und Beschulung lernen sollen, ihr Suchtverhalten zu überwinden und ein gesundes Selbstbewusstsein zu entwickeln.

Martin hat «keinen Bock auf den ganzen Scheiß», sagt er. Er will wieder zurück, dorthin, wo sein Vater wohnt, mit dem er das erste Mal seit Jahren den Sommer verbringen durfte, weil es der Mutter gesundheitlich so schlecht ging. Seither weiß er, dass er keine Angst vor den Folgen kriminellen Handelns haben muss. «Ich hab eine geheime Karte», raunt er. Und: «Ich hab immer eine Lösung.» Ihm wird nichts passieren, da ist er sich sicher. «Wenn die das wüssten, mit wem mein Vater zu tun hat…», deutet er an und murmelt etwas von Drogengangs und Russengangs und Türkengangs und dass die Leute seines Vaters noch viel härter, noch viel besser seien, und dann lächelt er mit Grübchen und roten Wangen, kippelt im Stuhl zurück und spielt mächtig mit seinem Gemächte. Nach dreißig Minuten steht er plötzlich auf. «Ich weiß nicht mehr, was ich erzählen soll», sagt er. Und: «Atze ist wieder in Berlin. Ich brauch unbedingt seine Nummer. Dann geht's wieder von vorn los. Geil.»

Martins größtes Problem ist sein Mangel an Empathie. «Er hat fast kein Mitgefühl», erläutert Annette Pfennig, die als Erzieherin bei «Konfetti» arbeitet. Weil Martin kaum Einfühlungsvermögen habe, könne er auch Gewalt nicht einschätzen. So wie an dem Silvesterfest, als Atze einer Katze einen Knaller «in den Arsch» gesteckt hat. «Die Katze hat noch Miauuu gemacht, das war voll lustig, dann ist sie explodiert.» Doch, das Tier habe ihm dann leidgetan, wie es so blutend dalag. Katzen seien ja eigentlich seine Lieblingstiere. «Aber ich mach doch nicht das Maul auf, wenn da lauter Russen und Türken um mich herumstehen.» Der Vogel, dem der Mark den Kopf mit den Füßen zerquetscht habe, der habe ihm aber gar nicht leidgetan. «Icke dann so: Den musste jetzt aufessen! Ist echt geil gewesen.» So lustig, dass er jetzt noch ausgelassen lachen muss.

Wenig später klopft es an der Tür zum Büro der Betreuerinnen. Martin steht davor, will rein, angeblich, weil er eine Zigarette will. Er schiebt Annette Pfennig, die er um einen Kopf überragt, resolut zur Seite und setzt sich auf den Stuhl neben sie, nimmt ihren Fuß, spielt damit rum, als sei er eine Katze, rückt immer näher, buhlt, tätschelt, lächelt und flirtet. Der Junge, der gerade 15 Jahre geworden ist, der, seit er neun Jahre alt ist, von Heim zu Heim wandert, der nur Jungs bewundert, die hinreichend brutal sind, und der Frauen angeblich so hasst und für Schlampen hält, sucht Liebe. Irgendwann wird er sie sich wahrscheinlich mit Gewalt holen.

Die Sanduhr läuft. Die Zeit bis zur Volljährigkeit, nach der man Martin mit erzieherischen Maßnahmen nicht mehr erreichen kann, ist bald vorbei. Annette Pfennig und die Projektleiterin Cordula Schiller werden mit ihren Kolleginnen – Männer finden sich für diese schwierige Arbeit kaum – mit aller Kraft versuchen, Martin und seinen Mitbewohnern zu zeigen, dass es eine Welt jenseits von maßloser Wut, Brutalität und Enttäuschung gibt, in der feste Strukturen Halt vermitteln und menschliche Bindungen nicht austauschbar sind. Eine Welt, in der ihnen jemand sagt, dass sie etwas wert sind. «Diese Jungs haben ihre Kindheit im Zeitraffer erlebt», sagt Cordula Schiller nachdenklich. «Dabei ist die Kindheit eh so kurz.»

Auszeit am Alex
Die Straßenkinder von Berlin

Berlin, Alexanderplatz. Es gibt Plätze in der Hauptstadt, an denen Hollywoodstars Caffè Latte trinken, Kinogänger zwischen zwanzig Filmen wählen können und abends um 21 Uhr noch die Einkaufsmeilen voller Menschen sind. So sieht in Berlin der Potsdamer Platz aus, der nachts, überwölbt vom spektakulären Dach des Sony Centers, in den Farben des Regenbogens erstrahlt. Es gibt andere Plätze in der Hauptstadt, da drängeln sich selbst bei Regen die Touristenscharen aus Japan, dem Schwarzwald oder Abu Dhabi, weil jeder, der nach Berlin kommt, ein Foto von sich vor dem Brandenburger Tor knipsen und nach Hause mitbringen möchte. So einer ist der Pariser Platz, an dem auch die französische Botschaft und die Akademie der Künste ihre architektonische Pracht entfalten.

Und es gibt Plätze in Berlin, die sind genauso berühmt, aber sie fühlen sich ganz anders an. So ein Platz ist der Alexanderplatz, der Alex, der Platz, mit dem die Menschen auf Du sind, weil der Franz Biberkopf hier versuchte, sein Leben auf die Reihe zu bekommen, und es nicht klappte, mit dem kleinen Stück vom Glück und weil davor jeder Angst hat. Wenn Biberkopfs Erfinder Alfred Döblin heute lebte, würde er vielleicht über die Straßenkinder vom Alex schreiben, deren Leben auch aus der Bahn geraten ist und die dennoch träumen vom Glück, eines Tages.

Kim hat Glück gehabt, sagt sie selbst. Weil sie immer noch lebt. Mit sechzehn Jahren. «16-dreiviertel», korrigiert sie sich, da will sie genau sein. Wer wie sie vier Selbstmordversuche hinter sich hat, mit neun Jahren von zu Hause abgehauen ist und seitdem von der Hand in den Mund lebt und sich jahrelang eine Spritze in die Vene gejagt hat, um den Arm, der die Hand trägt, zu betäuben und alle Gefühle, die mit Straße und

Hunger, mit Sehnsucht und Obdachlosigkeit zusammenhängen, wer das überstanden hat und immer noch lebt, für den zählt jeder Monat, wenn er sein Alter angibt.

Sie hätte nicht auf der Straße leben müssen, hätte bleiben können in der äußeren Sicherheit eines Einfamilienhauses, unter einem Dach mit Eltern, die sie nicht mitnahmen zu Verwandtenbesuchen und liebevoll nur zu ihrer Schwester waren; mit einem Vater, der zuschlug, wenn er besoffen war, und ihr den Kiefer brach, als er nicht besoffen war. Heute hält sie es manchmal für einen Fehler, gegangen zu sein. Sie hätte sich viel Elend erspart, vielleicht sogar das Abitur geschafft, gut genug waren ihre Noten.

Aber da gab es den Bahnhof in der brandenburgischen Kleinstadt und ältere Freunde, die auch in den Zug stiegen und ihr Zuhause hinter sich ließen, eine Möglichkeit immerhin, etwas zu finden, was einem fehlt und wofür man vielleicht noch keine Worte hat, wenn man gerade neun geworden ist und das Gefühl, nicht geliebt zu werden, zu stark ist, um dagegen anzustehen. In diesem Alter sind ein paar Mark in einem Sparschwein ein Vermögen. «Also bin ich in den Zug gestiegen und nach Berlin gefahren», erinnert sich Kim. Dass es dort kein eigenes Bett und kein Essen gab, dass sie im Park und in U-Bahn-Schächten schlafen würde, ahnte sie wohl nicht. Genauso wenig, dass es dort andere Kinder geben würde, die auch auf der Straße leben und die ihr zuhören würden und Verständnis für ihr Gefühlschaos hätten. «Da hab ich mich das erste Mal im Leben geborgen gefühlt», sagt sie mit einer Stimme, die manchmal ganz tief und rau und manchmal ganz mädchenhaft ist, je nachdem, welche Kim spricht, die mit der harten Schale oder die mit dem weichen Kern.

An die 7000 Kinder und Jugendliche leben heute nach Schätzungen des Vereins «Straßenkinder» in Deutschland auf der Straße. Nicht alle kommen aus armen Verhältnissen, aber sie sind es spätestens dann, wenn sie sich für ein Leben ohne

Dach über dem Kopf entschieden haben. Leben auf der Straße heißt für Minderjährige abseits vom deutschen Wohlfahrtsstaat, jeden Tag aufs Neue das Geld für Essen zusammenzuschnorren, auf Abluftschächten der U-Bahn zu schlafen, auf den Strich zu gehen, wenn harte Drogen ins Spiel kommen, was längst nicht bei allen der Fall ist. Viele von ihnen sehen in ihrer Punkaufmachung mit verdreckten Klamotten, Piercings und buntgefärbten Haaren nicht gerade so aus, dass man ihnen voller Mitgefühl über den Kopf streichen möchte. Kim indessen wirkt mit ihren halblangen, etwas zotteligen Haaren und ihren grünen ungeschminkten Augen wie eine ganz normale Jugendliche, die keinen Bock auf Mode hat. Wenn Passanten ihr beim Schnorren mit dummen Sprüchen kommen wie «Geh doch mal arbeiten» oder «Geh doch auf den Strich», hört sie einfach weg.

Im Berliner Verein «Straßenkinder» wird den Kindern und Jugendlichen ohne Vorbehalte begegnet. Eckhard Baumann, der warmherzige Geschäftsführer des Vereins, fragt Neuankömmlinge nicht aus. «Viele sind sehr verschlossen und öffnen sich nur sehr langsam», weiß er aus langjähriger Erfahrung. Geändert hat sich vor allem das Aussehen seiner Schützlinge. «Waren früher die meisten in der Szene Punks, so sind heute viele dabei, die ganz normal ausschauen.» Er und seine Mitarbeiter stellen einen Zusammenhang fest zwischen der wachsenden Armut in der Gesellschaft und der Zahl der Kinder, die zu Hause nicht mehr betreut werden. «Wenn die Eltern alles versaufen, ist halt kein Geld mehr für die Kinder da. Das kommt häufig vor. Es gibt immer mehr Kinder und Jugendliche bei uns, denen haben ihre Eltern noch nie eine warme Mahlzeit gekocht.» Oft werde das Leben auf der Straße auch weitervererbt, hätten bereits die Eltern ohne festen Wohnsitz gelebt.

Auf der Straße zu leben bedeutet für die Kinder Stress, aber man gewöhnt sich daran, stumpft ab, geht zurück nach Hause und haut wieder ab, so oft, bis es nicht mehr wehtut, dass niemand auf einen wartet oder sich nach der Rückkehr nichts verändert. Als Kim mit neun Jahren das erste Mal abhaute, war sie nach drei Wochen so erschöpft, dass auch sie nach Hause zurückfuhr. Allein, jenseits der Statistik. Gesucht wurde sie ja nicht, weder von den Eltern noch von der Polizei. Geblieben ist die Erinnerung an die Hoffnung, die sie spürte, als sie verdreckt und hungrig auf ihr Elternhaus zuging. Vielleicht würden sich die Eltern ja doch freuen, sie wiederzusehen, oder sie sogar in den Arm nehmen. «Drecksgöre», sagte die Mutter zur Begrüßung. Wenig später haute Kim wieder ab, fing an zu kiffen, Tabletten zu schlucken. Mit elf Jahren setzte sie sich den ersten Schuss. Mit zwölfeinhalb Jahren machte sie die erste Therapie, freiwillig. Sechs Monate später wurde sie wieder rückfällig, als ihr bester Freund, der auch fixte, an Blutkrebs starb. Mit vierzehn Jahren schoss ein Freund von ihr Fotos, als sie im Rausch war. «Als ich die gesehen habe, war ich so schockiert, dass ich mit dem Heroin aufgehört habe», erzählt Kim. Sie hat es ohne fremde Hilfe geschafft. Kalten Entzug nennt man das. Dafür braucht man einen eisernen Willen, und den hat Kim, wenn sie nicht gerade wieder auf Talfahrt ist, emotional, und Depressionen sie unter Wasser drücken.

Im Moment geht es ihr eigentlich ganz gut. Sie ist weg von der Straße, die Behörden haben die Eltern gezwungen, ihr einen Ausbildungsplatz zur Sozialhelferin zu finanzieren und die Monatskarte der Berliner Verkehrsbetriebe zu bezahlen. Außerdem kann sie jeden Monat einen kleinen Betrag von einem Konto nehmen, um die Miete von 170 Euro für ihre Einzimmerwohnung in Marzahn zu bezahlen. Ungefähr vier Monate wird das Geld noch reichen. Geld zum Leben bekommt sie auch von ihren Eltern, 30 Euro pro Monat. Den Rest schnorrt sie sich am Alex zusammen. «Ich bin zufrieden mit dem, was ich habe», erklärt sie bestimmt, und es klingt aufrichtig. «Freundschaften sind mir wichtiger. Ich hab meine Familie hier gefunden.»

Es gab härtere Zeiten im Leben von Kim. Einer 13-Jährigen, die neuerdings auch am Alex abhängt und von zu Hause weg-will, weil sie dort so viele Pflichten übernehmen muss, habe sie gesagt: «Sei doch froh, dass du 'ne Aufgabe bekommst und feste Zeiten hast.» Immer noch besser, als wie Luft behandelt zu werden. Was ihr die Zukunft bringt, fragt Kim sich nicht. Ihre Pläne müssen überschaubar sein, sonst bekommt sie es mit der Angst. «Schaff ich dann eh nicht», sagt sie, und auch das klingt wahr. Menschen, deren größter Erfolg es ist, clean geworden und noch rechtzeitig von der Schiene gesprungen zu sein, um sich dann doch nicht von der S-Bahn überrollen zu lassen, die sind sicherlich stark, auf eine ganz eigene Weise. Aber mit Selbstvertrauen hat das noch nichts zu tun.

Im Moment träumt Kim davon, vielleicht die Ausbildung zu wechseln und eine Lehre als Leichenbestatterin zu machen. «Das fände ich toll», lacht sie. «Ich hab's irgendwie mit den Toten.» Immerhin bekäme sie da 500 Euro im Monat und wäre damit unabhängig von ihren Eltern. Warum diese immer so distanziert waren, weiß sie seit einigen Monaten. Da bat sie den Vater, ihre Geburtsurkunde zu schicken, damit sie sich in Berlin anmelden könne. Er schickte sie ihr, ohne Kommentar. Seither weiß sie, dass sie im Alter von sechs Monaten adoptiert wurde und nur ihre Schwester ein leibliches Kind ist. «Wir haben dir dazu nichts zu sagen», beschieden sie die Eltern, als sie wegen der Urkunde anrief.

Draußen geht ein Winterregen nieder. Bis Kim zu Hause ist, wird ihre Sweatshirtjacke völlig durchnässt sein. Eine an-dere hat sie nicht und will sie auch nicht haben, obwohl die Mutter ihr vermutlich eine kaufen würde. Vielleicht hat sie sich auch schon zu sehr daran gewöhnt, von innen zu frieren. Vielleicht ist ihr größtes Gut ihr Stolz. Als ich sie frage, was ihr heftigster Wunsch wäre, überlegt sie hin und her. Sie habe keinen, sagt sie und schaut mich an und weiß, dass das nicht stimmt. «Okay», sagt sie, «einmal von meiner Mutter in den Arm genommen zu werden, einfach so. Aber das geht eh nicht in Erfüllung.»

Aufbruch und Endstation

Wann bist du glücklich?
Wenn ich weiß, dass meine Freunde immer für mich da sind und wenn ich geliebt werde.

Was macht dich traurig?
Meine Familie.

Wenn du drei Wünsche frei hättest ...
Dass meine Mutter mehr Interesse an mir hat, dass meine Eltern nicht geschieden sind und dass mein Bruder immer bei mir bleibt.

Marlene, 14, als Tochter deutscher Eltern in Hamburg geboren, hat zwei Geschwister. Die Eltern arbeiten und leben getrennt.

Laut UNICEF-Bericht zur Situation von Kindern in Industriestaaten gehört Deutschland im Bereich der Bildung zu den Sitzenbleibern. Nirgendwo in der westlichen Welt wird so wenig Geld in frühkindliche Bildung investiert. Während unsere Nachbarn in der OECD die Ausgaben pro Schüler in den letzten zehn Jahren um 38 Prozent angehoben haben, stiegen sie bei uns nur um 5 Prozent. Dabei ist keine Investition so erfolgreich und wirkt so langfristig, mahnt das Kinderhilfswerk der Vereinten Nationen. Die Verlierer im Bildungswettkampf sind bei uns die Kinder, deren Eltern weder Akademiker noch erwerbstätig sind. Ein Land mit unbegrenzten Möglichkeiten sind wir für die, die an der Startlinie stehen, nicht. Wer zu Hause keine frühkindliche Förderung erfährt und keinen Kindergarten besucht hat, der verliert meist schon wenige Meter nach dem Startschuss den Anschluss. Die Weichen werden bereits in der Grundschule gestellt. Für Arbeiterkinder fährt der

171

Zug nirgendwo so selten in Richtung Hochschulreife wie in Deutschland. Ob sich das nach der von der Bundesregierung Anfang 2008 beschlossenen breitflächigen Qualifizierungsinitiative ändern wird, muss sich erst noch erweisen. Drei Modellprojekte über die Arbeit mit Kindern, die schlechte Startbedingungen haben, wollen wir in diesem Kapitel vorstellen.

Ob Janine «Astronaut oder Bundeskanzlerin» wird, bleibt abzuwarten. In der privaten Arche-Grundschule in Berlin-Hellersdorf wird dies immerhin für möglich gehalten. Hier setzen die Pädagogen auf eine Stärkung des Selbstvertrauens der Kinder. Und das ist auch nötig – internationale Studien haben nachgewiesen, dass Mittelschichtkinder im Verhältnis zu Kindern aus armen Verhältnissen ein Vielfaches an Ermutigung und Lob erfahren. Resultat: Sie entwickeln sich bei gleicher Ausgangslage der Intelligenz wesentlich besser. Janines Mutter Ramona will, dass es ihr jüngstes Kind mal besser hat als sie und ihre anderen Kinder, von denen keines auf die Beine gekommen ist. Die 30 Euro Schulgeld monatlich sind für die allein erziehende Hartz-IV-Empfängerin viel Geld – aber die richtige Investition.

Besonders schlecht sehen in Deutschland die Chancen der Migrantenkinder aus. In der Herbartschule, die am Rand einer ehemaligen Bergarbeitersiedlung in Essen-Katernberg liegt, ist noch nicht mal jeder zehnte Schüler deutscher Herkunft. Seit die Förderbänder stillstehen, verlassen die Einwohner das sinkende Schiff. Geblieben sind die Alten und die Arbeitslosen, die Ausländer und Aussiedler, die Alleinerziehenden und ALG-II-Empfänger. Im Jahr 1999 drohte die Schulschließung für die Herbartschule wegen zu geringer Anmeldezahlen, heute hingegen lassen ihre steigenden Schülerzahlen andere Grundschulen im Essener Norden fast neidisch werden. Das liegt nicht zuletzt an einer bundesweit einmaligen Kooperation mit der Essener Philharmonie. In der Geschichte «Geige statt Gameboy» wird ein Projekt gezeigt, das Schule machen sollte:

Hier wird das kreative Potenzial geweckt, das in allen Kindern steckt, egal ob die Eltern bildungsnah oder -fern sind. Für Intendant und Arbeiterkind Michael Kaufmann ist das auch eine Investition in die Zukunft der Stadt.

Dass Migrantenkinder eine faire Chance bekommen, dafür sorgt auch die Jens-Nydahl-Schule in Berlin-Kreuzberg. «Stärker als Muhammad Ali» heißt der Geist, der durch die bunten Schulflure weht. Hier, am Kottbusser Tor, ist jeder zweite Anwohner Ausländer und die Polizei im Dauereinsatz gegen Straßengewalt und Drogendealer. Deutsch wird zu Hause häufig gar nicht gesprochen, die meisten Eltern sind arbeitslos. Zweizimmerwohnungen für eine Familie mit drei bis sechs Kindern sind keine Seltenheit. Es sind die Kinder, die nach offizieller Einschätzung des UN-Sonderberichterstatters Vernor Muñoz in Deutschland die allerschlechtesten Bildungschancen haben. Trotzdem erreichen die Schüler unter schlechten Voraussetzungen gute Ergebnisse. Die Berliner Wall AG finanziert das Programm «rechenfix & wortgewandt». «Wir dürfen die begabten Schüler nicht vergessen», sagt Schulleiterin Manuela Seidel. «Förderung muss in beide Richtungen geschehen, für leistungsschwache Kinder, aber eben auch für leistungsstarke.»

Seit dem Offenbarungseid, den die Berliner Rütlischule leistete, als sie öffentlich bekannte, die Probleme ihrer Schüler nicht mehr in den Griff zu bekommen, ist in Deutschland viel über Sinn und Zweck der Hauptschulen diskutiert worden. In Baden-Württemberg flehen die Direktoren von Hauptschulen gar darum, dass ihre Schulen aufgelöst werden. Statt Restschulen für zwanzig Prozent unserer Schüler zu unterhalten, die später kaum eine Chance auf dem Ausbildungsmarkt haben, plädieren sie für eine Umwandlung in Gemeinschaftsschulen. Nicht nur die PISA-Studie hat nachgewiesen, dass hier für alle Schüler die besten Ergebnisse erzielt werden. Bildungssieger Finnland macht es vor. Was aber ist mit jenen Kindern, die es noch nicht einmal auf die Hauptschule schaffen? Bekommen sie die Chancen, die sie brauchen, um später ein aktiver Teil der Gesellschaft und des Erwerbslebens zu werden? Was sie zu «Treibgut» macht, zeigt die Innenansicht einer Förderschule in Köln-Nippes, der es mit ihrer Arbeit gelingt, einen erheblichen Teil wieder in die Regelschule zurückzuschulen.

Dass Deutschland kein Land ist, in dem die Menschen von Optimismus beseelt sind, ist keine Neuigkeit, versetzt aber immerhin das Ausland ins Staunen. Auf sie wirkt die *German Angst* nahezu neurotisch. Hat unsere Jugend tatsächlich Heimweh nach der Zukunft, wie Sartre glaubte? Wie sehen Jugendliche ihre Chancen in einer Gegend, in der die meisten Menschen arbeitslos sind? «Hier träumt keiner» berichtet von der pessimistischen Stimmung in der Plattenbausiedlung Halle-Silberhöhe, die sich wie Mehltau über die Jugendlichen gelegt hat. «Die Leute hier fühlen sich auf einem Abstellgleis», sagt Brunhilde Ott, die Geschäftsführerin des Deutschen Kinderschutzbundes (DKSB) in Halle, dessen Kinderhaus in der Wohnanlage der einzige weithin sichtbare Lichtblick ist.

Leinen los und volle Kraft voraus! – Eine Aufbruchstimmung sucht man bei einer Reise durch Deutschlands Problembezirke vergeblich. Früh müssen sich die ärmeren Kinder in einem reichen Land damit abfinden, nicht Teil der Mehrheitsgesellschaft zu sein. Wenn die Schulkameraden die Koffer für die Klassenfahrt packen oder beim Wandertag den Rucksack voller Brote haben, wenn die Eltern die fünf Euro für das Weihnachtsmärchen nicht berappen können und eine gemeinsame Fahrt zum Erlebnisbauernhof an der eigenen Wohnungstür endet, dann spüren Kinder besonders schmerzlich, dass sie nicht dazugehören. Was soll zum Beispiel eine Familie tun, die ein Einkommen knapp über der Armutsgrenze hat und deren drei Kinder gleichzeitig auf Klassenreise gehen? Sie wird wahrscheinlich nur ein Kind schicken und die anderen beiden krank melden. Es sei denn, es gibt eine Initiative in der

Stadt, die private Spenden für soziale Teilhabe bündelt. So wie in Kiel. Dort heißt es: «Torben segelt mit!»

Astronaut oder Bundeskanzlerin
Janines erster Schultag

Berlin-Hellersdorf. So sieht ein erster Schultag aus! Die Sonne scheint prächtig am Himmel, und ein leichter Wind streicht durchs Sommergrün. Noch rauschen die Blätter in den Bäumen, die das Schulgebäude umgeben. «Willkommen an Bord» steht auf einer Plakatwand, die die Fassade der neugegründeten Arche-Grundschule in bunten Farben erstrahlen lässt. Es ist die dritte evangelikale Bekenntnisschule, die der Träger Freie Evangelische Schule Berlin (FESB) in einem Umfeld eröffnet, in dem die Menschen eher einen Bogen um christliche Kirchen machen. Die Fassade ist ein Lichtblick am Ende einer Seitenstraße, die an einer breiten Bahntrasse endet. Ein wenig verloren wirkt das bunte Schulhaus in dem Grau der Siedlung. Ein Farbklecks, der beim Blick aus den vorbeidonnernden Zügen plötzlich auftaucht wie ein Irrläufer. Fast wirken die Farben ein bisschen trotzig inmitten der eintönigen Wohnblöcke und der leerstehenden Gebäude, durch die der Wind fegt. Auf dem Parkplatz vor «Norma», wo der Bus hält, sitzen am Vormittag um Viertel vor elf bereits ein Dutzend lärmende Männer mit Bierflaschen in der Hand. Janine hat lange auf diesen Tag gewartet. Jetzt ist es endlich so weit. Gemeinsam mit acht anderen Kindern beginnt an diesem strahlenden Augustsamstag im Jahr 2006 für die Sechsjährige die Schulzeit.

Bislang hat sie ihre Tage beim Vater zugebracht. Ein Vater aus dem Westteil der Stadt, der immer zu Hause ist. Der, seit sie auf der Welt ist, noch nie auf Arbeit war und nach der Wende in den Osten zog, um Leasingverträge für Waschmaschinen zu verkaufen. Eine der Kundinnen war Ramona, eine hübsche Brünette, die zu DDR-Zeiten bei der Reichsbahn geputzt hat. Sie heirateten und bekamen drei Kinder. Zwei Kinder brachte Ramona mit in die Ehe. Janine ist das Nesthäkchen. Als ihre Eltern sich trennen, ist das blonde Mädchen mit den strahlend blauen Augen vier Jahre alt. In den Kindergarten kann sie nicht gehen. «Die Kosten dafür waren mir zu heftig», sagt ihre Mutter. Sie bringt die Familie allein durch. Fünf Kinder zwischen 22 und 6 Jahren zehren von ihrem schmalen Einkommen aus Hartz IV und Kindergeld. Da wird Bildung im Vorschulalter zu einem unerschwinglichen Luxus. Doch gerade in den ersten Lebensjahren werden die Grundlagen für spätere Lernerfolge gelegt, sagen Hirnforscher und Bildungsexperten. Eine Studie des Instituts der Deutschen Wirtschaft wies nach, dass Grundschüler, die im Alter von drei bis sechs Jahren den Kindergarten besucht haben, deutlich bessere Ergebnisse in Mathematik, Lesen und Naturwissenschaften erzielen. Aber Janines Mutter hat andere Sorgen, als sich über die langfristige Entwicklung ihrer Kinder Gedanken zu machen. Statt Bildungsplanung steht Krisenmanagement im Vordergrund. Seit kurzem verdient sie noch 400 Euro durch einen Reinigungsjob im Mutterhaus der Arche dazu. Finanziell kommt sie trotzdem nur mit Not über die Runden.

Am Tag vor der Einschulung bekommt Janine hohes Fieber. Ramona verbringt die Nacht in der Wohnung des Vaters, um die Kleine zu versorgen. Schließlich besiegt die Freude auf die Einschulungsfeier die Erkältung – und die Aufregung. Janine hat sich ein dünnes weißes Feenkleid aus Polyester für den Festtag ausgesucht und trägt die blonden Haare zu Zöpfchen geflochten. Auch die anderen Kinder haben sich herausgeputzt. Benedikt-Dustin hat sogar einen neuen olivfarbenen Tarnanzug bekommen und sieht mit seinen Ohrringen wie ein Mini-Rapper aus. Im Du-hast-mir-gar-nichts-zu-sagen-Stil läuft er durch das Foyer. Die große Schwester gibt ihm ein Küsschen. Er lächelt dankbar. Janine bewundert den pinkfarbenen Schulranzen ihrer Freundin. «Wow!», sagt sie und zeigt ihre Tasche her, die ebenfalls pink ist.

Die Schulleiterin und ihr Team stellen sich vor. Der Geschäftsführer des Schulträgers Freie Evangelische Schule Berlin, Clemens Volbert, macht den Kleinen Mut: «Was aus euch wird, wissen wir auch noch nicht. Vielleicht Astronaut oder Bundeskanzlerin. Alles ist möglich. Jeder will hier für euch da sein», sagt er herzlich. «Wenn ihr Probleme habt, könnt ihr kommen.» In keinem anderen westlichen Land haben Kinder aus armen Verhältnissen so schlechte Chancen, gute Schulleistungen zu erbringen und später den sozialen und beruflichen Aufstieg zu schaffen. Hier wird es immerhin für möglich gehalten, dass dies mit entsprechender Förderung und Verständnis für die schwierigen Familienverhältnisse, aus denen die meisten Kinder kommen, erreichbar ist.

Dann führt der Erzieher ein Puppenspiel mit einem Löwen auf, um den Kindern die Idee der Einrichtung nahezubringen. Das Vermitteln ideeller Werte spielt im Lernprozess eine entscheidende Rolle. Es soll den Kindern helfen, unabhängiger von materiellen Werten zu werden, Vertrauen in eigene Kompetenzen zu entwickeln und Probleme im Konsens zu lösen. Die beiden Partnerschulen des Trägers am Prenzlauer Berg und in Spandau zeigen, dass Schulen besser funktionieren, wenn Schülern gemeinsame Werte vermittelt werden. Im Fall der in Berlin-Spandau liegenden Freien Evangelischen Schule fühlen sich davon sogar viele muslimische Familien angezogen, die das zuweilen offensiv Christliche der Schule einem Wertevakuum vorzuziehen scheinen.

Die Löwenpuppe hält einen Zehneuroschein hoch und fragt: «Wer will den haben?» – «Is, Is», piepst Janine. Sie weiß, dass das Geld zu Hause knapp ist. Zwei Wochen vor Schulbeginn rätselt ihre Mutter Ramona noch, wie sie das Schulmaterial rechtzeitig besorgen soll. «Die Hälfte hab ich schon zusammen mit Hilfe der Arche», sagt sie dankbar. Aber besonders die 20 Euro Kopiergeld für das erste Halbjahr bereiten ihr Kopfzerbrechen. Es ist Monatsmitte, und die Kasse ist fast leer. Wir sitzen in dem dunklen Aufenthaltsraum für die Mitarbeiter der Arche. Katja, die 17-jährige Tochter, schneit herein und holt sich eine Zigarette aus dem Spind, in dem Jeansjacke und Rucksack der Mutter liegen. Sie ist aufgewühlt, weil man ihr an der neuen Schule gesagt hat, die Klassen seien zu voll, sie müsse woandershin. Ihre alte Hauptschule hat sie gerade verlassen müssen, weil sie so gemobbt wurde, dass sie Angst bekam, dort weiter hinzugehen. Und dann ist da noch das Problem mit den Schulmaterialien, die ihr fehlen. «Nächste Woche brauch ick die Sachen, sonst krieg ick Stress mit der Lehrerin», faucht sie die Mutter an. Und überhaupt, was mache man denn nach Janines Einschulung. «Ins Kino gehen wäre toll», schlägt sie vor. «Wenn du bezahlst», gibt die Mutter zurück und schickt das Mädchen zur Essenausgabe.

Ramona atmet tief durch, als Katja wieder verschwunden ist. Ein Kinobesuch für die ganze Familie ist völlig ausgeschlossen. Bundeskanzlerin wird diese Tochter wohl nicht werden. Katja wäre schon froh, wenn sie im zweiten Anlauf die mittlere Reife schaffte und eine überbetriebliche Ausbildung zur Köchin machen könnte. Von einer richtigen Lehrstelle wagt sie gar nicht zu träumen. Auch Ramonas dreizehnjährige Tochter Cindy, die auf eine Sonderschule geht, wird später kein Regierungsamt bekleiden. Und Sohn Stephen, der mit seinen zwölf Jahren wenig Lust auf Schule hat, wird kein Astronaut. Der älteste Sohn Mike ist Maler, arbeitslos und wohnt bei der Mutter, statt zum Mond zu fliegen. Und auch, und auch, und auch – Ramonas Leben ist eine Addition von Problemen.

Sie lässt sich trotzdem nicht entmutigen. Für sie ist die Arche-Grundschule, die monatlich 30 Euro kostet, eine Chance für die Jüngste. Dafür nimmt sie sogar in Kauf, dass sie nun schon um halb sechs aufstehen muss, um die Kleine vom Vater abzuholen, obwohl sie im Gegensatz zu ihrem Exmann ganz in der Nähe der Schule wohnt. «Janine ist ein Papakind, und wenn ich's kräftemäßig schaffe, soll sie dort wohnen bleiben», sagt Ramona. Das frühe Aufstehen mache ihr nichts aus. Ihre tiefen Augenringe sprechen eine andere Sprache. Als sie noch eine feste Arbeitsstelle als Putzkraft hatte, in der DDR und nach der Wende, sei sie jahrelang um 3 Uhr aufgestanden.

Als Janine nach der Einschulungsfeier im Foyer endlich in ihre Klasse hochgehen darf, stehen ihrer Mutter die Tränen in den Augen. «Is ja meine Kleinste, schade eigentlich», sagt sie und räuspert sich. Draußen geht ein jäher Sommerregen nieder, es donnert gewaltig. Als Erstes zieht eine Familie mit sechs Kindern ab nach Hause. Die Mutter ist schwanger.

Die erste Schulwoche ist vorüber. Am zweiten Tag hat die Klassenlehrerin sich bis Jahresende krankschreiben lassen. Fehlstart für die kleinen Astronauten. Nach der Schule geht Janine mit den anderen Kindern zur Arche in den Hort. Beim Mittagessen stochert sie lustlos und mit saurer Miene in dem Essen herum. «Die hat bis jetzt mittags nie warm gegessen», sagt Ramona und wartet geduldig, bis die Kleine fertig ist. Danach darf Janine in den Spielraum gehen und sich austoben.

Einen Monat nach dem Einschulungstag sagt Ramona: «Janine fängt jetzt auch schon an mit ‹kein Bock› und solchen Sprüchen. Hat sie von ihren Schwestern. Aber man soll ja die Hoffnung nie aufgeben.»

Geige statt Gameboy
Bruno im Rap-Rhythmus

Essen-Katernberg. Das Gardinengeschäft an der Kreuzung verdient sicher gut im Essener Stadtteil Katernberg-Beisen. Es ist, als hätten die Bewohner hier, an der Grenze zu Gelsenkirchen, Angst, dass ein Sonnenstrahl in ihre niedrigen Wohnstuben dringen könnte. Dabei ist die Stimmung seit der Schließung der Zeche Zollverein 1986 eigentlich schon trüb genug. Als Anfang der 1990er Jahre auch noch die Kokerei aufgab, wurde aus der Bergarbeitersiedlung ein toter Winkel zwischen zwei Autobahnen. Dicke Ziergardinen vor schweren Vorhängen, davor Kunstblumensträuße und Kakteen, manchmal auch ein staubiger Pokal, dicht gedrängt auf den Fensterbrettern – wenn es darum geht, sich voneinander abzuschotten, entwickeln die Menschen hier eine rege Phantasie, Deutsche, Türken, Libanesen und Russen gleichermaßen.

«Ist der Islam eine tolerante Religion?», fragt ein Plakat des türkischen Kulturvereins und lädt zur Diskussion ein. In der klebrigen Auslage liegen ein vergilbtes Exemplar des Edlen Korans und ein Buch von Mehmet Göktas, einem pensionierten Mufti, der in extrem frommen Kreisen für seine Gebetsanweisungen und seine Verteidigung des Schleiers geschätzt wird. Heute publiziert er vor allem in der türkischen Zeitung «Vakit», die in Deutschland verboten ist. Mit tolerantem Islam hat das Blatt nur wenig zu tun.

Mein Interesse an den Werken ruft sofort den zehn Meter entfernten Gemüsehändler auf den Plan. Im Nu steht eine Handvoll bärtiger Männer zusammen und berät lautstark und gestikulierend. Was will die blonde Frau mit einer aktuellen Ausgabe der türkischen Zeitschrift «Hürriyet» unter dem Arm, die es im nahegelegenen Plus-Markt neben der Bild-Zeitung gab, wohl wissen? Ein warmer Nieselregen geht nieder.

180

Es ist Abend. Bald schließen alle Läden in der Nähe des Zoll-
vereins, der vom lokalen Hauptarbeitgeber zum Industriedenk-
mal geworden ist. Dann sind auch die letzten Berufspendler
die Hauptstraße heruntergerast, und es kehrt Ruhe ein vor und
hinter den staubigen Fensterscheiben. Ich laufe zurück in mein
möbliertes Zimmer, einen Steinwurf von der Herbartschule
entfernt, deren Drittklässler morgen in der Essener Philharmonie auftreten werden. Im Fernsehen läuft Heidi Klums Show
«Germany's Next Topmodel». Was ich hier mache, will mein
freundlicher Vermieter wissen. Einen Besuch bei der Herbartschule, antworte ich. «Oh», sagt der Vermieter gedehnt und
hebt fragend die Augenbrauen. Die Schule liegt nur hundert
Meter entfernt die Straße runter. Viele Preise hat sie bereits für
ihre gute pädagogische Arbeit bekommen. Aber davon scheint
der Frührentner nichts zu wissen. Ich schließe die Tür und
verstaue die laut tickende Antikuhr aus Holzimitat im altdeut-
schen Wandschrank und stopfe noch die Tischdekoration aus
buntem Polyesterschleier, Ziersteinen und Muscheln dazu.

Es war ein anstrengender Tag für die Kinder. Ein Jahr lang
haben sie mit einem Pädagogen des Salzburger Mozarteums
und Studentinnen der Folkwang-Hochschule in einem bundesweit einmaligen Projekt zusammengearbeitet. Die Enkel
meiner deutschen Vermieter werden nicht dazugehören, denn
auf der Herbartschule ist noch nicht mal jeder zehnte Schüler
deutscher Herkunft, und in der Regel haben die Großeltern
auch keinen Garten mit üppigen Blumenrabatten und Hol-
lywoodschaukel. Ein großer Teil der Schülereltern lebt von
Hartz IV und wohnt in den umliegenden Bergarbeitersied-
lungen. 815 000 Kinder in Nordrhein-Westfalen leben nach
Angaben der Landesregierung in Armut.
    Als die Eltern im vergangenen Schuljahr ein Teil des Lehr-
materials aus eigener Tasche bezahlen mussten, entstand an
der Herbartschule Chaos. Besonders Familien mit mehreren

Kindern zeigten sich finanziell überfordert. «Mal hier acht Euro, mal da fünf Euro. Viele haben die Bücher in Raten abgestottert», erzählt die Schulleiterin Angelika Sass-Leich. In Vorleistung traten die Lehrer – von ihrem Gehalt –, damit sie überhaupt mit dem Unterricht anfangen konnten. Seit zehn Jahren tuckert Frau Sass-Leich in ihrer roten Ente den Berg hinauf zu dem Schulgebäude am Stadtrand, an dem sie selbst auch wohnt.

Frau Sass-Leich spricht von gesellschaftlicher Verantwortung, die wir alle haben, und davon, dass von dem Schicksal dieser Kinder auch unsere Zukunft berührt ist, von der Heuchelei all jener, die zwar die Arbeit von Schulen in sozialen Brennpunkten unterstützen, aber selbst niemals ihre Kinder dort hinschicken würden, weil die Bildungseinrichtungen so stark stigmatisiert sind, dass die geleistete Arbeit gar nicht mehr zur Kenntnis genommen wird. Dabei gibt es positive Nachrichten zu melden: Seit Herbst 2000 haben die Herbartschule und eine nahegelegene AWO-Kita eine «Lernpartnerschaft» vereinbart, damit die Kinder motorisch und sprachlich besser auf die Schule vorbereitet sind. Seither kann der Unterricht in der ersten Klasse reibungsloser beginnen. Mit der Einführung der kostenfreien «Nachmittagsschule» im Jahr 2001 hat sich die Sprach- und Sozialkompetenz der Schüler – auch der deutschen – weiter deutlich verbessert. Die Bildungsangebote, die seit dem Schuljahr 2003/04 im Rahmen der «Offenen Ganztagsschule» auf einem qualitativ hohen Niveau gemacht werden können, sprachen sich im Stadtteil rasch herum. Das Kollegium der Schule hat die Hände in den letzten Jahren nicht in den Schoß gelegt: Eine neue Turnhalle, ein buntbepflanzter Schulgarten, die Umgestaltung des Schulhofes, intensive Elternarbeit, eine wachsende Schulbücherei, Projekte zur Gesundheitsförderung und nicht zuletzt die vielfältige Kulturarbeit im Bereich Musik und Theater können sich sehen lassen.

Auch Sponsoren fanden sich. Als im Jahr 2005 die Zahl der Mittagessen-Kinder rapide sank, weil sich viele Eltern nicht die zwei Euro Kostenbeteiligung pro Mahlzeit leisten konnten, boten die Essener Rotarier ihre finanzielle Hilfe an. Und seit die Firma Bechstein auf Initiative der Philharmonie Essen im vergangenen Jahr der Schule ein Klavier schenkte, häufen sich die Wünsche der Kinder nach Instrumentalunterricht. Doch daran ist noch nicht zu denken – solange soziale Kulturarbeit von der öffentlichen Hand nicht als sinnvolle Investition in die Fähigkeiten eines Menschen gesehen wird.

Angelika Sass-Leich hat ihre zwei Kinder hier im Stadtteil in eine Gemeinschaftsschule gehen lassen. «Es hat ihnen nicht geschadet», meint sie. Damals lag der Ausländeranteil noch bei 50 Prozent, die meisten Familien waren zumindest äußerlich intakt, und die Väter gingen morgens mit gefülltem Henkelmann auf Arbeit. Doch seit die Förderbänder stillstehen, hat sich die Sozialstruktur verändert. Es gibt Straßen, da lebt jedes zweite Kind von Hartz IV und ist nichtdeutscher Herkunft. Es sind jene Kinder, die laut OECD-, UNICEF- und PISA-Studien die schlechtesten Chancen in Deutschland auf sozialen Aufstieg haben. Modernisierungsverlierer mit sechs Jahren.

Einer von ihnen ist Bruno. Ein Junge wie eine gezogene Gummischleuder, der jede Sekunde losschießt oder durchknallt und seine Lehrer und Betreuer an die Grenze ihrer Nerven treibt. Ein Junge, der aussieht wie ein kleiner Heinz Rühmann, dem es gelang, die Menschen zum Schmunzeln zu bringen, weil er auch als Erwachsener wie ein liebenswertes Kind wirkte. Bruno wäre auch gern so, nur gelingt ihm das nicht. Er wirkt eher wie der laute, nervige Fehler im System, der alles durcheinanderbringt. Schon morgens um halb acht entfaltet der Achtjährige sein Potenzial aus Unruhe, Ungehorsam und Umarmungen, wenn die ersten Lehrkräfte auf den Hof fahren, um sich in Ruhe auf den Arbeitstag vorzubereiten, der eine halbe Stunde später beginnt. Da steht Bruno schon vor der Tür – jeden Tag, auch bei Regen und Schnee, immer auf der Suche nach jemandem, der ihn als Kind erkennt und annimmt. Zu Hause hat er nicht viel zu erwarten. Die arbeitslose Mutter hat sich aus der Verantwortung für ihre drei Söhne verabschiedet. Seither lebt Bruno beim Vater, der nach der Arbeit dichtmacht und nicht mehr ans Telefon kommt, wenn die Lehrer das Sozialverhalten seines jüngsten Sohnes diskutieren wollen. Unwahrscheinlich, dass Brunos eindeutige Mathebegabung ihn aus der Bildungssackgasse herausführen wird, in die seelische Störungen häufig münden. Seine Klassenlehrerin, Nadine von Ohlen, ist froh, dass sie ihn immerhin unlängst vor der Förderschule bewahren konnte. Keine leichte Aufgabe für die junge Frau, den begabten und lernstarken Kindern ebenso gerecht zu werden wie denen, die sich der Gruppe entziehen.

Bruno und seine Klassenkameraden aus elf Ländern sind durch die vielfältige musische Förderung an der Herbartschule nicht durchweg zu braven Kindern geworden, die still vor einem Notenständer sitzen und fröhliche Mozartmelodien spielen, wenn ihnen gerade zum Heulen ist, weil finanzielle Sorgen, Perspektivlosigkeit oder Alkoholismus der Eltern im Schulranzen zu den Proben mitgeschleppt werden. Sie sprechen auch nicht alle plötzlich wunderbar Deutsch und prügeln sich nicht mehr auf dem Schulhof. Aber sie haben eine andere Sprache gelernt, mit der sie Spannungen, Ängste und Erwartungen anders ausdrücken können. «Das hat sich sehr positiv auf das Sozialverhalten der Kinder ausgewirkt», sagt die Schulleiterin. Konflikte in der Gruppe seien ebenso zurückgegangen wie Aggressionen einzelner Kinder. Auffallend ist die unbefangene Fröhlichkeit, die den Umgang zwischen den Kindern und Lehrern im Alltag zu prägen scheint. Die zahlreichen Projekte haben Kinder und Erwachsene zusammengeschweißt.

Seit 1999 wird die Schule von der Yehudi-Menuhin-Stiftung gefördert, die mit dem Projekt «Mus-e» multikulturelles und soziales Lernen in Europa unterstützt. Drei Künstlerinnen kommen jede Woche in das alte baumumstandene Backsteingebäude, um mit den 170 Schülern in den Bereichen Tanz, Theater und bildende Kunst zu arbeiten. Die Philharmonie Essen hilft seit zwei Jahren, einen Schulchor aufzubauen. Doch der Höhepunkt ist das Modellprojekt «ReSonanz & AkzepTanz», bei dem die Philharmonie, das Orff-Institut des Salzburger Mozarteums und die Essener Folkwang-Hochschule neue musikpädagogische Wege gehen. Ein Jahr lang entwickelt ein gemischtes Team aus Tanz- und Musikpädagogen jeweils mit den Schülern der dritten Klassen ein eigenes Stück, das gegen Ende des Schuljahres in der Essener Philharmonie vor Eltern und Sponsoren aufgeführt wird. Rund 150 000 Euro lässt sich die Philharmonie diese soziale Kulturarbeit kosten, die Vorbildcharakter entwickeln soll. Nur 20 Prozent des Etats werden mit NRW-Landesmitteln und Spenden der Price-Waterhouse-Cooper-Stiftung abgedeckt. Professor Klaus Feßmann, der das Projekt vonseiten des Mozarteums leitet, steht fest hinter der Idee: «Wir wollen daran arbeiten, dass die Kinder mit allen Sinnen das Leben begreifen lernen. Nur ein offenes bewegtes Bewusstsein kann sich kreativ entwickeln, nur durch Musik sind Teamgeist und Kooperation denkbar, über die Grenzen des eigenen und kulturell Definierten hinaus.»

Anders als bei «Rhythm is it», dem international viel beachteten Education-Projekt des Berliner Intendanten Simon Rattle, bei dem 250 Kinder und Jugendliche aus sozialen Brennpunkten «Le Sacre du Printemps» von Strawinsky tanzten und damit das Publikum begeisterten, geht es bei «ReSonanz & AkzepTanz» weniger um das Ergebnis als um den Prozess. In beiden Fällen wird die Arbeit mit den Kindern von einem Gefühl für die «soziale Verantwortung der Kunst» getragen, wie Stardirigent Rattle es genannt hat. Doch in dem Essener Projekt entwickeln die Kinder ihr Stück selbst, mit all der rührenden Unbeholfenheit, die das Ergebnis aus Gruppentänzen, La-Ola-Wellen gleichenden Bewegungen und Klatschen und Stampfen mit sich bringt. «Wir wollen die Kreativität der Schüler wecken und damit im Wortsinne ihr Selbstbewusstsein stärken», erklärt die Schulleiterin. Denn zur Leistung gehöre der Glaube an die eigenen Fähigkeiten. «Ohne diese Bereitschaft zum Risiko, dieses Inkaufnehmen des vermeintlichen Scheiterns, gibt es letztendlich keine grundsätzliche Entwicklung», ist der Intendant der Philharmonie Michael Kaufmann überzeugt, den die Kinder während der Generalprobe wie ein Bienenschwarm umsummen.

Noch am Tag vor der Premiere scheint alles drunter und drüber zu gehen. Die Kinder sind aufgeregt, bestürmen die Theaterpädagogen mit Fragen. «Wir müssen jetzt alle zusammenhalten», schwört Kaufmann die Kinder ein, die artig nicken und dann während der Proben ständig auseinanderlaufen wie ein aufgescheuchter Hühnerhaufen. Für den Intendanten, selbst Kind aus einfachen Arbeiterverhältnissen, hängt viel vom morgigen Tag ab. Die Sponsoren wollen etwas sehen für ihr Geld. Dass er in der Lage ist, Stars wie Anne-Sophie Mutter und Keith Jarrett in das 2004 nach aufwändigen Umbauten wiedereröffnete Konzerthaus im Essener Stadtgarten zu bekommen, reicht vielen Honoratioren im Revier völlig aus. Soziale Kulturarbeit jenseits des Versuches der Virtuosität ist etwas, was man verkaufen muss. Für Kaufmann ist sie auch eine Investition in die Zukunft der Stadt.

Am Tag der Aufführung stehen die ersten kleinen Künstler bereits um halb acht auf dem Schulhof. Bruno war wieder der Erste. Die türkischen Mädchen haben sich bunte Schleifen in die Haare binden lassen. Pawel, ein Pole, der die anderen um einen Kopf überragt, redet während der Busfahrt unablässig auf eine kleine Stofftiermaus ein, die seine Eltern ihm zum Trost mitgegeben haben, weil sie nicht kommen können. «Musst du keine Angst haben», sagt er, und die Kinder müssen lachen. Die Vorfreude ist riesig.

Um 11 Uhr ist es dann so weit. Als Erstes wird ein Scheck von 5000 Euro der Sparkassen-Kulturstiftung Rheinland überreicht. «Mit dem Jugendkultur-Preis wollen wir euch Mut machen», sagt der Festredner. «Dieses Land ist euer Land. Ihr werdet es gestalten.» Die türkischen Mütter, deren ungeschminkte, verschleierte Gesichter den Worten ohne Regung folgen, lächeln zurückhaltend und applaudieren. Die Ränge sind gut gefüllt. Für das Lehrerkollegium ist das ein großer Erfolg. Bildungsferne Elternhäuser davon zu überzeugen, dass Kinder mit Kultur besser gedeihen, ist ein langwieriger Prozess, für den man Geduld braucht. Die Kinder marschieren ein und singen ihr erstes, selbstgedichtetes Lied, das sich spielerisch mit dem Thema der Geburt auseinandersetzt. «Die warme Höhle, sie war gemütlich. Schade, war so schön!», hat ein Junge im Programmheft über die Zeit im Bauch geschrieben.

Bey gil la gil la / Usiu elam narase / Hilmiba malor / Rai nal ra … Was auf der Generalprobe noch zögerlich klang, wird nun im Rap-Rhythmus ohne Versprecher herausgeschrien. Ein Mädchen fängt vor Aufregung an zu weinen. Ihre Nachbarin legt ihr den Arm um die Schulter und flüstert ihr etwas ins Ohr. Dann singen beide weiter. Auch Bruno, von dem bis zur letzten Minute vor der Aufführung nicht klar war, ob er sich querstellt oder mitmacht, ist bis zum Schluss voll dabei. Nach dem Applaus springen die Kinder von der Bühne und suchen ihre Verwandten. Auf den Schößen der türkischen Mütter drängeln die Geschwister um den besten Platz. Bruno und ein paar andere Kinder bleiben allein auf der Bühne zurück und beobachten das fröhliche Treiben. Auch für sie war es der Höhepunkt des Jahres.

Stärker als Muhammad Ali
Lernerfolge bei Kindern nichtdeutscher Herkunft

Berlin-Kreuzberg. Dass die Gegend am Kottbusser Tor in Berlin-Kreuzberg Klein-Istanbul genannt wird, ist eine Beleidigung – für Istanbul. Denn erstens riecht es am Bosporus besser, und zweitens liegen dort die Fixer und Drogenabhängigen nicht so offen auf der Straße herum. Die Gegend um den «Kotti» und die Dresdner Straße, die mit dem Rollbergkiez in Berlin-Neukölln vor allem wegen Bandenkriminalität und Gewalttaten Schlagzeilen macht, dürfte das Gegenteil von dem sein, was sich Ausländer von Deutschland erwarten, bevor sie erfolgreich die Landesgrenze überschreiten.

Bei ihrer Ankunft wissen sie noch nicht, dass ihre Kinder in der Schule häufig gar keine deutschen Kinder kennenlernen werden – selbst wenn sie hier geboren sind, selbst wenn Deutschland ihre Heimat ist; denn im Kotti-Kiez ist jeder zweite Anwohner Ausländer. Sie werden auch nicht wissen, dass ihre Kinder nach der Schulzeit vielfach immer noch nicht ordentlich Deutsch sprechen können und deswegen häufig keine Lehrstelle bekommen. Dass also die Flucht aus der alten Armut die Ankunft in einer neuen Armut ist. Stell dir vor, es gibt eine multikulturell bewegte Gesellschaft und keiner will mehr dazugehören, könnte man heute vielleicht sagen. Drogen sind in dieser Gegend so allgegenwärtig wie Vorgärten mit Blumenrabatten in anderen Vierteln. «Wir wachsen hier mit dem Geruch von Haschisch auf», gab der 15-jährige Musa zu Protokoll, der 2006 gemeinsam mit Gleichaltrigen das Theaterstück «Kotti» im Rahmen eines Anti-Drogen-Projektes aufführte. «Hier kifft jeder. Schon der Zweitklässler.»

Die Deutschen verlassen in Scharen die dümpelnden Schulen, selbst diejenigen, die die Vertreter multikultureller Ideale in die Stadträte und Landesparlamente wählen. Das weiß auch

Bürgermeister Wowereit, der zwar bekanntermaßen keine eigenen Kinder hat, dafür aber weiß, was sein Volk denkt. «Ich kann auch jeden verstehen, der sagt, dass er da seine Kinder nicht hinschickt», sagte der Regierende Bürgermeister in einer Fernsehsendung im Dezember 2006. Die erfrischend ehrliche Aussage zog einen Sturm der Entrüstung nach sich.

Die Kreuzberger Schulen kämpfen hart, vielfach mit innovativen und erfolgreichen Konzepten, um den Niveauverlust einzudämmen und der babylonischen Sprachverwirrung auf den Schulhöfen Herr zu werden. Sie fühlten sich pauschal in die Ecke gestellt. Das tat den Parteistrategen im Roten Rathaus dann doch leid, und angetan mit feinem Zwirn und Haifischkragen, ließ sich der Herr Bürgermeister von der Gewerkschaft Erziehung und Wissenschaft im Januar 2007 bereitwillig ein paar Modellschulen im Bezirk zeigen, sprach unter Ausschluss der Presse mit den Schülern und bekannte anschließend, dass er sich getäuscht habe. Für die Schulen im Bezirk war dieses Nein-Niemals-Ja-Hurra keine Hilfe. Sie, die Lehrer und Erzieher, wissen, dass Integrationserfolge nur dann erzielt werden können, wenn genügend Kontakte zu einem deutschsprachigen Umfeld bestehen. Deswegen ist jedes deutsche Kind bei der Einschulung eine statistische Erfolgsmeldung.

Andere Schulen im Bezirk verkämpfen sich an dieser Front gar nicht erst. Die Jens-Nydahl-Grundschule, die einen Steinwurf vom Kotti entfernt liegt, erzielt trotz denkbar ungünstiger Ausgangslage gute Lernerfolge bei ihren Schülern: Von den 600 Schülern sind 94 Prozent «ndH-Kinder», also nichtdeutscher Herkunft. Die meisten entstammen sogenannten «bildungsfernen Elternhäusern». Deutsch wird zu Hause häufig gar nicht gesprochen, die Eltern beherrschen nur Türkisch, Arabisch oder eine andere Muttersprache. Die meisten von ihnen sind arbeitslos, 75 Prozent der Schüler sind dementsprechend von der Zuzahlung bei Lehrmitteln befreit. Zweizimmerwohnungen für eine Familie mit drei bis sechs

Kindern sind keine Seltenheit. Einen Schreibtisch, um umschichtig mit den Geschwistern Hausaufgaben zu machen, gibt es längst nicht in jeder Wohnung. Viele Kinder haben bereits bei der Einschulung einen zusätzlichen Förderbedarf im sprachlichen oder motorischen Bereich. Für die Schulleiterin der Jens-Nydahl-Grundschule, Manuela Seidel, und ihr Team aus 56 Lehrkräften und 21 Erziehern ist das eine Herausforderung, die mit viel Elan und Engagement angenommen wird. Mittlerweile gibt es an der Schule mehr Anmeldungen als freie Plätze.

Schon das Gebäude steht innen wie außen in scharfem Kontrast zu dem Alltag in verdreckten Hinterhöfen. Hier wird dem Grau des Umfeldes mit Farbeimern zu Leibe gerückt. Nahezu jede größere Wand in den hellen Gängen ist aufwändig bemalt oder zumindest bunt gestrichen. Vom «Dschungelbuch» über «Grimms Märchen» bis hin zur orientalischen Stadt reichen die Dekorationen. Hier sollen Wände und geschlossene Türen keine Angst machen. Die Schüler Cemil, Yunus und Helge haben eine Wand mit Motiven aus dem Märchen «Dornröschen» bemalt, die Tür inbegriffen. Dahinter verbirgt sich der Computerraum, in dem 18 moderne Rechner stehen, die mit Mitteln des EU-Projekts «Soziale Stadt» angeschafft werden konnten. Im Rahmen der sozialen Gruppenarbeit «Arabische Reise» und «Fliegender Teppich» bekommen die arabischen Kinder Gelegenheit, ihre Erfahrungen kreativ oder auch in Gesprächen zu verarbeiten. Für die türkischen Kinder gibt es im Kinderbüro eine türkischstämmige Sozialarbeiterin als Ansprechpartnerin. Hier soll sich erst gar nichts anstauen.

Karim, ein aufgeschlossener 10-Jähriger, dessen Eltern aus dem Irak und aus Marokko stammen, gehört zu den Klassenbesten und erhält deswegen eine Extra-Förderung. Die Berliner Wall AG finanziert das Programm «rechenfix & wortgewandt». «Wir dürfen die begabten Schüler nicht vergessen», sagt Schulleiterin Manuela Seidel. «Förderung muss in beide

Richtungen geschehen, für leistungsschwache Kinder, aber eben auch für leistungsstarke.» Die zierliche Jenny hat große Pläne – und gute Chancen, sie zu realisieren. Als Bundespräsident Horst Köhler sich bei einem Besuch in der Aula den Fragen der Kinder stellte, wollte sie von ihm wissen, ob er Angst habe vor einer Rede. «Am Anfang ein bisschen, aber jetzt habe ich mich daran gewöhnt», gestand das Staatsoberhaupt freimütig. Die quirlige Tamilin mit Zahnspange und buschigen schwarzen Zöpfen beschloss, auch Politikerin zu werden. Für den Tierschutz will sie sich einsetzen. «Und für Menschenrechte», ergänzt sie. «Damit nicht einer mehr Rechte hat als der andere.»

Sie gehört zu den wenigen Schülern, die nach der vierten Klasse auf ein grundständiges Gymnasium wechseln werden. Für die meisten Berliner Schüler steht der Übergang in die Oberschule planmäßig erst nach der sechsten Klasse an. Dass die kleine Tamilin und ihre zwei Geschwister den Wechsel gut geschafft haben, liegt sicherlich auch daran, dass Jennys Eltern, die Sri Lanka aus politischen Gründen verlassen mussten, nicht zu der großen Gruppe der bildungsfernen Elternhäuser gehören, aus denen die Kinder in sozialen Brennpunkten fast immer kommen. Zwar sind auch die finanziellen Mittel von Jennys Eltern begrenzt – die Mutter ist Kassiererin, der Vater Taxifahrer –, aber beide legen großen Wert auf eine gute Schulausbildung der Kinder. «Im tamilischen Beruf ist mein Vater Schriftsteller», erzählt das selbstbewusste Mädchen, das zu Hause Deutsch und Tamilisch spricht. Man spürt, dass auch Jenny weiß, dass ihr familiärer Hintergrund in ihrem Umfeld eine Ausnahme ist.

In dem idyllischen Backsteingebäude lernen Kinder aus 18 Nationalitäten – keineswegs ein Spitzenwert an Durchmischung. Im Berliner Wedding treffen in manchen Kiezen bis zu 30 Nationalitäten aufeinander. Schulen mit hohem Ausländeranteil haben eines gemeinsam: Sie verlieren ihre deutschen Schüler, weil deren Eltern befürchten, der Lernerfolg ihrer Kinder könnte unter den zu geringen Deutschkenntnissen der Schülermehrheit leiden. Weil sie befürchten, dass ihr Kind auf dem Schulhof keinen Anschluss findet, wo die türkischen Kinder Türkisch sprechen, die arabischen Arabisch und die bosnischen Bosnisch. Dass das nicht so sein muss, wissen nur wenige. Auf der Jens-Nydahl-Schule werden soziales Verhalten und kultureller Dialog von Anbeginn trainiert, und siehe da, es scheint – trotz aller Probleme – zu funktionieren. «Wenn die Kinder eingeschult werden, sind die Deutschkenntnisse oft auf dem Niveau von Drei- bis Vierjährigen», räumt Manuela Seidel ein. Sie erhalten mit Beginn des Schulbesuchs eine intensive Sprachförderung, damit die Defizite ausgeglichen werden können.

Was weniger gut funktioniert – und auch das liegt mehr an den Erwachsenen als an den Kindern –, ist eine erzieherische Zusammenarbeit zwischen Eltern und Schule, um zu gemeinsamen Vorstellungen zu kommen, was für ein Kind gut ist. Geplant sind für die Zukunft Erziehungsverträge zwischen beiden Seiten. Bislang versperren oft kulturelle und sprachliche Barrieren den Weg zu nachhaltigen Lösungen. Dass Lehrer von den Eltern erwarten, die Kinder beim Lernen zu unterstützen und sie mit Frühstück im Magen und Pausenbrot in der Tasche auf den Schulweg zu schicken – solche Erwartungen haben oft wenig mit der Lebensrealität von türkischen, kurdischen, libanesischen und palästinensischen Familien in Deutschland gemein. Wer seine Kindheit in einem palästinensischen Flüchtlingslager verbracht hat, wo der Schulunterricht in Schichten stattfindet und im Durchschnitt vierzig Kinder in brütender Hitze ohne eigenes Lernmaterial lernen müssen, dem wird die Einsicht vermutlich schwerfallen, dass man mit knurrendem Magen nicht gut lernen kann. Beengte Wohnverhältnisse in heruntergekommenen Mietskasernen, Sorgen um den Aufenthaltsstatus, zu wenig Geld für zu viele

Familienangehörige, die Allgegenwart von Gewalt und Kriminalität in den Straßenvierteln, Heimatverlust und Kriegserfahrungen, Arbeitslosigkeit, aber auch eine Sprachlosigkeit im Wortsinne – all das hinterlässt Spuren im Seelenleben der Familien, die mit der Reklamewelt von gesunder Margarine und wohlriechendem Waschmittel nicht mithalten können. Die Kinder und ihr Fortkommen geraten da allzu leicht aus dem Blickfeld der Eltern.

«Viele Eltern heiraten jung, bekommen meist rasch viele Kinder und sind dann mit ihrer Lebenssituation überfordert. Dieser Kinderreichtum, die gleichzeitige Arbeits- und Perspektivlosigkeit und damit verbundene psychische Belastungen resultieren nicht selten in Hilflosigkeit. So schaffen viele es zum Beispiel nicht, die Kinder jeden Morgen rechtzeitig in die Schule zu schicken. Auch ein entsprechendes Pausenbrot ist keine Selbstverständlichkeit», erzählt Aysel, die türkische Sozialarbeiterin des «Kinderbüros». Viele Kinder bekämen eher Geld in die Hand gedrückt, um sich selbst beim Bäcker zu versorgen, wo dann oft nur Süßes gekauft wird.

Wer allerdings glaubt, dass nur ausländische Kinder in Deutschland in dieser Weise emotional und körperlich vernachlässigt werden, der täuscht sich: Fast jedes zweite Kind aus Familien mit geringem Einkommen kommt nach einer Untersuchung des Deutschen Instituts für Wirtschaftsforschung (DIW) ohne Frühstück in die Schule – unabhängig vom Pass. Die Jens-Nydahl-Grundschule versucht, den Kindern über das Projekt «Gesunde Schule» frühzeitig ein Bewusstsein dafür zu vermitteln, was ein Körper braucht, um leistungsfähig zu sein. Auch von den Eltern wird das Projekt zunehmend angenommen.

Neben den kulturellen Unterschieden scheitert ein enger Kontakt zu den Elternhäusern oft auch an den geringen Deutschkenntnissen der Eltern. Viele Eltern sprechen nur schlecht Deutsch, manche gar nicht. «Seit die Satellitenschüs-

sel Einzug gehalten hat, ist es mit den deutschen Sprach-
kenntnissen noch weiter bergab gegangen, weil jetzt Fernseh-
programme in der Muttersprache geschaut werden», meint
Manuela Seidel. Viele türkische Frauen waren nur wenige
Jahre in der Türkei in der Schule, können kaum lesen und
schreiben. Die lateinischen Buchstaben fallen arabischen Eltern schwer. Unter den bosnischen Müttern ist Analphabetis-
mus keine Seltenheit, da sie durch den Krieg im ehemaligen
Jugoslawien keine Schule besucht haben. Jetzt werden sie
vom Job-Center verpflichtet, an Kursen «Deutsch als Fremd-
sprache» teilzunehmen.

Um die Mütter an die Schule ihrer Kinder heranzuführen,
werden solche Kurse jetzt auch in den schuleigenen Räumen abgehalten. «Für manche Frauen ist das hier die erste
Schulerfahrung», sagt die Deutschlehrerin Elke Menzel, die
sich Mühe gibt, den Müttern die Angst zu nehmen, und ent-
spannte Fröhlichkeit verbreitet. Eine dieser Mütter ist Amal,
die ihren Sohn in der vierten Klasse hat und ihre Enkelin in
der zweiten. Müde beobachtet sie das fröhliche Treiben auf
dem Tisch. Bildkärtchen werden Buchstaben zugeordnet. T
wie Topf. «Welchen Artikel hat das Wort?», fragt die Lehrerin.
«Das Topf», sagt eine Kurdin. Sie ist seit 1962 in Berlin und
spricht kaum Deutsch. Ihren fünf erwachsenen Kindern werden ihre neuen Sprach- und Schreibkenntnisse nicht mehr
zugutekommen.

Die Kinder in der vierten Klasse von Frau Mantwill haben
es trotzdem geschafft, auf ein gutes Lernniveau zu kommen.
Über der Tafel hängen Plakate: «Kämpfen ist blöd» steht da
gut sichtbar auf gelber Pappe und «Passt immer auf die Nicht-
Schwimmer auf». Auf der Rückwand der Bank prangen kun-
terbunt kolorierte Bilder aus einem Hundertwasser-Projekt.
Quer durch den Raum ist ein Seil gespannt, an das die Kinder
selbstgemalte Clowns gehängt haben. Poster informieren über
vollwertige Ernährung und Zahnhygiene. Die in einem Hefter

194

gesammelten Zehn-Minuten-Geschichten verraten die Träume der 10-Jährigen: «Ich war einmal ein Boxer. Ich habe immer gewonnen. Ich habe sogar gegen Muhammad Ali gewonnen», schreibt Can. Ein anderer türkischer Mitschüler hat sich eine Geschichte ausgedacht, über die sich die ganze Klasse amüsiert. Sie heißt «Die furzende Oma» und handelt davon, dass einer mit etwas Blödem anfängt und alle anderen schließlich mitmachen. «Ich hätte nicht gedacht, dass an einem so herrlichen Tag jeder furzt», heißt es zum Schluss erstaunt.

In der vierten Stunde am Donnerstag steht selbständiges Arbeiten auf dem Programm. Hassan schlägt sein Matheheft auf und malt fein säuberlich Flächen mit dem Bleistift. «Ist mein Lieblingsfach», sagt der Lockenkopf. «Ich hab drei Einsen und sonst nur Zweien.» Er wird zu den immerhin gut 25 Prozent gehören, die nach der sechsten Klasse eine Gymnasialempfehlung bekommen. Das ist viel – im deutschen Durchschnitt landet jeder zweite junge Türke auf der Hauptschule, jeder vierte bricht die Schule ohne Abschluss ab, und nur jeder achte schafft es auf ein Gymnasium.

Hassan hat auch sonst die Lage unter Kontrolle und gehört in der Schule zu den Konfliktlotsen, die, mit einer weißen Weste bekleidet, in den Pausen Streit schlichten. Wortreich erklärt er, wie es ihm gelingt, mit Sprache und sozialer Intelligenz Konflikte zu lösen. «Die Streithähne müssen freiwillig kommen, und dann kann jeder seine Version erzählen. Danach frage ich jeden einzelnen: Wie fühlst du dich? Und dann suchen wir gemeinsam nach einer Lösung.» Hier wird der Verrohung entgegengewirkt, indem man Empathie einübt. Hilft ihm die Ausbildung zum Konfliktlotsen auch, zu Hause besser mit Streit fertig zu werden? «Also wenn mein vierjähriger Bruder zu mir ‹du Wichser› sagt, dann raste ich nicht mehr so schnell aus», erzählt Hassan unbekümmert. «Dann sag ich meiner Mutter, sie soll ihm lieber für eine gewisse Zeit die PlayStation verbieten.»

Die zwei Dutzend Konfliktlotsen sind stolz auf ihre Vermittlerrolle. Immerhin konnte der «Mädchenkrieg» zwischen zwei verfeindeten fünften Klassen so halbwegs beendet werden. «Wenn die mich jetzt zum Kampf auffordern, geh ich einfach weiter», erzählt eine zierliche 11-Jährige beim Gruppentreffen. Sich nicht provozieren zu lassen und eine höhere Frustrationstoleranz zu entwickeln sind erklärte Ziele der Schule, für die viel getan wird. Dazu gehört auch die Pflichtstunde soziales Lernen pro Woche sowie das Projekt «Faustlos». «Dass man Konflikte mit verbalen Mitteln löst, ist eine Mittelstandsvorstellung», sagt eine Lehrerin. «Viele Kinder rasten bereits bei Kleinigkeiten völlig aus und erleben auch zu Hause Gewalt.» Gut, dass sich die Schule im Bereich Gewaltprävention und Konfliktlösung nicht auf staatliche Hilfe verlässt: In Berlin kommt auf 4500 Schüler ein Schulpsychologe.

Um 13 Uhr strömen die Zweitklässler in den Hort. Vor der Tür des Gruppenraums haben sie ihre Versprechen auf ein Plakat geschrieben: «Ich will immer Fröhliş sein», hat sich Hilal vorgenommen. «Isch möschde mer reden», wünscht sich ein schüchternes Mädchen. «Wir haben uns jetzt verbessert», erklärt mir ein kleiner Junge stolz. «Gratuliere», sage ich. «Danke», erwidert er lachend.

Treibgut
Wenn Kindern Grenzen fehlen

Köln-Nippes. «Warum kommst du zu spät?», fragt die junge Lehrerin, die am Schuljahresende angestrengt wirkt. Der Unterricht hat vor zwanzig Minuten begonnen. «Weil ich zu spät komme!», blafft Mark zurück und tritt mit Wucht gegen einen Stuhl, bevor er sich hinfläzt. Eigentlich darf er zurzeit nicht am Unterricht teilnehmen, weil er mit seinen plötzlichen Aggressionsschüben jede Gruppe sprengt. Heute wird er aber gebraucht, denn die fünf Jungen der 9. Klasse stellen einen Comic fertig für einen Lehrer, der die Schule verlässt, und Mark ist ein sehr guter Zeichner. «Dich hab ich letzte Woche vermisst», sagt die Lehrerin später und zeigt ihm die entstandenen Vorarbeiten.

Till, zwei Kopf kleiner als Mark, wird ungeduldig: «Soll ich mich jetzt konzentrieren oder nur Scheiße bauen?», unterbricht er und zappelt auf dem Stuhl herum. Der kleinwüchsige Junge mit der hohen Kinderstimme und dem Bürstenschnitt ist neu in der Klasse. Leicht war der Wechsel nicht für den hochsensiblen Jungen. Till stresst die anderen mit einem regelrechten Sprechdurchfall, wiederholt dreißigmal dieselbe Frage, will ständig spielen und Aufmerksamkeit. Fraglich, ob seine Umwelt verständnisvoller reagierte, wenn die anderen verstünden, dass Till als Kind einer Alkoholikerin unter den klassischen Merkmalen fetaler Alkoholembryopathie leidet, also eine Behinderung hat, die stärker ist als sein Wille, verträglich zu sein. Gerade ist er zu seiner alten Pflegefamilie zurückgezogen, die ihm nach einiger Zeit im Heim eine zweite Chance geben will. «Die wollten mich nicht mehr, weil ich nie gehorcht habe, aber jetzt versuchen sie es nochmal mit mir», sagt er kleinlaut und errötet. Seine Augen wandern im Raum herum. Er springt auf und geht an den Tischkicker, an dem die Jungs ihre Unruhe loswerden können, und donnert einen Ball ins Tor.

Till gegenüber sitzt Herbert, dessen Körperfülle auf Fettsucht (Adipositas) hinweist. Herbert starrt stumpf vor sich hin, nimmt mal den Stift und malt unmotiviert ein wenig aus, legt ihn wieder hin, starrt wieder schweigend in die Leere. «Kein Bock», mault er zwischendurch. Sonst fällt ihm wenig ein. Trubel gab es immer zu Hause mit sieben Geschwistern, Anregungen jedoch nur wenige. Trennung der Eltern, Arbeitslosigkeit, Geldsorgen – da lief der als schwerstbehindert eingestufte Junge eben einfach so mit. Passivität und ein Panzer aus überschüssigen Pfunden sind Herberts Antwort auf das familiäre Desinteresse an seiner Person. «Eigentlich ist der geistig ganz fit», sagt seine Lehrerin. Ob es den Sonderschulpädagogen jedoch gelingen wird, den Fünfzehnjährigen aus seinem Dämmerzustand zu befreien, bleibt abzuwarten. Immerhin wird er an der «Förderschule für soziales und emotionales Lernen» in Köln-Nippes nicht aufgegeben. «Wir glauben an die Potenziale unserer Schüler», sagt Schuldirektor Michael Heinrichsdorff.

Seit er sich morgens vor dem Unterricht an der Aufsicht beteiligt, steht der 56-Jährige oft vor Unterrichtsbeginn am Schultor und begrüßt die ankommenden Schüler mit Handschlag. «Ich hab noch nie so viele gute Gespräche mit den Schülern gehabt», meint er. Dass ein Erwachsener überhaupt Interesse für sie aufbringt, nach ihrem Befinden fragt und sie ermutigt, wird für viele von ihnen eine neue Erfahrung sein.

Nirgendwo in Europa und anderen Industriestaaten sprechen Eltern so wenig mit ihren Kindern wie in Deutschland. Das ergab eine Studie, die das Florentiner Innocenti-Institut im Auftrag von UNICEF 2007 durchführte. Das Anschweigen der Kinder ist nicht schichtenspezifisch. Und dennoch zeigen andere Untersuchungen, dass Mittelschichtkinder einen fast doppelt so großen Wortschatz haben wie Kinder aus sozial benachteiligten Familien und ein Vielfaches an positivem Feedback bekommen. «Du packst das!» ist nicht der Geist, der durch die Wohnsilos in Köln-Bilderstöckchen weht, von dem viele der Schüler in die Förderschule an der Auguststraße kommen. «Wir verstehen das problematische und konflikt-trächtige Verhalten eines Kindes als Hilferuf, mit dem es auf seine innere und äußere Not aufmerksam macht», heißt es im Schulprogramm. Der Weg soll von der Ausgrenzung zur Wiedereingliederung weisen.

Markante Defizite sind an dieser Einrichtung kein Grund fürs Abstellgleis, sondern Voraussetzung dafür, einen der zunehmend begehrten Plätze zu erhalten. Kim Yi, der 16-jährige Koreaner, lässt sich ohnehin nicht widerspruchslos in die Loser-Schublade stecken. Wer ihm dumm kommt, kriegt Ärger mit seinem Alter Ego Jack Bauer. Jack ist 1,80 groß, blond und ein knallharter Agent aus einer amerikanischen Kultserie. «Er kann sein legenderes Schwärt so schnell bewegen, dass Kugeln an ihm abprallen», hat Kim Yi fein säuberlich auf ein Poster geschrieben, das im Klassenzimmer hängt. Kim Yi hat mit Selbstschutz Erfahrungen sammeln können – nach der Trennung der Eltern, als asiatisch aussehendes Kind, bei seinen zahlreichen Schulwechseln und die vielen Male, die er aus einer Wohngruppe flog. Weil Kim Yi Jack Bauer ist, kommt er ganz gut zurecht.

Kinder und Jugendliche wie er gehören zu den jungen Menschen, die am Start stehen, ohne dass jemand auf sie einen Cent setzen würde, weil sie randalieren, zappeln, herumpöbeln, nicht zuhören und ihr Störpotenzial so immens ist, dass ihre anderen Fähigkeiten verschütten, verkümmern oder sich gar nicht erst entwickeln. Weil viele von ihnen wie eine heiße Kartoffel von Schule zu Schule, Heim zu Heim, Pflegefamilie zu Pflegefamilie weitergereicht und irgendwann im Wortsinne völlig ver-rückt werden. Weil die Familiensysteme krank sind, auseinanderbrechen und die Kinder wie Treibgut wegspülen, bis sie irgendwo anders landen, vielleicht sogar allein im Hotel, wenn das Jugendamt niemanden findet, der sie aufnehmen kann. Die Liste der familiären Probleme ist häufig so lang, dass sie die Kinder förmlich erschlägt. So wie den zwölfjährigen Manni, den die Lehrer als «wandelndes Pulverfass» erleben, weil er die ständige Gewalt in der Familie nur gewaltsam verarbeiten kann. In dem von Kastanien umstandenen Backsteingebäude an der Kölner Auguststraße soll ihm ein anderes Lebensgefühl vermittelt werden, das von Wertschätzung und Vertrauen getragen ist. «Ressourcenorientiertes Arbeiten» heißt hier die Devise. Und es erweist sich als erfolgreich. Nicht jedes Kind macht einen grundlegenden Wandel zum Positiven durch, aber einige. Und die meisten lernen, besser mit ihren Gefühlen und individuellen Belastungen zurande zu kommen.

Viele Kinder sind am Anfang so schwierig, dass sie selbst erfahrene Lehrer wie Heinrichsdorff ratlos machen, bis es ihnen gelingt, in mühsamer Kleinarbeit – wie Archäologen, die erst einmal die verkrusteten Schichten abtragen müssen – die Potenziale ihrer Schützlinge freizulegen. Bis zur 6. Klasse werden 50 Prozent der Kinder auf die Regelschule zurückgeschult. Das ist für Förderschulen, die im Bemühen um einen Abbau der Stigmatisierung heute nicht mehr «Sonderschulen» genannt werden wollen, ein hoher Prozentsatz. Ironischerweise geht es Problemschülern an guten Förderschulen mit einem hohen Betreuungsschlüssel häufig besser als an Regelschulen, an denen die Lehrer vielfach alleingelassen werden mit der Herausforderung, Lehrstoffvermittlung und psychologische Betreuung unter einen Hut zu bringen.

Doch je älter die Kinder werden, desto schwieriger wird die Aufgabe der Lehrer. «Was viele der Kinder auszeichnet, ist ein ganz umfassender Mangel an Erziehung», sagt Michael Heinrichsdorff. Das Interesse der Eltern an der Entwicklung ihrer Kinder lasse im Laufe der Jahre häufig spürbar nach. Obwohl viele Schüler aus den umliegenden sozialen Brennpunkten kämen, lägen die Probleme nicht vorwiegend am knappen Geld. Kinder, die sich auf das Schulessen stürzen, weil sie eine frisch gekochte Mahlzeit nicht kennen, die zu Hause keine Ruhe für Hausaufgaben haben, weil der Fernseher ununterbrochen läuft, und mit denen sich die Eltern nicht einmal mehr streiten, entwickeln ihre eigenen Gesetze. «Wir haben zahlreiche Kinder in der ersten Klasse, die nicht erzogen sind. Sie können kein Nein akzeptieren. Sie haben keinerlei Gefühl für Grenzen. Es braucht häufig ein halbes Jahr und länger, bis Grundregeln des Zusammenlebens eingeübt sind.» Grenzen setzen und die Auseinandersetzung suchen sei auch eine Form der Wertschätzung. Dabei geht der Schulleiter konsequent bei der Durchsetzung der gängigen Verbote vor. Handys oder MP3-Player werden sofort kassiert und müssen von den Eltern im Sekretariat persönlich abgeholt werden. Wer eine Waffe trägt oder mit Drogen erwischt wird, kann damit rechnen, dass Heinrichsdorff eher geneigt ist, die Polizei einzuschalten, als sich auf Ausreden einzulassen. Nicht von ungefähr kommt beides im Gegensatz zu manch anderen Einrichtungen, die zuweilen einen Windmühlenkampf gegen Kopfhörer im Unterricht und Messer auf dem Schulhof führen, an der Auguststraße selten vor. «Viele unserer Kinder haben psychologischen Behandlungsbedarf und gehen auf dünnem Eis. Auch deswegen müssen Gefährdungen konsequent vermieden werden», sagt Heinrichsdorff.

Doch es geht nicht nur um Grenzsetzungen, sondern ebenso um die Schaffung einer Gegenwelt, die auch äußerlich nicht von Verwahrlosung geprägt ist. Als das frisch renovierte Treppenhaus plötzlich vollgerotzt war, gingen die Lehrer auf die Suche nach den Schuldigen. Strafe: gemeinsam Pissoirs putzen mit dem Direktor, der auch den Putzlappen in die Hand nahm. «Eine Strafe darf keine Erniedrigung sein», sagt er. Nach einem halben Jahr war das Problem erledigt.

Ein paar Straßen entfernt von der Auguststraße sitzen Sarah (16) und Katja (15) in der Sonne und verkaufen die Produkte, die sie in der Holzwerkstatt des Handwerkerinnenhauses Köln fabriziert haben. Beide nehmen als offizielle Schülerinnen der Förderschule an dem außerschulischen Projekt «Kneifzange» teil, das sich an «schulmüde Mädchen» richtet, die nicht mehr freiwillig zum Unterricht erscheinen, und zum öffentlich finanzierten «Mädchenprojekt Zukunft» gehört. Katja ist schon in der Grundschule wochenlang dem Unterricht ferngeblieben. Richtig nachgehakt hat niemand. Dreimal blieb sie sitzen. Einfach so draußen herumgelaufen sei sie, ringt sich Katja ab. Ihr Gesicht ist unter der tiefen Kapuze und der tief in die Augen gezogenen Schirmmütze fast nicht zu erkennen, und auch die restliche Kleidung sieht aus, als diene sie im Wesentlichen dazu, sich zu tarnen. Irgendwie scheint ihre Gefühlslage zwischen Luft holen müssen und unsichtbar sein wollen zu schwanken. Bei den Handwerkerinnen und den Pädagoginnen der Augustschule fühlt sie sich zum ersten Mal in ihrem Leben wohl. Seit einem Jahr kommt sie dorthin, hobelt, schleift und leimt. Der Schulunterricht findet in den oberen Räumen statt. Sie glaubt, dass sie ihr Leben jetzt in den Griff kriegt.

Projekte wie die «Kneifzange» oder die Schülerwerkstatt «Bikes & Prints» sind unerlässlich, um die älteren Schüler zu gewinnen und sie auf das Arbeitsleben vorzubereiten. Einen Handwerksmeister oder eine Schreinerin zu erleben sei ganz wichtig, um sich positiv mit dem Arbeitsleben zu identifizieren und Tugenden wie Zuverlässigkeit zu erlernen, die für den späteren Erfolg entscheidend sind, sagt Heinrichsdorff. Jugendliche, die noch nie gesehen haben, wie ihre Eltern zur Arbeit gehen, brauchen solche Vorbilder. Doch so erfolgreich die schulnahen Werkstätten sind, so gering ist die Bereitschaft des Staates oder der Sponsoren, in diese Jugendlichen genügend Mittel zu investieren. Gerade musste das «Bikes-&-Prints»-Projekt geschlossen werden, weil die Finanzierung der Handwerkerstelle nicht mehr zustande kam. Auch in anderen Bundesländern müssen sich die Förderschulen von Projekt zu Projekt hangeln – immer in der Hoffnung auf Mittelverlängerung und mit der frustrierenden Erfahrung, dass erfolgreiche Projekte, die den Jugendlichen nachweislich helfen, dem Rotstift zum Opfer fallen. Den Hauptschulen in den sozialen Brennpunkten geht es nicht anders. Einigkeit besteht lediglich in der Klage der Arbeitgeber, dass es den jungen Absolventen an Disziplin und anderen Arbeitstugenden mangele. Ein vermeidbares Vermittlungshemmnis, denn längst sind die negativen Folgen von fehlenden Vorbildern bekannt, die Jugendliche treffen, deren Eltern keine Orientierung bieten und deren Schulen keine anbieten können, weil es an notwendigen Programmmitteln fehlt. Und vor allem an einer rechtzeitigen Charakterbildung, denn Jugendliche dürften dafür wesentlich offener sein als junge Erwachsene, die dann in «PädCamps» – wie vom Berliner Jobcenter Neukölln – für viel Geld und mit geringem Erfolg darauf vorbereitet werden, überhaupt mal eine brauchbare Bewerbung in ihrem Leben abzuschicken.

An der weißen Wand seines kleinen Direktorbüros hängt ein Poster von Fellinis Film «Schiff der Träume», der die Geschichte vom Untergang eines Luxusdampfers erzählt, in der jeder der schrägen Passagiere eine melancholische Würdigung vor dem Ertrinken erfährt. Auf dem Bild ist ein Boot mit einem einsamen Ruderer und einem riesenhaften Nashorn zu sehen, das seinen Retter nur stumpf anzuschauen scheint, statt zum Überleben beizutragen. In der Auguststraße sitzen alle in einem Boot, und Michael Heinrichsdorff sorgt dafür, dass jeder mitrudert.

Hier träumt keiner
Über die Abwesenheit von Zukunftswünschen

Halle. «Willkommen in der Universitätsstadt Halle», begrüßt uns die freundliche Frauenstimme aus dem Lautsprecher. Es ist ein kalter Dezembertag, der Wind fegt über die sauberen

Bahnsteige. Hier, in der größten Stadt Sachsen-Anhalts, ist man stolz auf die lange akademische Tradition, die bis ins späte 17. Jahrhundert zurückreicht und während der Aufklärung einen neuen Wind durch die engen mittelalterlichen Gassen wehen ließ. Knapp 19 000 Studenten sind an den vier Hochschulen der Stadt immatrikuliert, die nach der Wende mit viel Geld ins 21. Jahrhundert befördert wurden. Halle gibt sich Mühe, Eindruck zu machen. Wer die Straßenbahn in die Innenstadt besteigt, blickt im Tunnel den Gelehrten, die hier gewirkt haben, auf großen Fotowänden in die Augen. «Ist doch nett hier», denke ich und versenke mich in den Blick Friedrich Schleiermachers. Man vergisst, dass Halle mit massiven sozialen Problemen zu kämpfen und die höchste Quote von Hartz-IV-Empfängern im Osten hat. Man vergisst, dass von den Jugendlichen, die zwanzig Minuten entfernt in Halle-Silberhöhe aufwachsen, kaum einer die Türschwelle der Martin-Luther-Universität zu Halle-Wittenberg je überschreiten wird und dass viele von ihnen hier noch nicht mal eine Lehrstelle finden werden.

Auf der Silberhöhe im Süden der Stadt aufzuwachsen galt in den achtziger Jahren in der DDR als das große Los. Damals entstand die weiträumige Plattenbausiedlung für die Facharbeiter der Großbetriebe Leuna, Buna und Waggonbau Ammendorf. Als die 15 000 Dreiraumwohnungen mit jeweils sechzig Quadratmetern fertig waren, fiel in Berlin die Mauer. Die Betriebe wurden abgewickelt. Wer woanders Arbeit bekam, bestellte den Möbelwagen gen Westen. Fast die Hälfte der Anwohner ist seither weggezogen. Geblieben sind Rentner und Familien mit geringem Einkommen. Aus dem Luxus, auf der Silberhöhe zu wohnen, ist ein Makel geworden. Von dem Flair der Altstadt, deren historische Fachwerkbauten für die 1200-Jahr-Feier Halles mit 114 Millionen Euro saniert wurden, ist hier nichts zu spüren. Auf der Silberhöhe wird «rückgebaut», nur die fünfstöckigen Plattenbauten sollen stehen bleiben. Die Hochhäuser werden «leergezogen» und abgerissen. Gerade haben polnische Lastwagen die letzten Fenster aus dem dunkelgrauen Koloss abtransportiert, der gegenüber dem Kinderhaus «Blauer Elefant» steht.

Die Infrastruktur für die 25 000 Anwohner beschränkt sich auf ein Minimalprogramm: eine mit Graffiti besprühte Poststelle an der Bahnlinie, ein Edeka-Zentrum, zwei Kaufhallen, ein Ärztehaus und ein paar verstreute Minimärkte. Von dem knappen Dutzend Schulen in DDR-Zeiten sind zwei Grundschulen und zwei Sonderschulen geblieben. Die einzige Realschule soll an den Rand des Stadtgebietes in das Gebäude des Gymnasiums ziehen, das in die Stadt abwandert. «Die Leute hier fühlen sich auf einem Abstellgleis», sagt Brunhilde Ott, die Geschäftsführerin des Deutschen Kinderschutzbundes (DKSB) in Halle, dessen Kinderhaus in der Silberhöhe der einzige weithin sichtbare Lichtblick ist. Seit 1992 engagiert sich der Kinderschutzbund hier. Mittlerweile bieten sechs feste Mitarbeiter im ganzen Haus den Kindern und Jugendlichen aus «problembelasteten Familien» ein breitgefächertes Freizeitprogramm, das altersgerecht von Basteln bis Breakdance reicht.

«Das Schlimmste», sagt die dynamische Mittfünfzigerin, «ist die Lethargie der Leute.» Wer Kindern helfen wolle, müsse eigentlich bei den Elternhäusern ansetzen. Doch die Eltern bleiben zu Hause. Angebote für sie werden kaum angenommen. Viele schicken tagaus, tagein ihre Kinder, ohne jemals selbst vorbeizuschauen, wo sie sich aufhalten. «Wir fangen die auf, die ganz unten sind», sagt Frau Ott und weiß, dass sie und ihre Mitarbeiterinnen die Not lindern, aber nicht die Lage grundlegend verbessern können. Kinder und Jugendliche, die zu Hause keine verlässlichen Strukturen kennenlernen, haben selbst in der Freizeit Mühe, Angebote regelmäßig wahrzunehmen und Verlässlichkeit, Engagement, Durchhaltevermögen, Pünktlichkeit und Geduld aufzubringen. Manches Programm musste wieder eingestellt werden, weil trotz großem Zuspruch am Anfang nach einem Monat niemand mehr kam. Das Team vom «Blauen Elefanten» ist dazu übergegangen, dem möglichst flexibel Rechnung zu tragen, denn mit zu rigiden Kurszeiten sind die Kinder nicht zu erreichen. Der rege Zuspruch zu offenen, niedrigschwelligen Angeboten gibt ihnen recht. Und doch darf nicht übersehen werden, dass die Kinder der Silberhöhe dabei eine wichtige Sache nicht erlernen, die später im Berufsleben dringend gebraucht wird: auch dann hinzugehen, wenn man keine Lust hat; nicht aufzugeben, wenn man ein Ziel vor Augen hat; sich für etwas zu entscheiden und Prioritäten zu setzen. Eine Erzieherin oder Sozialarbeiterin, die nachmittags bis zu vierzig Kinder und Jugendliche betreut, kann dies unmöglich leisten. Hier sind die Eltern gefragt. Was aber, wenn die nur noch froh sind, dass die Kinder nachmittags aus den engen Wohnungen verschwinden?

Für die Kinder und Jugendlichen der Silberhöhe ist der «Blaue Elefant» ein Anker, mit dem sie wenigstens ein bisschen Halt finden. Allein die Tatsache, dass hier die Tür offen steht und Erwachsene da sind, die ohne Vorbehalte zuhören, sich den Problemen zuwenden und die Freizeit aktiv gestalten, erlaubt für einige Stunden die Flucht aus einer Erwachsenenwelt, die hauptsächlich von Konflikten geprägt ist. «Viele Eltern verkörpern einen Riesenfrust, haben aufgegeben», meint Frau Zirpel nüchtern, die das Projekt «Gesundheitsförderung im sozialen Brennpunkt» betreut.

Viele Jugendliche würden sich ihren in der Passivität verharrenden Eltern in der Pubertät überlegen fühlen, manche eigene Lebensstrategien entwickeln, um sich etwas aufzubauen. Bei anderen hingegen herrsche Rat- und Mutlosigkeit vor. Die einen gäben schon nach der zweiten Bewerbung auf, weil sie überzeugt sind, ohnehin keine Lehrstelle zu bekommen; die anderen bewürben sich hektisch querbeet – ohne jegliches Interesse für den tatsächlichen Beruf, nur um überhaupt etwas vorweisen zu können. Dass es für den späteren beruflichen Erfolg entscheidend ist, sich über die eigenen Interessen und Begabungen Klarheit zu verschaffen, gerät dabei völlig aus dem Blick. «Die wenigsten sind motiviert», sagt die gelernte Schulsozialarbeiterin, die den Jugendlichen bei den Bewerbungen behilflich ist. Manchmal gäbe es so ein Fünkchen Hoffnung. «Dann denken wir, jetzt haben wir sie so weit, jetzt müssen nur noch die Eltern ins Boot, und dann ist nischt, weil die sich gar nicht für ihre Kinder interessieren», meint die Betreuerin.

Auch für Tom ist der «Blaue Elefant» ein Rückzugsraum. Jeden zweiten Tag taucht der hochgewachsene 17-Jährige mit dem sympathischen Lächeln hier auf. Oft hält er sich eher am Rande, schweigt, blättert in Zeitschriften und lässt einfach die Zeit verstreichen. «Wenn ich herkomme, brauch ich eine Auszeit», sagt er. Vor zwei Jahren starb seine Mutter. Seither kocht er nach der Schule für seine zwei kleinen Brüder das Mittagessen. Sein 18-jähriger Bruder ist keine Unterstützung. Er hat die achte Klasse ohne Abschluss geschmissen, ebenso wie die zugewiesene Maßnahme vom Arbeitsamt. Tom will es besser machen, nicht so viel abhängen, nicht saufen und seinem jüngeren Brüdern halbwegs ein Vorbild sein. Der Vater, der mit seiner neuen Freundin einen kleinen Lebensmittelladen betreibt, kann sich nicht kümmern. Wenn der abends nach Hause kommt, entschlüpft er der Realität und legt eine der vielen Videokassetten ein, die er in seiner Heimat Mosambik gemacht hat, und dreht afrikanische Musik auf. Die bunten Bilder aus Maputo sind seine Medizin gegen die Tristesse der Plattenbausiedlung. «Die Filme schaut er eigentlich jeden Tag an», sagt Tom. Er selbst war noch nie in Mosambik.

In einem Jahr macht er seinen Realschulabschluss. Was er dann tun will, darüber hat er noch nie nachgedacht. Auch sein Vater hat noch nie eine Idee geäußert, was aus seinem

Jungen denn mal werden könnte. «Ich nehm alles, Hauptsache, Ausbildung», sagt Tom dann, und plötzlich klingt seine schüchterne Stimme ganz überzeugt davon, dass das die Lösung für seine Zukunft ist. Ob er nicht einen Traum habe, wie sein Leben mal aussehen solle, frage ich ihn. «Einen Traum», wiederholt er leise und rutscht tief in seinen Stuhl hinein, als suchte er an einer auch ihm selbst verborgenen Stelle eine Antwort. Wir schweigen einen Moment lang. «Einen Traum», sagt er noch einmal leise und lächelt mich entschuldigend an, nein, so etwas habe er nicht. Ob er denn nicht wenigstens einen Wunsch habe, vielleicht einen kleinen in Reichweite oder wenigstens eine vage Idee, womit er sein Berufsleben zubringen möchte? Ob es denn für ihn keinen Unterschied mache, ob man in Halle Schokoklicker bei der Firma Halloren in Tüten packe oder beim ADAC im Callcenter arbeite? Tom schüttelt entschieden seinen schmalen Kopf. Dann fällt ihm doch noch etwas ein, was er sich wünschen könnte. «Vielleicht ein bisschen mehr Erfolg. Das ist das Wichtigste im Leben», sagt er leise und weicht meinem Blick aus. «Wissen Sie, hier träumt keiner», erklärt er mir etwas später.

Es ist Abend geworden, und ich laufe über die menschenleeren Wege zur Straßenbahn. Durch den dunkelgrauen, fensterlosen Hochhauskoloss pfeift der Wind. Bald werden an seiner Stelle Bäume gepflanzt. Die Stadtoberen möchten aus der Silberhöhe eine lauschige Gartenstadt machen. Mehr als 1200 Setzlinge wurden schon gepflanzt. Vielleicht durchbricht ja der sichtbare Wandel der Jahreszeiten die monotone Lethargie, die sich hier wie Mehltau auf die Menschen gelegt hat. Auf dem Bahnsteig in Halle warten zahlreiche Studenten mit mir auf den Zug nach Berlin, der sie nach Hause bringt. Es ist angenehm warm im Großraumwagen. Neben mir klappert die Tastatur eines Laptops, eine Seminararbeit muss fertiggestellt werden. Der Student geht am Mobiltelefon letzte Fragen mit einem Kommilitonen durch. Eine junge Frau blättert summend durch eine Händel-Partitur. Auf den Nebengleisen gleiten lautlos die schemenhaften Umrisse der rostigen Containerwaggons vorbei, die niemand mehr braucht.

Torben segelt mit!
Ein Nothilfefonds gegen Ausgrenzung

Kiel. Iman, Onur und Hülya werden beim nächsten Mal nicht dabei sein können, weil es beim letzten Backtag Beschwerden gegeben hat. So steht es geschrieben auf einem Zettel, der mit Smiley-Magneten in einem ansonsten leeren, sonnengelben Schaukasten in der Siedlung Gustav-Schatz-Hof im Kieler Viertel Gaarden aushängt.

In einem Stadtteil, in dem rund 66 Prozent der Kinder von Sozialhilfe leben, sind solche Lappalien ein Grund, die ganze Nachbarschaft zu informieren. Freizeitangebote für Kinder sind rar in dieser Gegend und scheitern häufig an den finanziellen Möglichkeiten oder auch an dem Willen der Eltern, ihre Kinder zu fördern. Und dennoch hat Glück gehabt, wer hier eine der 365 Wohnungen ergattern konnte, die Mitte der 1990er Jahre beim Umbau der ehemaligen Pickert-Kaserne entstanden. Nicht überall in Gaarden ist das Wohnumfeld so ansprechend. Zwar stehen den oft vielköpfigen Familien nur durchschnittlich 62 Quadratmeter zur Verfügung, aber für die aufwändige Gestaltung der Grünanlagen hat die Kieler Wohnungsbaugesellschaft sogar den deutschen «Spielraumsonderpreis» bekommen. Stockrosen und Hortensienbüsche blühen zwischen den sechs phantasievoll gestalteten Spielplätzen und zehn verstreuten Spielstationen. Damit auch die zahlreichen türkischen Mieter das Angebot überblicken, stehen deutsch und türkisch beschriftete Schautafeln auf dem ringförmigen Gelände. Von den Balkonen, auf denen sich die Wäscheständer biegen, kann man die Kinder im Auge behalten. Selbst die rückwärtige Seite mit den Häusereingängen ist mit üppigen Glyzinien oder mit Efeu bewachsen, und auf den Stellplätzen funkeln die Familienkutschen – vom blankpolierten Mercedes oder dem jagdgrünen BMW bis hin zum petrolfarbenen Renault mit Luxusspoilern ist alles dabei. Und doch sagt dieses Bild noch nichts darüber aus, wie die Kinder von Gaarden und anderen sozialen Brennpunkten der schleswig-holsteinischen Landeshauptstadt aufwachsen.

Jedes dritte Kind lebt hier von sozialen Transferleistungen, in den Problemvierteln Gaarden und Mettenhof sogar mehr als jedes zweite. Dass jenseits der Kieler Förde, wo sich alljährlich die Bürger auf der Kieler Woche amüsieren, für viele Kinder die Kindheit dahindümpelt, als säßen sie in einem Boot, dessen Segel klemmt, ist seit Langem bekannt. Nur getan hat sich bisher wenig. «Ich habe Erstklässler, die sehen das erste Mal ein Schiff, wenn wir ans Meer fahren», sagt Carsten Bertram, Klassenlehrer an der Grundschule am Heidenberger Teich im Stadtteil Mettenhof. «Und das, obwohl sie in Kiel aufwachsen.» Also in einer Stadt, in der morgens um 9 Uhr die tiefe Schiffshupe der Norwegenfähre über die Backsteinhäuser hallt und das Kreischen der Möwen die Stille zerreißt.

Dass Kinder aus sozial schwachen Familien bei Klassenfahrten und Ausflügen hier im Gegensatz zu vielen anderen Orten Deutschlands mitfahren können, wenn die Eltern nicht in der Lage sind, das Geld aufzubringen, ist dem Kreisverband des Deutschen Roten Kreuzes zu verdanken. Bereits vor zehn Jahren legte das DRK Kiel zunächst mit dem Erlös von Flohmarktverkäufen einen Kinderhilfsfonds auf, bei dem Lehrer unbürokratisch schnelle Hilfe bekommen können, wenn die Behörden Anträge ablehnen oder nicht zuständig sind. «In der

Theorie sind die staatlichen Leistungen ausreichend, aber die Praxis sieht anders aus», weiß der Geschäftsführer des DRK-Kreisverbandes Jürgen Hoffmeister. «Selbst wenn die Ämter Geld bewilligen, heißt das noch nicht, dass es auch bei den Kindern ankommt.»

Mangelnde soziale Teilhabe ist eines der wesentlichen Kennzeichen von Armut in einer reichen Gesellschaft. Wenn die Schulkameraden die Koffer für die Klassenfahrt packen, wenn Gummistiefel, Badehose und Regenjacke auf der Packliste stehen, aber zu Hause nicht vorhanden sind, dann spüren Kinder besonders schmerzlich, dass bei ihnen etwas anders ist, und die Gemeinschaft stiftenden Erlebnisse bleiben das Leben der anderen, an dem man nicht teilhat. Kinder, die ohnehin oft zu den Schwierigen gehören, geraten so weiter in Außenseiterpositionen hinein. Die wenigsten Kinder nehmen die Erfahrung, nicht dazuzugehören, sportlich. Oft sind Aggressionen, Wut oder auch Rückzug von der Gruppe die Reaktion. So verkehrt sich der pädagogische Nutzen von Gruppenaktivitäten schnell ins Gegenteil: Wenn der Gemeinschaftsgedanke durch das Erlernen von Regeln und Gruppendisziplin gestärkt werden soll, aber jene Kinder fehlen, die ohnehin schon Mühe haben, einfache Regeln zu akzeptieren, weil sie die im Elternhaus nicht erlernt haben, dann ist das ganze Unternehmen eher kontraproduktiv.

Nicht jeden Pädagogen stört das. Nicht jede Schule – und erst recht nicht in sozialen Brennpunkten – hat einen Förderverein, der in der Lage ist, finanziell einzuspringen. Nicht jeder Lehrer ist traurig, wenn die Störenfriede daheim bleiben. Und doch ist die Erfahrung des DRK-Kinderhilfsfonds, dass insbesondere seit dem Start der Fundraising-Kampagne Ende 2006 immer mehr Lehrer zum Hörer greifen und fragen, ob sie einen Antrag stellen können. «Kinderleicht helfen» hatte sich die Kieler Werbeagentur boy|planning+advertising als Slogan ausgedacht. «Wir wollten klarmachen, dass Kinderarmut sehr oft vor der eigenen Haustür Realität ist, und gleichzeitig zeigen, dass und wie jeder etwas dagegen unternehmen kann», erklärt die boy-Planerin Susanne Kollmann. «Viele Kieler machen lieber die Augen vor dem Elend in der Stadt zu, als sich zu engagieren. Das muss sich ändern, denn gerade weil es hier um die Zukunft der Kinder geht, geht es auch um die Zukunft unserer Stadt.»

Wären die individuellen Notlagen bekannter, wäre die Bereitschaft der Kieler vielleicht größer gewesen, nach dem Schlemmermahl in Yachtclubatmosphäre am Tresen ein paar Euro in eine Sammelbüchse des Restaurants Louf zu stecken, das sich zwei Monate lang an der Spendenaktion beteiligte. Nur 67 Euro kamen in acht Wochen in der Sammelbüchse zusammen. Alternative: «Wild essen und helfen». Vierzig Cent von Rehkeule und Wildschweinragout für die in Armut lebenden Kinder der Stadt. Das Restaurant rundete schließlich die Spendeneinnahmen großzügig auf und überreichte dem DRK-Kinderhilfsfonds 667 Euro. Auch wenn hier deutlich wird, dass es in Sachen Spendenkultur durchaus noch Entwicklungspotenzial unter den Kielern gibt, hat der Betrag manchem Kind geholfen.

Zum Beispiel Fatima, einer Viertklässlerin, deren Mutter nur 50 Euro Eigenanteil von 122 Euro für die Klassenfahrt aufbringen kann. Erklärung der Lehrerin in Stichworten: Die Mutter hat sich vom Vater getrennt, der nicht bereit war, Konsequenzen zu ziehen, nachdem ein enger Verwandter die Zehnjährige vergewaltigt hatte. Die Mutter sei überdies schwanger, habe ihren Job verloren und bekomme keinen Unterhalt. Für Fatima sei es angesichts der schwierigen familiären Situation umso wichtiger, mal Luft zu holen. Oder nehmen wir Lars: Der Vater arbeitet in einer Imbissbude als Koch, ist also Geringverdiener ohne Anspruch auf öffentliche Förderung von Klassenfahrten. Nun werde bei der hochverschuldeten Familie mit fünf Kindern gerade das Häuschen zwangsversteigert.

Der Fünftklässler sei ein äußerst zuverlässiger Schüler und man benötige noch 65 Euro, um ihn an der Fahrt nach Paris teilnehmen lassen zu können, schreibt die Realschullehrerin. Oder Anke, 11. Klasse Gymnasium: Vor zwei Monaten hat ihre allein erziehende Mutter aufgrund von Mietschulden und anderen Verbindlichkeiten das Weite gesucht und die Tochter unversorgt zurückgelassen. «Gerade in der jetzigen Situation wäre es wichtig, dass Anke an der gemeinsamen Klassenfahrt teilnehmen könnte.»

Es gibt viele solche Notlagen, in denen Eltern nicht in der Lage sind, ihren Kindern Dinge zu ermöglichen, die in unserer Gesellschaft als selbstverständlich gelten. Manchmal muss das Job-Center, bei dem man Gelder für Klassenfahrten beantragen kann, für die Hälfte der Klasse einspringen. Übrig bleiben dann immer noch die Kinder der nicht anspruchsberechtigten Geringverdiener – der «working poor» – oder der vielen Eltern, die finanziell in schweren Wassern sind, aber alles tun, um dies nach außen zu verbergen, oder nicht in der Lage sind, rechtzeitig einen Antrag zu stellen. Und was soll zum Beispiel eine Familie tun, die ein Einkommen knapp über der Armutsgrenze hat und deren drei Kinder gleichzeitig auf Klassenreise gehen? Oder eine allein erziehende Mutter, die vom Lebensgefährten verlassen wird und plötzlich von 800 Euro Nettoverdienst eine Miete von 750 Euro bezahlen soll? Bislang war der Kinderhilfsfonds noch in der Lage, alle Anfragen, sofern sie die Voraussetzungen erfüllten, zu befriedigen. Aber die Not ist gewachsen, und mit dem graduellen Rückzug des Staates aus der erzieherischen Verantwortung wächst auch die Bedeutung einer unbürokratischen Anlaufstelle, die bereit ist, bei Klassenfahrten, Ausflügen, Nachhilfeunterricht, fehlendem Schulmaterial und der Witterung angemessenen Kleidungsstücken einzuspringen.

Zwar hat die neue Oberbürgermeisterin Angelika Volquartz im Juli 2006 per Beschluss der Ratsversammlung dazu aufgerufen, «alle Kräfte in Kiel zu bündeln, um die Situation von Kindern und Jugendlichen aus einkommensschwachen Familien zu verbessern». Dazu solle ein «systematisches, strategisches und strukturelles Netzwerk» aufgebaut werden, das nun ein Jahr später immerhin im Gründungstadium ist. Funktionieren soll die politische Kehrtwende allerdings zum Nulltarif – «kostenneutral» im Behördendeutsch. Investiert wird stattdessen vorzugsweise in PR-trächtige Aktionen wie «Kiel Sailing» und das weitgehend kostenlose Sommercamp «24/sieben». Stefan Grützmacher, Vorstandsvorsitzender der Stadtwerke Kiel AG und einer der Hauptsponsoren der Aktion, erklärt sein Engagement so: «Wir brauchen heute leistungsbereite Mitarbeiter, die Aufgaben eigenverantwortlich und mit Selbstvertrauen wahrnehmen. Diese Werte vermittelt das Segeln Kindern und Jugendlichen auf ideale Weise.» Doch um «Leinen los und alle Kraft voraus» zu sagen, braucht man nicht nur Fähigkeiten, sondern auch Mut. Kindern, deren Eltern sich aufgegeben haben oder die zur dritten Generation von Sozialhilfeempfängern gehören, mangelt es oft gerade daran.

Dass Schulen bei hohem Engagement der Lehrer und einer kompetenten Schulleitung in der Lage sind, das Ruder herumzureißen, macht die Schule am Heidenberger Teich vor, die mit bis zu 500 Schülern die größte Grundschule Kiels ist. Knapp 58 Prozent der bis unter 15-Jährigen leben hier im Westen Kiels von Sozialgeld. Schräg von der Hochhaussiedlung am Osloer Ring im Stadtteil Mettenhof gelegen, wo das Ballspielen auf den Grünflächen verboten ist, gibt es eine Schulidylle, wie man sie selten findet. Als die segelbegeisterten Lehrer alte Boote organisierten, sie herrichteten und eine Segel-AG – kostenneutral – auf die Beine stellten, waren die Anmeldelisten schnell voll und die Bereitschaft groß, auf dem Hausteich den Wind auch in die Segel zu bekommen. So groß, dass die AG bei der ersten Grundschul-Segelregatta

2006 an der Kieler Förde den ersten Preis holte. «Wir waren mit der gesamten Schule zum Anfeuern da», sagt Carsten Bertram stolz. In seinem T-Shirt mit dem Logo der legendären Football-Mannschaft «Gators» sieht der muskulöse Mann so aus, als könne er einige Kinder über die Ziellinie bringen. Er ist auch in Mettenhof groß geworden und weiß aus seiner Kindheit, was Geldsorgen sind. «Aber früher hat man noch damit gerechnet, da dereinst auch herauszukommen. Heute können sich viele Kinder gar nicht mehr vorstellen, dass aus ihnen mal etwas wird.»

Wir alle sind gefragt

«Bill Clinton hat's doch auch geschafft!», sagte mir ein Regierungsbeamter, nachdem ich mich mit ihm über die wachsende Kinderarmut in unserem Land unterhalten hatte, über die miserablen Bildungschancen von Migrantenkindern, die nirgendwo innerhalb der Industriestaaten der OECD so schlecht sind wie in Deutschland, über die eklatante Kluft zwischen Kindern aus Akademikerfamilien und Kindern aus sozial schwachen Haushalten, was ihre Fähigkeiten und ihr Selbstvertrauen angeht. Der Aufstieg Clintons, der ausgerechnet in dem Nest Hope in Arkansas in prekäre Verhältnisse hineingeboren wurde, mag den jungen Familienvater aus Berlin-Mitte beruhigen. Die Realität spiegelt diese Ausnahmekarriere nicht, weder die in den USA noch die in Deutschland.

Man könnte diesen Satz, der jenseits von Mikrophonen gesprochen wurde, als nichtssagend wegwischen. Man kann ihn aber ebenso gut ernst nehmen, weil er eine Haltung zeigt, die zwar politisch nicht korrekt ist und die niemand von Rang öffentlich vertreten würde, die aber dennoch das Denken der Mittel- und Oberschicht beherrscht: Wer wirklich will, schafft den Aufstieg! Es sind dieselben bessergestellten Eltern, die aus lauter Panik, dass ihr eigenes Kind den Anschluss verpassen könnte oder nicht rechtzeitig «gut aufgestellt» ist, von Termin zu Termin rasen und die Kindheit ihres Nachwuchses mit Förderprogrammen aller Art überfrachten. Eltern, die spätestens wenn die Schulpflicht naht, in bessere Stadtviertel ziehen, damit der Sohn oder die Tochter nicht von Kindern mit sozialen Problemen umgeben ist oder von deren schlechten Deutschkenntnissen schulisch «heruntergezogen» wird.

Was den Kindern aus armen Familien fehlt, ist weit mehr als der richtige Coach zum richtigen Zeitpunkt. Es ist vor allem – und das ist für mich die traurige Erkenntnis meiner Recherchen – der Glaube daran, dass sie es aus eigener Kraft schaffen können. Die Hoffnung, dass sie im Leben eine Chance bekommen und das Beste daraus machen werden, haben nur wenige von ihnen. «Wovon träumst du?», fragte ich den 17-jährigen Tom aus Halle-Silberhöhe und wollte seine Pläne für die Zukunft erfahren. «Träumen ...», murmelte Tom ratlos immer wieder. «Hier träumt keiner!»

Die Kinder und Jugendlichen, denen ich im Laufe der Monate zwischen den Jahren 2006 und 2008 begegnet bin, waren erschreckend realistisch in der Einschätzung ihrer eigenen Lage. Kinder, denen man ja auch sonst den Mut zur Wahrheit nachsagt, haben ein ganz klares Gespür dafür, wo sie selbst im Verhältnis zu ihren Altersgenossen stehen und wo ihre Defizite liegen. Entsprechend resigniert und aggressiv, abweisend oder extrem liebebedürftig verhalten sich viele von ihnen.

Wie aber sollen wir der wachsenden Schar an Kindern in unserem Land helfen, die in Armut aufwachsen und von denen ein nicht unerheblicher Teil «multipel depriviert» ist, wie es die Fachleute nennen? Kinder, die also nicht nur überschaubar an einer Stelle Hilfe brauchen, sondern die sich mit einem ganzen Bündel von Problemen herumschlagen – in ihrer seelischen, gesundheitlichen, schulischen und sozialen Entwicklung. Die unter dem Druck ihrer Defizite in die Knie gehen, aufgeben, bevor sie angefangen haben zu kämpfen, oder aus lauter Wut nur noch um sich schlagen.

An Lösungsvorschlägen hat es in den vergangenen Monaten, auch aufgrund der Vielzahl grausamer Kindstötungen und Fällen von Vernachlässigung, nicht gemangelt: Jugendhilfe-Netzwerke sollen geschaffen, Forschungsprojekte initiiert, medizinische Vorsorgeuntersuchungen verpflichtend, staatliche Hilfen und Strukturen angehoben und verbessert werden. Eine «Kultur des Hinsehens» forderte Bundeskanzlerin Angela Merkel. Politiker aus allen Parteien sprechen sich dafür aus, Kinderrechte explizit im Grundgesetz zu verankern, um ihnen mehr Gewicht zu verleihen.

Was wir jedoch darüber hinaus brauchen, ist – ganz undeutsch – ein Traum: dass alle Kinder, unabhängig von ihrer sozialen und nationalen Herkunft, eine faire Chance bekommen, ihre Talente zu erforschen und zu entwickeln. Nicht mehr. Aber auch nicht weniger. Dass Kinder, die mitten unter uns in Armut aufwachsen, aus ihrer Isolation herausgeholt werden und rechtzeitig auf Hilfe und Unterstützung rechnen können, wenn diejenigen, denen sie anvertraut sind, ihrer Verantwortung nicht gewachsen sind oder diese verneinen. Dass nicht der Zufallsgenerator darüber entscheidet, ob die Notlage eines Kindes rechtzeitig erkannt wird. Warum braucht es dafür einen Traum? Weil staatliche Programme allein nicht ausreichen, die Lage zu verbessern. Weil – und das ist der zentrale Punkt – es bei Kinderarmut nicht um das Problem einer Randgruppe geht, sondern um uns alle. Weil es darum geht, was wir von uns als Gesellschaft verlangen. Weil wir unsere Mentalität, unser Denken dazu ändern müssen und die Bedingungen, die wir für die Entwicklung von Kindern in unserem Land schaffen, als Zukunftsaufgabe betrachten müssen. Kinderarmut ist kein Kinderkram. Es ist eine langfristige Herausforderung, die kein saisonales Mitfühlen verträgt, wenn es draußen früher dunkel wird und uns das schlechte Gewissen wegen der Geschenkeflut plagt, die bald über unsere eigenen Kinder hereinbricht.

Wenn der französische Denker Pascal recht hat, dass eine Seele zugrunde geht, wenn man ihr kein Ziel gibt, so lässt sich auch für eine Gesellschaft sagen, dass sie auseinanderbricht, wenn nicht alle ihre Mitglieder sich immer wieder ihren solidarischen Zusammenhalt zum Ziel setzen. Was wir jedoch bei allem Problembewusstsein erleben, ist eine zunehmende

Entsolidarisierung unserer Gesellschaft. Wir müssen zudem anerkennen, dass eine wachsende Zahl Erziehungsberechtigter nicht ohne Unterstützung von außen in der Lage ist, für die gesunde psychische, körperliche und intellektuelle Entwicklung ihrer Kinder zu sorgen. Die heilige Kuh des Elternrechtes muss deswegen nicht geschlachtet werden, aber wir brauchen eine pragmatische und unideologische Diskussion darüber, wie überforderten Eltern jenseits von moralischer Schuldzuweisung und Sorgerechtsentzug besser geholfen werden kann. Viele der Eltern — besonders die allein erziehenden Mütter —, denen ich begegnet bin, haben keinerlei soziale Kontakte oder nur Umgang mit Menschen, die selbst so von ihren eigenen Problemen absorbiert sind, dass sie anderen nicht helfen können oder wollen.

Wir sollten uns nicht wundern, wenn Kinder aus Problemfamilien nicht motiviert sind, denn sie verstehen sehr gut, dass sie zumeist dort bleiben, wo ihre Eltern bereits sind. Kein anderes Schulsystem in Europa ist sozial so wenig durchlässig wie das deutsche. Und: Ohne aktive Unterstützung aus dem eigenen Elternhaus haben Kinder deutlich schlechtere Chancen, dauerhaft gute Schulleistungen zu erzielen. Gerade dabei aber werden Kindern aus Problemfamilien häufig alleingelassen, weil ihre Eltern sich selbst aufgegeben haben und auch für die eigenen Kinder keinen Aufstiegswillen zeigen. Der Wert eines Menschen bemisst sich nicht nach seiner Leistungsfähigkeit. Aber das Selbstwertgefühl hängt davon ab, was sich jemand zutraut. Hier müssen neue Wege gefunden werden, diesen Kindern zu helfen, bevor sie selbst ihre Schulkarrieren abschreiben und aus lauter Frust kaum noch für Unterstützung erreichbar sind.

Eines ist klar: Wir haben nicht mehr lange Zeit, Lösungen zu finden. Wie lange glauben wir es uns noch leisten zu können, einen so großen Teil der nächsten Generation direkt von der Schulbank in die sozialen Transfersysteme zu schicken?

Genauso wichtig wie wirtschaftliche Argumente sind moralische, vor allem unsere Vorstellungen von sozialer Gerechtigkeit. Welche Gesellschaft wollen wir? Eine, in der jeder ausschließlich selbst für seine Lebenschancen und Gestaltungsmöglichkeiten verantwortlich ist? In der die Solidarität mit den Schwächeren unter uns kein verpflichtendes Gebot mehr ist? Wollen wir uns damit abfinden, ein Land zu sein, in dem schon Kinder im Grundschulalter sich keine grundlegende Änderung ihres Lebens mehr von der Zukunft erhoffen? Kinderarmut ist eine Aufforderung an uns alle, darüber nachzudenken, welche menschliche Botschaft wir an die junge Generation in diesem Land aussenden.

Wer Kindern, die in Armut und mit einer Fülle von Problemen aufwachsen, helfen will, muss mehr tun, als über finanzielle Hilfen zu sprechen. Arme Kinder haben häufig niemanden, dem sie sich anvertrauen können oder der ihnen nachhaltig hilft, ihre Probleme in den Griff zu bekommen. Wichtig ist, nicht nur über die Kinder zu reden, sondern mit ihnen. Nirgendwo reden Erwachsene so wenig mit ihren Kindern wie in Deutschland. Das ist für uns alle ein Armutszeugnis. Gerade Kinder, deren Eltern völlig von ihren eigenen Problemen absorbiert werden, brauchen Ansprechpartner. Wir müssen professionelle und ehrenamtliche Strukturen schaffen, in denen Kinder und sozial schwache Familien im Sozialraum, im Kindergarten und der Schule verlässliche Ansprechpartner finden und Vertrauen entwickeln können, dass es auch für sie eine Perspektive gibt. Diese Aufgabe allein Lehrern und Erziehern aufzubürden halte ich für verantwortungslos. Auch die zunehmend unter Kostendruck stehenden Jugendämter sind davon überfordert, wie die vielen Fälle von verspäteten Interventionen bei Vernachlässigung und Misshandlung zeigen. Es gibt eine Fülle von bürgerschaftlichen Projekten, die ausbaufähig sind und weit über die verdienstvolle Arbeit von Lesepaten oder Elternprogrammen zum Abbau von Bildungsdefiziten hinausreichen. Hier kann und muss noch weit mehr getan werden. Zum Nulltarif sind diese Veränderungen indessen nicht zu haben.

Nicht zu unterschätzen sind für die seelische Entwicklung der Kinder die Belastungen, die im Zusammenhang mit Gewalt in der Familie, dem Sozialraum und der Schule stehen. Kinder, die schutzlos Übergriffen ausgesetzt sind, leiden vielfach unter Angststörungen, die ihr gesamtes späteres Leben beeinträchtigen. Angebote zur Gewaltprävention und Konfliktbewältigung sowie zur Aufklärung über Suchtgefahren sollten insbesondere in sozialen Brennpunkten flächendeckend zur Verfügung stehen. Wir wissen längst, dass Kinder von Alkoholikern, deren Lebensumfeld von Perspektivlosigkeit und Armut geprägt ist, massiven Gefährdungen ausgesetzt sind. Gerade diese Kinder müssen sich auf unsere Hilfe verlassen können. Das Gegenteil ist der Fall. Hilfe brauchen auch Mütter, die alkoholkrank sind und durch Alkoholkonsum während der Schwangerschaft massiv ihre ungeborenen Kinder schädigen. Hier muss das Gesundheitssystem dringend Wege finden, wie beiden Seiten besser geholfen werden kann.

Deutschland gibt im internationalen Vergleich hohe Beträge für familienbezogene Leistungen aus. Allzu oft aber kommt das Geld nicht bei den Kindern an, sondern wird von der Schuldentilgung aufgezehrt. Oder die Eltern geben das Geld für falsche Anschaffungen aus – wobei es allerdings ein Klischee ist, dass in allen Hartz-IV-Haushalten Flachbildschirme flimmern. Ich habe genügend Wohnungen gesehen, in denen noch nicht einmal ein Herd oder Bettwäsche vorhanden waren.

Kinderarmut bedeutet häufig auch eine eklatante Armut an Vorbildern. Kinder, deren Eltern resigniert haben, keine verlässlichen Strukturen schaffen und ihre Kinder nicht fördern und ermutigen, leiden unter mangelndem Selbstvertrauen, das sie als Erblast an ihre eigenen Kinder später weiterreichen. Dass auch sie meist glauben, an ihrer Situation nichts ändern zu können, vermitteln ihnen vor allem ihre Eltern. Doch Angebote für kulturelle und sportliche Betätigungen, bei denen diese Kinder Selbstvertrauen und Fähigkeiten entwickeln könnten, fallen meist als Erstes Sparzwängen zum Opfer. Soziale Teilhabe ist weit mehr, als ein verzichtbarer Luxus oder weicher Faktor in der kindlichen Entwicklung. Für Kinder aus sozial schwachen Familien ist die Betätigung in Vereinen oft die einzige Möglichkeit, Qualitäten und Tugenden zu erwerben, die sie für eine stabile Charakterbildung, ihre schulische Laufbahn und später im Berufsleben dringend benötigen. Hier sind auch staatliche Hilfen gefragt, denn private Träger und Sponsoren allein können den großen Bedarf nicht abdecken.

Es wird weniger als eine Generation vergehen, bis wir zwangsläufig realisieren, dass wir es uns gar nicht leisten können, ein Fünftel der Kinder direkt nach der Jugend in die sozialen Transfersysteme zu schicken. Die Kinder, von denen hier exemplarisch erzählt wurde, brauchen verlässliche Strukturen der Förderung und Hilfe. Und zwar jetzt. Doch schon Achtjährige aus sozial schwachen Elternhäusern schätzen ihre schlechteren Startbedingungen höchst realistisch ein und fühlen sich abgeschrieben. Das Alarmierende an den aktuellen Studien ist die frühzeitige Aufgabe der Hoffnung. Armut wird als Belastung erlebt, die alle Lebenschancen blockiert. Die Kinder sind mit der Lösung ihrer Probleme überfordert. Hier sind nicht nur die eigenen Eltern, die Verwandten und Nachbarn, die Lehrer und Erzieher, Kinderärzte und Profis der Jugendhilfe gefragt. Und auch die Politik kann – bei allem notwendigen Korrekturbedarf – die strukturellen Probleme nicht alleine lösen. Hier sind wir alle gefragt. Jedes Kind in unserem Land ist es wert, mit seinen Bedürfnissen ernst genommen zu werden. Gerade hier entscheidet sich, welches Gesicht wir unserer Gesellschaft geben.

Danksagung

Mein großer Dank gilt allen, die mir als Autorin vertraut haben, den Kindern und Jugendlichen sowie ihren Eltern in gleicher Weise. Manche von ihnen haben sich gefreut, dass sich jemand für ihre Geschichte interessiert. Andere mussten Misstrauen oder auch Scham überwinden. Für alle jedoch gilt, dass dieses Buch von ihren Worten lebt. Die Namen aller Privatpersonen wurden für dieses Buch verändert, um ihre Intimität zu schützen.

Ebenso dankbar bin ich den im Anschluss genannten Fachleuten, Betreuern und Ehrenamtlichen, die mir mit ihrem Wissen und ihren Kontakten weitergeholfen haben. Aus *Berlin* sind dies Andrea Lemanschek, Tatjana Friesen, Bernd Siggelkow (Arche e.V., Hellersdorf), Nicole Schulte-Limbeck und Team (Ev. Johannesstift, Spandau); Romi Domkowsky und Nöck Gail (Zirkus Internationale e.V., Wedding); Julie v. Stülpnagel (EJF Lazarus, Lichterfelde) und Angela Räbiger (EJF-Korczak-Haus, Lichtenberg); Dr. Thomas Abel (Beratungsstelle für Risikokinder, Mitte); Kommissarin Gina Graichen (LKA); Beate Köhn (Kindernotdienst, Kreuzberg); Martina Kaiser (Berliner Kinderschutz-Zentrum, Hohenschönhausen); Ulli Freund (Strohhalm e.V., Kreuzberg); Stefan Schneider (mob e.V./ Straßenfeger, Prenzlauer Berg); Gela Becker-Klinger und Elke Peters (Ev. Kinderheim Sonnenhof e.V., Spandau); Henning Mielke (Nacoa e.V., Friedenau), Dr. Michael Elpers (Schöneberg); Eckhard Baumann (Straßenkinder e.V., Prenzlauer Berg); Clemens Volber (FESB, Berlin-Hellersdorf); Manuela Seidel und Team (Jens-Nydahl-Schule, Kreuzberg).

In *Brandenburg* und *Sachsen-Anhalt* danke ich Hans-Jürgen Eggert (Der Rettende Engel e.V., Templin-Milmersdorf);

Dr. Heike Hoff-Emden (Beelitz-Heilstätten, Beelitz); Ulf Priemer und Team (EJF-Wohngruppe Insel, Luckow-Petershagen); Cordula Schiller und Team (Johannisstift-Wohngruppe «Konfetti», Hohen Neuendorf); Brunhilde Ott und ihren Mitarbeiterinnen vom «Blauen Elefanten» (Deutscher Kinderschutzbund e.V., Halle-Silberhöhe).

In *Niedersachsen, Hamburg* und *Schleswig-Holstein* danke ich Wolfgang Blum und Tobias Hebestreit (Jugendvollzugsanstalt, Hameln); Tobias Lucht und Thies Hagge (Arche e.V., Hamburg) sowie Susanne Kollmann (Agentur Boy) und Jürgen Hoffmeister und Marieke Heiermann (Deutsches Rotes Kreuz); Carsten Bertram (Schule am Heidenberg Teich, Mettenhof) in Kiel.

In *Nordrhein-Westfalen* danke ich Helga Gau und Franz Meurer (Sankt-Theodor-Gemeinde, Köln); Michel Aloui, Carla Koyteck und Gyuzel Muratova (brandStiftung/Parea, Köln); Angelika Sass-Leich und Team (Herbartschule, Essen-Katernberg); Michael Kaufmann und Anke Meis (Philharmonie Essen); Michael Heinrichsdorff (Förderschule für Erziehungshilfe, Köln-Nippes) und Margarita v. Westphalen-Granitzka (Schulamt Köln).

Mein herzlicher Dank gilt außerdem Ingke Brodersen und Rüdiger Dammann. Beide haben als Agenten das Projekt mit gutem Rat begleitet. Ingke Brodersen hat es gleichzeitig als Lektorin einfühlsam und umsichtig lektoriert. Für ihre zahlreichen wertvollen Anregungen bin ich ihr besonders dankbar.

Mein inniger Dank gilt auch meinem Mann Peter Wittig für seine große Unterstützung und meinen Kindern Valeska, Maxi und Augustin für den anhaltenden Unfug, manchmal in Form von kleinen bunten Fliegern, die plötzlich aus einer versteckten Ecke über meinen Bildschirm segelten.